Lucia Artner, Isabel Atzl, Anamaria Depner,
André Heitmann-Möller, Carolin Kollewe (Hg.)
Pflegedinge

Kultur und soziale Praxis

Lucia Artner, Isabel Atzl, Anamaria Depner,
André Heitmann-Möller, Carolin Kollewe (Hg.)

Pflegedinge

Materialitäten in Pflege und Care

(mit Fotografien von Thomas Bruns)

[transcript]

GEFÖRDERT VOM

Bundesministerium
für Bildung
und Forschung

Bibliografische Information der Deutschen Nationalbibliothek
Die Deutsche Nationalbibliothek verzeichnet diese Publikation in der Deutschen Nationalbibliografie; detaillierte bibliografische Daten sind im Internet über http://dnb.d-nb.de abrufbar.

© 2017 transcript Verlag, Bielefeld

Die Verwertung der Texte und Bilder ist ohne Zustimmung des Verlages urheberrechtswidrig und strafbar. Das gilt auch für Vervielfältigungen, Übersetzungen, Mikroverfilmungen und für die Verarbeitung mit elektronischen Systemen.

Umschlaggestaltung: Kordula Röckenhaus, Bielefeld
Umschlagabbildung: Einmalhandschuh aus Latex. © Thomas Bruns, Berlin
Korrektorat & Satz: Jan Wenke
Druck: Majuskel Medienproduktion GmbH, Wetzlar
Print-ISBN 978-3-8376-3841-7
PDF-ISBN 978-3-8394-3841-1

Gedruckt auf alterungsbeständigem Papier mit chlorfrei gebleichtem Zellstoff.
Besuchen Sie uns im Internet: *http://www.transcript-verlag.de*
Bitte fordern Sie unser Gesamtverzeichnis und andere Broschüren an unter: *info@transcript-verlag.de*

Inhalt

Pflegedinge – ein Verbundforschungsprojekt | 7

Pflegedinge – Materialitäten in Pflege und Care
Theoretischer Rahmen und interdisziplinärer Ansatz
Carolin Kollewe, André Heitmann-Möller, Anamaria Depner, Daniela Böhringer, Isabel Atzl, Lucia Artner | 15

Objektfeature Schnabeltassen | 47

Objektfeature Ausscheidungshilfen | 49

Das materiale Erbe der Pflege
Historische Pflegedinge in Sammlungen und Museen und ihr Potential für die (pflege-)historische Forschung
Isabel Atzl | 51

Objektfeature Rasiermesser | 87

Objektfeature Sturzsensor | 89

(In-)Aktivitäten des täglichen Lebens
Die Kategorisierung und Gestaltung des Alltags älterer und alter Menschen durch Technologien des *Ambient Assisted Living*
Carolin Kollewe | 91

Objektfeature Heimbeatmungsgerät | 129

Objektfeature Trachealkanüle | 131

Pflegebett und Agency
Eine Untersuchung aus der Perspektive der Akteur-Netzwerk-Theorie
von Bruno Latour
André Heitmann-Möller, Hartmut Remmers | 133

Objektfeature Einmalhandschuh | 165

Objektfeature Lifter | 167

Die Veralltäglichung grenzwertiger Arbeit durch Pflegedinge
Lucia Artner, Daniela Böhringer | 169

Objektfeature Mundbefeuchtungsstäbchen | 201

Objektfeature Kaffeetasse | 203

Diskrete Dinge
Unscheinbare, selbstverständliche und übersehene Objekte
in der stationären Pflege demenziell erkrankter Menschen
Anamaria Depner | 205

Pflege – Kunst | 239

Verzeichnis der Autoren / -innen | 241

Pflegedinge – ein Verbundforschungsprojekt

Von den jüngsten bis zu den ältesten Mitgliedern einer Gesellschaft werden Menschen unterstützt, versorgt, betreut und umsorgt. Ob in der Familie oder im Freundeskreis, als Dienstleistung im ambulanten, stationären oder teilstationären Kontext – Pflege und Care zeigen sich im gesellschaftlichen Leben in vielfältiger Art und Weise. Obwohl sie so wesentlich für das menschliche Miteinander sind, werden sie oft kaum wahrgenommen.

Für die Herstellung von Pflege und Care sind neben einem intensiven zwischenmenschlichen Austausch auch Dinge zentral: Objekte müssen gekonnt und zuweilen kreativ eingesetzt werden, damit Pflege und Care überhaupt geleistet werden können, denn ohne Dinge wie beispielsweise Schnabelbecher, Toilettenstühle, Waschhandschuhe oder auch Hightech-Geräte zum Monitoring sind Pflege und Care nicht denkbar. Bislang hat sich die Forschung allerdings kaum den Dingen im Kontext von Pflege und Care zugewendet – auch wenn der *material turn* in den Sozial-, Kultur- und Geisteswissenschaften in vielen Bereichen zu einem wachsenden Interesse an Objekten geführt hat.

Das Forschungsprojekt »Die Pflege der Dinge – Die Bedeutung von Objekten in Geschichte und gegenwärtiger Praxis der Pflege« (kurz: Pflegedinge) hatte sich zum Ziel gesetzt, die Dinge der Pflege in ihrer Bedeutung für die Herstellung von Pflege und Care zu untersuchen – sowohl in der Gegenwart als auch aus historischer Perspektive. Dabei strebte das Vorhaben an, den Anteil der Dinge an Pflege und Care zu analysieren und damit letztlich auch dazu beizutragen, die Relevanz von Pflege und Care sichtbarer zu machen.

Das vorliegende Buch präsentiert Ergebnisse dieses Forschungsprojekts, das vom Bundesministerium für Bildung und Forschung (BMBF) im Rahmen der Förderlinie »Sprache der Objekte« von Februar 2014 bis Januar 2017 (unter dem Förderkennzeichen 01UO1317A-D) gefördert wurde. Wissenschaftler/-innen aus dem Institut für Gerontologie der Universität Heidelberg, dem Institut für Sozial- und Organisationspädagogik der Universität Hildesheim, dem Berliner Medizinhistorischen Museum der Charité und vom Fachbereich Pflegewissenschaft an der Universität Osnabrück haben in einem interdisziplinären Dialog einen eigenen Blick auf die ›Pflegedinge‹ entwickelt.

Um sich dem Forschungsgegenstand – also den Pflegedingen, zunächst einmal verstanden als alle materialen Objekte, die in einer Pflegesituation vorkommen – angemessen zu nähern, wurden zu Beginn der Forschung drei Fragekomplexe eröffnet, die sowohl zeit- wie disziplinübergreifend mit jeweiligen Schwerpunktsetzungen der einzelnen Fächer und Expertisen im Laufe der Forschungen im Blick behalten werden sollten:

1. *Der Gegenstand der Pflege* stellte die Objekte selbst in den Vordergrund und sollte die Forschenden immer wieder an die in den jeweiligen Settings oder Sammlungen vorgefundenen Objekte rückbinden. Analysiert wurden Materialität und Funktionalität der Objekte. Ebenso wurde mithilfe unterschiedlicher Zugänge danach gefragt, ob und wie sich beispielsweise Konzepte von Pflege, Körper, Gesundheit, Krankheit und Wohlbefinden in den Objekten eingeschrieben haben. Zentral war hier die Frage, wie sich Pflege von den Dingen her rekonstruieren lässt.
2. Im Zentrum des Arbeitsschwerpunktes *Mensch/Ding-Pflege* stand die Frage, wie Menschen und Dinge in der Pflege interagieren und dabei auch ein gemeinsames Handeln erreichen. Von besonderem Interesse war dabei, welchen Anteil Dinge an der Organisation von Pflegearbeit haben. Damit sollte in den Blick genommen werden, wie Gegenstände in den Aktivitäten der Pflege integriert sind, wie sie Pflegearbeit gegebenenfalls strukturieren sowie welche Rolle sie bei der Gestaltung und Ausdifferenzierung von Pflegesettings (etwa ambulanter Pflege, stationärer Akutpflege oder stationärer Langzeitpflege) hatten und haben.
3. *Die Ordnung der Pflegedinge* fokussierte auf die Beziehungen zwischen Menschen und Dingen und deren soziale Wirklichkeiten in Pflegesituationen (zum Beispiel zwischen Pflegenden, Patienten/-innen, Angehörigen, ärztlichem Personal etc.). Von Interesse war hier, wie Objekte zur Herstellung sozialer Ordnung und der Ausgestaltung sozialer Beziehungen (u. a. im Hinblick auf Machtstrukturen und soziale Kategorien wie Gender, Alter, gesellschaftliche Schicht, ethnische Zugehörigkeit etc.) in den beforschten Settings beitragen. Dabei wurde auch danach gefragt, wie durch Objekte die soziale Ordnung und Hierarchien in einem Setting möglicherweise stabilisiert oder in Unordnung gebracht werden. Darüber hinaus interessierte bezogen auf wissenschaftliche Sammlungen, warum die Dinge der Pflege wo und wie eingeordnet wurden und wie sie damit wiederum die vergangenen Vorstellungen sozialer Ordnungen reflektieren.

Gemeinsamer Ausgangspunkt war immer das Objekt selbst. Dabei orientierten sich die beteiligten Wissenschaftler/-innen an der aus der primären Sammlungsforschung (vgl. DMB 2011: 9-13) stammenden Methode der intensiven Objektbetrachtung und -beschreibung, die allen weiteren Untersuchungen vorausging (vgl. Schnalke 2010: 4 ff.). Weitere Anregungen für die Auseinandersetzung boten die *Material Culture Studies*, die *Science and Technology Studies* und die *Workplace Studies* (siehe dazu den folgenden Beitrag).

Im Rahmen des Verbundprojektes wurden verschiedene Arten von Objekten und unterschiedliche Gruppen von Pflegedingen in vier verschiedenen Teilprojekten untersucht:

»TECHNOCARE« UND »DISKRETE DINGE«

Das Teilprojekt am Institut für Gerontologie der Universität Heidelberg war im Forschungsschwerpunkt »Mensch/Ding-Pflege« zu verorten. Im Zentrum stand die Frage, wie Menschen und Dinge in der Pflege interagieren und welche Rolle Gegenstände bei der Ausgestaltung und Organisation von Pflege spielen. Das Heidelberger Teilprojekt gliederte sich in zwei ethnografische Studien:

Im Fokus der Studie »TechnoCare: Die Rolle neuer assistiver Technologien in der Herstellung von *carework* für ältere und alte Menschen« stand die Ausstattung privater Wohnungen mit Technologien des *Ambient Assisted Living*. Am Beispiel zweier sensorgestützter Hausnotrufsysteme wurde der Frage nachgegangen, welche Rolle diesen Dingen bei der Organisation von Care zukommt. Es wurde untersucht, wie diese Technologien Pflege und Unterstützung älterer und alter Menschen beeinflussen und ihren Alltag mitgestalten. Darüber hinaus interessierte, welche Bedeutungen ältere und alte Menschen, *careworkers* und Angehörige diesen Technologien zuschreiben.

In der Studie »Diskrete Dinge« wurden alltägliche Objekte in der stationären Langzeitpflege alter Menschen in den Blick genommen. Hier galt das Augenmerk den Gegenständen in der Pflege demenziell erkrankter Personen. Ziel war es, Objekte, die bei der Pflege relevant sind beziehungsweise diese mitbestimmen, auch jenseits der Pflegeverordnung oder dem Hilfsmittelverzeichnis, zu erfassen und zu analysieren. Bei den »diskreten« Pflegedingen handelt es sich um ganz unterschiedliche Objekte, so beispielsweise Waschhandschuhe aus Baumwollfrottee, Mundbefeuchtungsstäbchen oder ein umfunktioniertes Handtuch, das als Kleidungsschutz dient. »Diskrete Dinge« zielt auf eine objektzentrierte Analyse des Verborgenen und Alltäglichen in der Pflege mit dem Ziel, nichtformalisierte Gestaltungs- und Handlungslogiken und die Mitwirkung der Dinge darin zu erfassen.

In beiden Studien des Heidelberger Teilprojektes wurden für die Analyse der Rolle von Objekten in der Pflege und Unterstützung älterer und alter Menschen unterschiedliche Ansätze der Objektbetrachtung verknüpft. Ausgangspunkt waren dabei aktuelle Ausführungen zur Mehrdeutigkeit materialer Dinge (vgl. Hahn 2005; Depner 2013). Um der Vielschichtigkeit der Polysemie der Dinge gerecht zu werden, wurden – den Forderungen der *Material Culture*

Studies folgend – ausgewählte Objekte über unterschiedliche methodische Zugriffe erfasst und einer Analyse aus unterschiedlichen theoretischen Perspektiven unterzogen. Neben Ansätzen, die den Eigensinn (vgl. Hahn 2015) und die Mitwirkung (vgl. Waldenfels 2015) der Dinge in das Zentrum stellen, wurden auch Ansätze aus den *Science and Technology Studies* (vgl. Akrich 1997; Suchman 1994; Bowker/Star 2000) und den *Workplace Studies* herangezogen (vgl. Heath et al. 2000).

»Soziale Ordnung und Pflegedinge«

Im Rahmen des Teilprojektes »Die soziale Ordnung der Pflegedinge« des Instituts für Sozial- und Organisationspädagogik der Universität Hildesheim wurde untersucht, welche Rolle Dinge in der (sozialen) Konstruktion von Pflege und insbesondere der sozialen Ordnung in der Pflege haben können. Unter sozialer Ordnung wurde zum einen die kontinuierliche Arbeit an der Herstellung und Aufrechterhaltung des geordneten Charakters der alltäglichen Pflegearbeit verstanden, zum anderen soziale Ordnung hinsichtlich der Frage nach Deutungshoheit und (wechsel- oder einseitiger) Einflussnahmen (zwischen Menschen und Dingen) in der Herstellung sozialer Wirklichkeit untersucht. Der Fokus wurde auf die Mikroebene situativer Dingeinsätze gerichtet. Entsprechend orientierten sich die Untersuchungen an Ansätzen der Ethnomethodologie und der nah verwandten *Workplace Studies* (vgl. Garfinkel 1986; Heath et al. 2010; Böhringer/Wolff 2010) sowie der *Material Culture Studies* (vgl. Hahn 2015). Im Verlauf des Forschungsprojektes zur Untersuchung objektbasierter Herstellungsweisen sozialer Ordnung in der Pflege wurden deshalb solche Dinge in den Blick genommen, die (sowohl historisch als auch gegenwärtig) eine besondere Rolle darin gespielt haben, die Geordnetheit der Abläufe zu ermöglichen – oder zu verhindern. Untersucht wurden u. a. elektronische Steh- und Aufrichtehilfen (auch Lifter genannt), Stethoskope (inklusive Manschette), Einmalhandschuhe, Toilettenstühle oder Arbeitskleidung (beispielsweise Trachten). Diese Auswahl begründet sich aus der vergleichenden Perspektive auf die zeitgenössische und historische Pflege in der (Re-)Produktion sozialer Ordnung in der Pflege.

»Historische Pflegedinge«

Das Teilprojekt »Historische Pflegedinge« des Berliner Medizinhistorischen Museums der Charité widmete sich der Erfassung und Dokumentation historischer Objekte der Pflege und erforschte ihre Rolle in der Mensch-Ding-Interaktion der Pflegepraxis in der Vergangenheit.

Bislang blieben historische Pflegedinge als Hinterlassenschaften der Pflege in wissenschaftlichen Sammlungen in Deutschland weitestgehend unsichtbar (vgl. Atzl 2011). Ein Schwerpunkt des Projektes war es deshalb, pflegehistorische Objekte als solche in einschlägigen Museen und Sammlungen zu identifizieren und zu erfassen und ihr Vorhandensein zu dokumentieren. Durch diese bewusste Hinwendung zu den Dingen und den sich daran anschließenden Diskussionen mit den Sammlungsverantwortlichen leistete das Projekt einen grundlegenden Beitrag zur Sichtbarmachung sowie nachhaltigen Sichtbarkeit der Objekte und hat dadurch für ein Thema sensibilisiert, das bislang kaum oder gar nicht im Fokus des Interesses stand.

Ein zweiter Schwerpunkt des Projektes bestand in der konkreten Ausarbeitung ausführlicher Objektanalysen. Leitend bei der Auswahl der Objekte war die Frage nach pflegegeschichtlich relevanten Themen und historisch greifbaren Pflegetätigkeiten, nach sammlungsspezifischen Aspekten oder eindeutigen Zuschreibungen zur Pflege. Hierzu gehörten zum Beispiel das Fieberthermometer, verschiedene Ausscheidungshilfen, Schnabeltassen oder Spritzen. Mit den Objektanalysen wurde versucht, die bislang kaum erforschte historische Pflegepraxis am Krankenbett unter besonderer Berücksichtigung der Rolle des Gegenstandes greifbar zu machen, wobei sich vor allem Objekte aus den Grenzbereichen zu Alltag oder Medizin als besonders fruchtbar erwiesen. Der zusammengestellte Pool an historischen Artefakten aus den einschlägigen Sammlungen war die Basis für diese Arbeiten und soll zu weitergehenden Forschungen mit historischen Pflegedingen anregen.

»AGENCY DER PFLEGEDINGE«

Das Teilprojekt »Objekte der Pflege in pflegewissenschaftlicher Perspektive«, bearbeitet vom Fachbereich Pflegewissenschaften der Universität Osnabrück, untersuchte die Agency bzw. Handlungsträgerschaft der Dinge in der Pflege mit Schwerpunktsetzung auf die professionelle Pflege. Zu diesem Zweck wurden unterschiedliche pflegerische Handlungsfelder besucht. Hierzu gehörten im Zeitraum vom Herbst 2014 bis Dezember 2015 teilnehmende Beobachtungen auf Krankenhausstationen (Onkologie, Pneumologie und eine *stroke unit*[1]) und in Handlungsfeldern der konventionellen sowie technikintensiven ambulanten Pflege. Den an der fokussierten Ethnografie (vgl. Cruz/Higginbottom 2013) angelehnten Beobachtungen schlossen sich Interviews mit den bei ihrer Arbeit beobachteten professionellen Pflegenden an. In den Interviews wurde nach dem Gegenstand der Pflege, der Agency von Pflegedingen und deren

---

1 | In zahlreichen deutschen Krankenhäusern existieren Schlaganfall-Zentren. Diese werden im klinischen Sprachgebrauch durchgehend als *stroke units* bezeichnet.

Bedeutung für die Herstellung einer (pflegerischen) Beziehung gefragt. Dazu gehörten u. a. das Pflegebett sowie die Trachealkanüle. Als theoretischer und methodischer Rahmen orientierte sich das Osnabrücker Teilprojekt an der Akteur-Netzwerk-Theorie in der Lesart Latours (vgl. Latour 2014). Innerhalb dieses Rahmens wurden die Dinge der Pflege aus einer für die Pflegewissenschaft noch relativ neuen Perspektive betrachtet.

Vor dem Hintergrund der Prognosen zum demografischen Wandel wird mit Blick auf Deutschland für die Zukunft mit einem noch höheren Bedarf an Pflege und Care gerechnet. Wie eingangs bereits erwähnt, werden Pflege und Care insgesamt in ihren verschiedenen Organisations- und Realisationsformen als gesellschaftliche Leistung nicht adäquat anerkannt (vgl. Backes et al. 2008; Senghaas-Knobloch 2014). Will man Pflege und Care als soziale Phänomene besser verstehen und in ihrer gesellschaftlichen Relevanz sichtbar machen, bedarf es einer intensiveren Erforschung. Die Bewältigung aktueller wie zukünftiger Herausforderungen erfordert eine eingehende und umfassende Beschäftigung mit dem Thema in der Gegenwart ebenso wie in der historischen Rückschau – auch und gerade auf wissenschaftlicher Ebene. Mit diesem Buch und besonders mit dem Blick auf die Dinge der Pflege hoffen wir, einen grundlegenden Beitrag zur Sichtbarkeit und Relevanz von Pflege im Alltag, in der wissenschaftlichen Forschung ebenso wie in der gesamten Gesellschaft zu leisten.

Die am Projekt »Pflegedinge« beteiligten Wissenschaftler/-innen danken dem Bundesministerium für Bildung und Forschung für die Förderung des Projekts sowie Kerstin Lutteropp, Dobrila Tesanovic und Volker Schütte vom Deutschen Zentrum für Luft- und Raumfahrt für die Projektbetreuung. Die Herausgeber/-innen dieses Buches möchten sich darüber hinaus herzlich bedanken bei Daniela Böhringer, Manfred Hülsken-Giesler, Andreas Kruse, Hartmut Remmers, Thomas Schnalke und Wolfgang Schröer für die stets offene Diskussion, den intensiven und konstruktiven interdisziplinären Austausch und die kritische Durchsicht des Manuskriptes.

LITERATUR

Akrich, Madeleine: The De-Scription of Technical Objects. In: Bijker, Wiebe E./Law, John (Hg.): Shaping Technology/Building Society. Studies in Sociotechnical Change. Cambridge/London, 1997 [1992], S. 205-224.
Atzl, Isabel (Hg.): WHO CARES? Geschichte und Alltag der Krankenpflege. Frankfurt a. M., 2011.

Backes, Gertrud/Amrhein, Ludwig/Wolfinger, Martina: Gender in der Pflege. Herausforderungen für die Politik. Expertise im Auftrag der Friedrich-Ebert-Stiftung (= WISO Diskurs. Expertisen und Dokumentationen zur Wirtschafts- und Sozialpolitik). Bonn, 2008.

Böhringer, Daniela/Wolff, Stephan: Der PC als »Partner« im institutionellen Gespräch. In: Zeitschrift für Soziologie (2010/39), S. 233-251.

Bowker, Geoffrey C./Star, Susan Leigh: Sorting Things Out. Classification and Its Consequences. Cambridge/London, 2000.

Cruz, Edward Venzon/Higginbottom, Gina: The Use of Focused Ethnography in Nursing Research. In: Nurse Researcher (2013/4), S. 36-43. Doi: https://doi.org/10.7748/nr2013.03.20.4.36.e305

Depner, Anamaria: Worthless Things? On the Difference Between Devaluing and Sorting Out Things. In: Hahn, Hans Peter/Weiss, Hadas (Hg.): Mobility, Meaning and Transformation of Things. Shifting Contexts of Value and Things in Time and Space. Oxford, 2013, S. 78-90.

DMB (Deutscher Museumsbund) (Hg.): Leitfaden für die Dokumentation von Museumsobjekten. Berlin, 2011.

Garfinkel, Harold (Hg.): Ethnomethodological Studies of Work. London, 1986.

Hahn, Hans Peter: Materielle Kultur. Eine Einführung. Berlin, 2005.

Hahn, Hans Peter: Der Eigensinn der der Dinge. Einleitung. In: Hahn, Hans Peter (Hg.): Vom Eigensinn der Dinge. Für eine neue Perspektive auf die Welt des Materiellen. Berlin, 2015, S. 9-56.

Heath, Christian/Hindmarsh, John/Luff, Paul: Video in Qualitative Research. Analysing Social Interaction in Everyday Life. London/Los Angeles 2010.

Heath, Christian/Knoblauch, Hubert/Luff, Paul: Technology and Social Interaction: the Emergence of ›Workplace Studies‹. In: British Journal of Sociology (2000/51), S. 299-320.

Latour, Bruno: Eine neue Soziologie für eine neue Gesellschaft. Frankfurt a. M., 2014 [2007].

Senghaas-Knobloch, Eva: Das Ethos guter Pflege unter Marktbedingungen – zwischen neuen Leistungsanforderungen und der Suche nach Anerkennung (= WISO Diskurs. Expertisen und Dokumentationen zur Wirtschafts- und Sozialpolitik). Bonn, 2014.

Schnalke, Thomas: Vom Objekt zum Subjekt. Grundzüge einer materialen Medizingeschichte. In: Kunst, Beate/Schnalke, Thomas/Bogusch, Gottfried (Hg.): Der zweite Blick. Besondere Objekte aus den historischen Sammlungen der Charité. Berlin/New York, 2010, S. 1-15.

Suchman, Lucy: Do Categories Have Politics? The Language/Action Perspective Reconsidered. In: Computer Supported Cooperative Work (1994/2), S. 177-190.

Waldenfels, Martin: Die Mitwirkung der Dinge in der Erfahrung. In: Hahn, Hans Peter (Hg.): Vom Eigensinn der Dinge. Für eine neue Perspektive auf die Welt des Materiellen. Berlin, 2015, S. 57-79.

Pflegedinge – Materialitäten in Pflege und Care
Theoretischer Rahmen und interdisziplinärer Ansatz

Carolin Kollewe, André Heitmann-Möller, Anamaria Depner,
Daniela Böhringer, Isabel Atzl, Lucia Artner[1]

Abbildung 1:   The lady with the lamp. Florence Nightingale.
Quelle: The Illustrated London News, 24. Februar 1855, S. 176.

»The lady with the lamp« – mit dieser Kurzbeschreibung einer Illustration von Florence Nightingale, die erstmalig im Jahr 1855 in einer Londoner Wochenzeitschrift erschien, wird auf entwaffnende Weise deutlich, dass Pflege und Din-

---

1 | Für die kritische Diskussion dieses Artikels und wertvolle Hinweise danken die Autoren/-innen Wolfgang Schröer, Thomas Schnalke, Hartmut Remmers, Manfred Hülsken-Giesler und Andreas Kruse.

ge in einer besonderen Beziehung zueinander stehen. Florence Nightingale wurde in der Folgezeit zu einem Mythos der Krankenpflege und avancierte zugleich zum Sinnbild der weiblichen, christlichen Mildtätigkeit. Sie ist auf dieser Abbildung mit einer Öllampe in der Hand bei einem nächtlichen Kontrollgang zu den ihr anvertrauten kranken und verwundeten Soldaten dargestellt. Bis in die heutige Zeit fehlt dieses Bild in kaum einer geschichtlichen Darstellung zur Krankenpflege. Dabei stand im Rahmen der Bildinterpretation immer die Person Florence Nightingale im Vordergrund. Sie wurde als Begründerin der modernen Krankenpflege, als Reformerin und christlich motivierte, wohltätige Schwester gefeiert. Analysiert man das Bild jedoch in seinen Einzelheiten, so zeigt sich, dass für die Bildkomposition ein konkretes Objekt zentral ist: Die Lampe in Nightingales Händen ermöglicht überhaupt erst die nächtliche Sorge der Krankenschwester für ihre schwerkranken Patienten: Der Schein des Lichts eröffnet ihr den Blick auf die Kranken in dunkler Nacht. Somit ist es nicht nur Florence Nightingale selbst, sondern zugleich auch die mit ihr geführte Lampe, die die vielbeschworene pflegerische Fürsorge in Szene setzt. Ohne die Lampe könnte die Schwester dieser pflegerischen Tätigkeit nicht nachkommen. Sorge und Pflege zeigen sich in dieser Darstellung als ein Zusammenspiel von Menschen und Dingen.

Damals wie heute spielten und spielen Gegenstände bei der Pflege und Unterstützung von Menschen verschiedener Lebensalter, mit Beeinträchtigungen, Behinderungen oder Krankheiten eine zentrale Rolle. Ob hochtechnisiertes Pflegebett oder klassischer Toilettenstuhl, ob moderne, sensorgestützte Hausnotrufsysteme, historisches Fieberthermometer oder eher unscheinbares Mundbefeuchtungsstäbchen: Dinge waren und sind im Kontext von Pflege und Care wortwörtlich *unab-ding-bar*. Pflege und Care lassen sich, wie oben gesehen, nicht nur auf den rein zwischenmenschlichen Kontakt reduzieren: Materiale Objekte sind vonnöten, um einen Großteil von Pflege und Sorge überhaupt erst zu ermöglichen. Hier stellt sich die Frage: Welche Rolle kommt den Dingen bei der Konstitution von Pflege und Care konkret zu? In welcher Weise kann beziehungsweise konnte sich das Wissen der Pflege in den jeweiligen Dingen niederschlagen? Diesen Fragen widmen sich die hier versammelten Beiträge aus unterschiedlichen disziplinären Perspektiven (Gerontologie, Geschichte, Pflegewissenschaft, Sozial- und Organisationspädagogik, Ethnologie und Kulturanthropologie). Die Artikel sind das Resultat des Forschungsprojekts »Die Pflege der Dinge – Die Bedeutung von Objekten in Geschichte und gegenwärtiger Praxis der Pflege«, das zwischen Februar 2014 und Januar 2017 an den Universitäten Heidelberg, Hildesheim und Osnabrück sowie am Berliner Medizinhistorischen Museum der Charité durchgeführt wurde.

Den einzelnen Forschungsarbeiten liegt die gemeinsame Annahme zugrunde, dass sich in ›Pflegedingen‹, das heißt Objekten, die im Kontext von Pflege und Care vorkommen, pflegerische, medizinische und alltagsweltliche

Erfahrungs- und Wissensbestände materialisieren und Dinge im Zusammenspiel mit dem Menschen Pflege und Care ermöglichen. Dinge sind somit als ein zentrales Element des Alltags von Pflege und Care zu verstehen. Dadurch bieten sie ein bislang kaum erkanntes Potential, Pflege und Care gewinnbringend zu erforschen und in ihren mannigfaltigen Aspekten (be-)greifbar zu machen. Vergegenwärtigt man sich aber den Stand der Diskussion um die Begriffe ›Pflege‹ und ›Care‹, so zeigt sich, dass dabei die Materialitäten beeindruckend *wenig* wahrgenommen werden.

Zwar etabliert sich ab Mitte der 1980er Jahre eine eigene pflegewissenschaftliche Disziplin in Deutschland, die historische sowie gegenwärtige Pflegepraxis und ihre Dinge sind bisher jedoch nur selten zentraler Gegenstand des Forschungsinteresses. Die bislang existierenden historischen und zeitgenössischen Arbeiten beleuchten nur wenig die Ebene sinnlich erfahrbarer Handlungsweisen und Bedeutungsproduktionen. Sie richten den Blick selten darauf, wie Pflege alltäglich gemacht oder wie Pflege sinnlich-leibhaftig wahrgenommen wird. Mit welchen Konzepten von Pflege und Vorstellungen beispielsweise von Gesundheit, Alter, Krankheit, Körper oder Geschlecht Pflege in Verbindung steht, wird in den vorliegenden Arbeiten kaum analysiert.

Noch weniger als die konkrete Pflegepraxis selbst stehen dabei die daran beteiligten Gegenstände im Mittelpunkt des Interesses. In diesem Zusammenhang eröffnet der in den Geistes- und Kulturwissenschaften viel beschworene *material turn* in der fachlichen Auseinandersetzung mit Pflege neue Perspektiven. Während in der wissenschaftlichen Beschäftigung mit vergangenen und gegenwärtigen Settings von Pflege und Care für den englischen Sprachraum seit einigen Jahren vermehrt Studien auf der Grundlage von pflegewissenschaftlichen, ethnologischen, soziologischen oder historischen Ansätzen mit expliziten Bezügen zu Dingen in der Pflege und im Bereich von Care (so zum Beispiel Sandelowski 2000; Cuesta/Sandelowski 2005; Smith 2006) vorliegen, ist für den deutschsprachigen Raum ein deutlicher Nachholbedarf zu verzeichnen (Ansätze liefern Sander 2008; Manz 2015). Eine Ausnahme bildet allerdings die Diskussion um die Technisierung der Pflege, die seit den 1970er Jahren geführt wird (vgl. zum Beispiel Sandelowski 2000; Barnard 2002; Heinlein 2003; Hülsken-Giesler 2008; Manzei 2011; Remmers/Hülsken-Giesler 2011; Hielscher et al. 2015; Hülsken-Giesler/Krings 2015; Remmers 2015; Kruse/Schmitt 2015; Domínguez-Rué/Nierling 2016). Außerdem ist die Beschäftigung mit neuen Techniken im Bereich der Care-Forschung in den *Science and Technology Studies* (STS) zu nennen, die jedoch stark auf Informations- und Kommunikationstechnologien fokussiert (vgl. zum Beispiel Mol et al. 2010; Joyce/Loe 2010; Schillmeier/Domènech 2010; Oudshoorn 2011; Pols 2012; Mort et al. 2013; Aceros et al. 2015).

Gleichzeitig existiert weder eine sammlungs- und museumswissenschaftlich orientierte Erforschung der Pflegedinge noch werden sie innerhalb der

Geschichte der Pflege berücksichtigt. Bislang war es in Deutschland auch nur sehr schwer möglich, überhaupt historische Objekte der Pflege ausfindig zu machen, denn hierzulande existiert weder ein eigenes Museum[2] noch gibt es auf der Ebene einschlägiger wissenschaftlicher Sammlungen die Möglichkeit, historische Pflegedinge systematisch aufzufinden oder gar zu beforschen, da das Thema Pflege bislang nicht in den Fokus des Sammlungsinteresses gerückt ist und in den Erzählstrategien museumsbasierter Ausstellungen keine Rolle spielte (vgl. Atzl 2011: 16). Auch die deutschsprachige historische Pflegeforschung hat sich den historischen Pflegedingen bislang nicht zugewendet. Insgesamt steht die Erforschung der Pflegegeschichte noch am Anfang (vgl. Hähner-Rombach 2011), auch wenn schon vor Jahrzehnten grundlegende erste Arbeiten aus dem Bereich der Pflegewissenschaft vorgelegt wurden (vgl. Steppe 1981; Steppe 1997). Im Rahmen der Beschäftigung mit dem historischen Pflegealltag standen in der pflegehistorischen Forschung bislang fast ausschließlich strukturelle und arbeitsorganisatorische Fragen im Vordergrund (vgl. Braunschweig 2006; Thiekötter et al. 2009; Hähner-Rombach 2009). Nur wenige Arbeiten aus der jüngsten Zeit (vgl. Stölzle 2013; Faber 2015) beschäftigen sich mit der Interaktion zwischen Pflegenden und Gepflegten. Dinge werden darin zwar genannt, ihre Rolle jedoch nicht weitergehend untersucht.

Die offenen Fragen nach den Beteiligten (Menschen und Dingen) und ihrer Rolle in der Herstellung von Pflege und Care sind für die hier versammelten Beiträge zentral. Mit der Untersuchung von historischer und gegenwärtiger Praxis von Pflege und Care wurde ein Zugang gewählt, welcher der zunehmenden Relevanz der Objektforschung in den Geistes- und Sozialwissenschaften Rechnung trägt: Ausgangs- und Endpunkt der Untersuchungen ist jeweils das konkrete, dreidimensionale materiale Objekt, das sowohl historisch als auch gegenwärtig im Pflegealltag genutzt wird beziehungsweise zum Einsatz kommt.

PFLEGE UND CARE: BEGRIFFLICHE ANNÄHERUNGEN

Zum Begriff ›Pflege‹ existieren einschlägige Definitionen von relevanten Akteuren, wie zum Beispiel vom *International Council of Nurses* (ICN), der *American Nurses Association* und der Weltgesundheitsorganisation, denen einiger Einfluss in der Debatte um Pflege zukommt. Diese beziehen sich in erster Linie auf die berufliche Pflege. So definiert beispielsweise der ICN und damit auch

---

[2] | Eine Ausnahme ist das Pflegemuseum Kaiserswerth, das jedoch erst 2011 eröffnete und ausschließlich auf den Bereich der evangelischen Krankenpflege und das konkrete Erbe Theodor Fliedners ausgerichtet ist und somit kein themenübergreifendes Museum darstellt. Zudem fehlt sammlungsspezifische Expertise, was bei den engen personellen Ressourcen nicht erstaunt. Objektforschung ist hier ein bislang unerfülltes Desiderat.

der Deutsche Berufsverband für Pflegeberufe (DBfK) »professionelle Pflege« folgendermaßen:

»Pflege umfasst die eigenverantwortliche Versorgung und Betreuung, allein oder in Kooperation mit anderen Berufsangehörigen, von Menschen aller Altersgruppen, von Familien oder Lebensgemeinschaften, sowie von Gruppen und sozialen Gemeinschaften, ob krank oder gesund, in allen Lebenssituationen (Settings). Pflege schließt die Förderung der Gesundheit, Verhütung von Krankheiten und die Versorgung und Betreuung kranker, behinderter und sterbender Menschen ein. Weitere Schlüsselaufgaben der Pflege sind Wahrnehmung der Interessen und Bedürfnisse (Advocacy), Förderung einer sicheren Umgebung, Forschung, Mitwirkung in der Gestaltung der Gesundheitspolitik sowie im Management des Gesundheitswesens und in der Bildung.«

In einer Fußnote wird folgende Spezifizierung hinzugefügt: »Pflege meint hier professionelle Pflege durch eine/n Altenpfleger/in, Gesundheits- und Kinderkrankenpfleger/in oder Gesundheits- und Krankenpfleger/in.« (DBfK 2016)

Dieser weltweit verbreiteten Definition des ICN liegt die bedürfnistheoretische Definition von Pflege (vgl. Meleis 1997: 310) der amerikanischen Pflegewissenschaftlerin Virginia Henderson aus den 1950er und 1960er Jahren zugrunde. Hendersons Definition zielt auf die Bedürfnisse der Person ab, die gepflegt wird, genauso wie diverse andere verbreitete pflegetheoretische Ansätze (vgl. zum Beispiel Juchli 1971; Orem 1971; Krohwinkel 1993). In diesen Theorien wird davon ausgegangen, dass Pflegende Aufgaben übernehmen, welche die gepflegte Person ›normalerweise‹ selbst vollführt (vgl. Hoops 2013: 26). Basis der Ansätze von Henderson (Juchli und Krohwinkel adaptierten die amerikanischen Konzepte für den deutschsprachigen Raum) ist die Annahme von Grundbedürfnissen, wie zum Beispiel Atmen, saubere Kleidung und eine sichere Umgebung, die von Menschen selbst oder mit Unterstützung von Pflegekräften erfüllt werden. Im Mittelpunkt der strukturfunktionalistisch geprägten Pflegetheorie der amerikanischen Pflegewissenschaftlerin Dorothea Orem von 1971 steht das Erkennen und Bearbeiten von Selbstpflegedefiziten durch eine professionelle Pflegekraft (vgl. Orem 1971).

An solchen – vor allem in der pflegerischen Praxis rezipierten – bedürfnisorientierten Pflegetheorien wird kritisiert, dass sie Bedürfnisse nicht als soziale Konstruktionen reflektieren, die sich je nach historischem und kulturellem Kontext sehr stark voneinander unterscheiden können und sich in einem ständigen Veränderungsprozess befinden. Zudem werden sie von den genannten Pflegetheorien mitkonstruiert. Auf Kritik stößt darüber hinaus, dass pflegewissenschaftliche Bedürfnistheorien von einem autonomen Subjekt ausgehen, das ›normalerweise‹ selbstständig und unabhängig seinen Alltag organisiere. Pflegende übernehmen aus dieser Perspektive in einem Moment der Pflegebedürftigkeit eine Art Stellvertreterfunktion (vgl. Hoops 2013: 26 f.). Interdependenzen zwischen Menschen, wie sie u. a. in Theorien von Care (vgl. zum Beispiel Tronto 1993) betont werden, werden weniger berücksichtigt. Außerdem werden in diesen Ansätzen Bedürfnisse der Gepflegten zumeist aus der Perspektive der Pflegenden dargestellt und die Wahrnehmung der gepflegten Person nur selten erforscht und genauer analysiert (vgl. Hoops 2013: 26).

Andere bekannte Pflegetheorien betonen stärker den Interaktionsprozess zwischen den beteiligten Menschen, konkret jenen zwischen der Person, die gepflegt wird, und der pflegenden Person (vgl. zum Beispiel King 1971; Travelbee 1971; Orlando 1961). So galt zum Beispiel für Hildegard Peplau im Jahr 1952 Pflege als »ein signifikanter, therapeutischer, interpersonaler Prozess.« (Peplau 1995: 39) In der Pflegewissenschaft wird hinsichtlich dieser Definition kritisch bemerkt, dass diese zu offen sei, um sich damit von anderen Professionen aus dem Gesundheitsbereich abzugrenzen. Auch habe Peplau die asymmetrischen Machtbeziehungen zwischen der pflegenden und der gepflegten Person nicht ausreichend reflektiert. Zudem sei Peplaus Ansatz sehr voraussetzungsvoll, da er von einer kommunikationsfähigen und reflexionsfähigen Person als Gegenüber einer Pflegeperson ausgehe – eine Bedingung, die jedoch in der Pflege von Neugeborenen, bewusstlosen Menschen oder bei Menschen mit einer demenziellen Erkrankung nicht als gegeben vorausgesetzt werden kann (vgl. Marriner-Tomey 1992: 322).

Die verschiedenen Versuche, Pflege zu definieren, die seit den 1950er Jahren von US-amerikanischen Pflegewissenschaftlerinnen vorgelegt wurden, werden insgesamt als normativ kritisiert. Darüber hinaus wird beanstandet, dass der ganzheitliche Anspruch dieser Theorien nicht eingehalten werde (vgl. Stemmer 2003: 52). Seit den 1980er Jahren ist in der Folge der kritischen Auseinandersetzung mit diesen häufig als *grand theories* bezeichneten Ansätzen eine Abwendung von ihnen zu verzeichnen. Zugleich entstehen seit dieser Zeit unterschiedliche theoretische Versuche, Pflege zu fassen und zu analysieren, die dem interpretativen Paradigma zuzuordnen und an der Phänomenologie orientiert sind, wie zum Beispiel Benner/Wrubel 1997 (vgl. Stemmer 2003: 52). Benners und Wrubels Fürsorgetheorie erfährt dabei in der pflegewissenschaftlichen Debatte einige Aufmerksamkeit, richtet diese doch den Blick auf die konkrete Pflegepraxis und setzt bis dahin diskutierten Pflegedefinitionen ein phänomenologisch-hermeneutisches Verstehen entgegen. Zentraler Begriff ist bei Benner und Wrubel *caring* – genauso wie bei anderen Autorinnen (zum Beispiel Watson 1979; Leininger 1991) – die *human care* als Kern der beruflichen Pflege verstehen. »Letztendlich gründen diese Theorien auf der philosophischen Annahme, daß die Beziehung des Menschen mit der Welt und den Dingen und den Menschen in dieser Welt, sowie die Beziehung zu sich selber auf Sorge basiert.« (Schnepp 1996: 13) So beziehen sich Wrubel und Benner in ihrem Konzept von Care auf die Konzeption von Sorge bei Heidegger[3] (vgl. 1941). Für Benner und Wrubel stellt Care, verstanden als sorgende Haltung, die Grundlage für die Pflegepraxis dar (vgl. Benner/Wrubel 1997: 25). Care, zwischenmenschliche Zuwendung, wissenschaftliche Kenntnisse und Techniken werden als notwendige Bestandteile der Pflegepraxis konzipiert (vgl. ebd.). An Benners und Wrubels Theorie wird kritisiert, dass diese auf einer missverstandenen Rezeption des Heidegger'schen Sorgebegriffs beruhe und den Begriff der Sorge politisch indifferent zu konservieren suche. Gleichwohl wird Sorge beziehungsweise Care eine große Bedeutung für eine neue Betrachtung von Pflege zugeschrieben (vgl. Friesacher 2008: 74).

In der deutschsprachigen Pflegewissenschaft wird – nach einer Phase der intensiven Kritik an den *grand theories* und einer Abkehr von theoretischen Fundierungen der Pflege – in den letzten Jahren wieder stärker betont, wie notwendig es sei, Pflege beziehungsweise pflegerisches Handeln theoretisch zu fassen (vgl. Stemmer 2003: 52). Dabei wird über phänomenologisch orientierte Ansätze die leibliche Dimension der Pflege hervorgehoben (vgl. zum Beispiel Remmers 2000; Uzarewicz/Uzarewicz 2005; Hülsken-Giesler 2008; Remmers 2011). So versteht zum Beispiel Hartmut Remmers (2011) Pflege – sei sie nun »eine professionelle oder informelle Leistung« – als durch eine »leibliche Gegenseitigkeit« charakterisierte »Beziehungsarbeit« (ebd.: 27). Er bezieht sich auf Plessners Unterscheidung zwischen »Körper haben« und »Leib sein«, wonach der Körper als ein materiales Objekt verstanden, während der Leib als Erlebtes konzipiert wird (vgl. Fuchs 2015: 147 ff.).

Gegenwärtig wird aus der deutschsprachigen Pflegewissenschaft heraus auch postuliert, dass sowohl aus professions- als auch aus handlungstheoretischer Sicht pflegerisches Handeln durch einen widersprüchlichen Zusammenhang epistemischer sowie handlungslogischer Charakteristika gekennzeichnet sei. Es wird hier von einer *methodologischen Doppelseitigkeit* zwischen allgemeinem Wissenschaftsbezug und personalem Handlungsbezug gesprochen (vgl. Remmers 2000; Hülsken-Giesler 2008). Professionell Pflegende begründen ihr Handeln demnach auf der einen Seite mit einem wissenschaftlich erworbenen, theoretischen Erklärungswissen, aus dem unter operationellen Gesichtspunkten technisch-therapeutische Empfehlungen und Regeln abgeleitet werden können. Auf der anderen Seite gebe es einen strikten Personenbezug und damit das Prinzip einer Kontextualisierung gesetzeswissenschaftlichen Regel-

---

3 | Heidegger, der sich in seinen Schriften mit dem Sinn des Seins beschäftigte, definierte »Sorge als Sein des Daseins«. Dabei unterteilte er zwischen dem »Besorgen« als Dasein, das sich auf Gegenstände und die Umwelt bezieht, und der »Fürsorge«, die sich im Gegensatz dazu auf andere Menschen richtet (vgl. Friesacher 2008: 66 ff.). Zu einer ausführlichen Auseinandersetzung mit dem Heidegger'schen Sorgebegriff und der Rezeption dieses Verständnisses durch Benner und Wrubel siehe ebd.

wissens auf der Grundlage eines individualisierenden Fallverstehens (vgl. ebd.). Diese Herausforderungen an professionelles Können würden demnach besonders deutlich bei der Pflege von Personen mit fortgeschrittenen Erkrankungen und vor allem bei Einbußen kognitiven Leistungs- und kommunikativen Mitteilungsvermögens (siehe dazu zahlreiche Beiträge in Kruse 2010).

BETRACHTUNGEN VON PFLEGE ALS GESELLSCHAFTLICHES PHÄNOMEN

Neben diesen unterschiedlichen Charakteristika und Definitionen aus dem Bereich der Pflegewissenschaft, die zumeist die berufliche Pflege in den Blick nehmen, existieren auch soziologische Auseinandersetzungen mit der Pflege. Diese reflektieren gesellschaftliche Konstruktionen von Pflege und den Einfluss von Pflege auf die Gesellschaft (vgl. Schroeter 2016: 405). Allerdings sind bisher nur wenige soziologische theoretische Annäherungen an die Pflege zu verzeichnen (vgl. Schroeter/Rosenthal 2005). Aus systemtheoretischer Perspektive wird beispielsweise diskutiert, ob es sich bei der Pflege um ein soziales System handele (vgl. Bauch 2005). Schroeter wiederum lehnt sich an Bourdieu an und sieht in der Pflege ein soziales Feld (vgl. Schroeter 2005). Dabei lässt sich dieses soziale Feld in verschiedene Ebenen aufteilen (zum Beispiel Gesellschaftsebene, Organisationsebene, individuell-personale Ebene; vgl. ebd.; auch Schroeter 2016: 36). Mit dieser Konzeption der Pflege als sozialem Feld zielt Schroeter darauf ab, die Mehrdimensionalität der Pflege greifbar zu machen und zugleich ihre Verknüpfungen mit anderen sozialen Feldern (wie zum Beispiel Medizin, Ökonomie, Technik, soziale Hilfe, Familie) zu thematisieren (vgl. ebd.: 411). Ein ähnliches Anliegen verfolgt die kulturanthropologische Auseinandersetzung mit Pflege, vor allem im anglophonen Raum: Seit den 1980er Jahren betont sie die kulturelle Gebundenheit dessen, was unter Pflege und Sorge verstanden werden kann (vgl. Dougherty/Tripp-Reimer 1985; De Santis 1994), ein Aspekt, der allmählich in den deutschsprachigen Forschungsarbeiten zu transkultureller Pflege Einzug findet (vgl. Uzarewicz 2002; Domenig 2007).

DEBATTEN UM CARE

Darüber hinaus ist in den Sozialwissenschaften eine Debatte um Care zu beobachten, welche fürsorgende Praktiken – und damit auch die Pflege – in ihrer gesellschaftlichen Bedingtheit, im Kontext sozialer Ungleichheit und in Machtbeziehungen diskutiert. Der englische Begriff *care* wird im Deutschen mitunter mit »kümmern, betreuen, pflegen« übersetzt. Allerdings umfasst der englische Begriff ein großes Spektrum an semantischen Bedeutungen, das kein deutsches Wort in dieser Weise enthält: *caring about* verweist auf emotionale Aspekte des Sorgens, *taking care of* bezieht sich auf die Vielzahl unterschiedlicher Aktivitäten des Sorgens und *take care of yourself* verknüpft das Sorgen mit der Selbstsorge (vgl. Brückner 2010: 4). Aktuell wird *care* beziehungsweise *to care* in der deutschsprachigen sozialwissenschaftlichen Debatte meist mit »Sorge« beziehungsweise »sorgen« übersetzt, da auch diese Begriffe Formulierungen erlauben wie »sich sorgen um jemanden« oder »sorgen für jemanden«. Allerdings weckt der Begriff ›Sorge‹ im Deutschen nicht die positiven Konnotationen, die der Ausdruck *care* im Englischen hat (vgl. Thelen 2014: 23).

Die Diskussion um Care zeichnet sich durch eine Vielzahl an unterschiedlichen Perspektiven und Herangehensweisen aus. Dabei verlaufen die Debatten um den Begriff ›Care‹ in verschiedenen Disziplinen immer wieder parallel zueinander, ohne sich grundlegend aufeinander zu beziehen.

PFLEGEWISSENSCHAFTLICHE BEZUGNAHMEN AUF CARE

Seit den 1980er Jahren ist in der Pflegewissenschaft eine Auseinandersetzung mit Konzepten von Care und *caring* zu verzeichnen, die vom angelsächsischen Raum ausgeht (vgl. den Abschnitt zu Benner und Wrubel). Ausgangspunkt der pflegewissenschaftlichen Zugänge, Care und Pflege miteinander in Beziehung zu setzen, ist zumeist die Studie »In a Different Voice« der feministischen Entwicklungspsychologin Carole Gilligan (1982). Anschließend an Gilligans Konzept fand in der Pflegewissenschaft – wie in einigen Sozialwissenschaften – eine Auseinandersetzung mit als weiblich konnotierten Care-Ethiken statt. Allerdings wurden in der Pflegewissenschaft feministische Ansätze im bioethischen Diskurs und aus dem Bereich der feministisch-politischen *ethics of care*, die sich mit gesellschaftlicher (Un-)Gerechtigkeit, Macht und sozialer Ungleichheit beschäftigen (vgl. zum Beispiel Tronto 1993), weitgehend ausgeblendet (vgl. Kohlen/Kumbruck 2008: 5).

Pflegewissenschaftliche Autorinnen diskutierten Care beziehungsweise *caring* vorwiegend als Basis und Bestandteil von Pflege (vgl. zum Beispiel Leininger 1991; Benner/Wrubel 1997; Watson 1979; Fry 1989). Dabei sprachen die Autorinnen zum Teil auch kritisch gesellschaftliche Kontexte von Pflege sowie hierarchische Beziehungen, wie zum Beispiel zur Medizin, an (vgl. zum Beispiel Fry 1989). Parallel zu den pflegewissenschaftlichen Diskussionen um Care und *caring* setzten sich vor allem politikwissenschaftliche Care-Theoretikerinnen mit der gesellschaftlichen Positionierung von Care auseinander. Diese Ansätze betrachteten Care nicht als Teil oder Basis für Pflege, sondern als eine gesellschaftliche Praxis (vgl. Kohlen/Kumbruck 2008: 15).

Feministisch-gesellschaftswissenschaftliche Auseinandersetzungen mit Care

In den 1960er und 1970er Jahren wendeten sich ausgehend von den angelsächsischen Ländern feministische Sozialwissenschaftlerinnen Care und *carework* zu. Unter Care beziehungsweise *carework* verstanden sie zunächst einmal Reproduktionsarbeit, das heißt Haus- und Familienarbeit. Erste wissenschaftliche Beiträge von feministisch-marxistischen Autorinnen zielten darauf ab, Care als Arbeit *(carework)* sichtbar zu machen. Sie sahen die abgewertete *carework* als Teil der Unterdrückung und Ausbeutung von Frauen und forderten eine Aufwertung dieser Arbeiten, die sich auch in einer Entlohnung ausdrücken sollte (vgl. Thelen 2014: 25). Seit den 1980er Jahren wurden nicht mehr nur die ökonomischen Aspekte kritisiert, sondern Care auch als emotionale Arbeit diskutiert und positiv konnotiert. Dabei wurde auf der Differenzthese basierend Care als eine weibliche Eigenschaft betrachtet (vgl. ebd.: 27).

Seit den 1990er Jahren wird Care – ausgehend von der Konzeption von Gender als sozialer Konstruktion – nicht mehr als ›weiblich‹ diskutiert, sondern als Beispiel für eine vergeschlechtlichte Form der Arbeit. Neben Gender gerieten in den letzten Jahren zunehmend weitere soziale Ungleichheitskategorien in den Blick. Es wurde zum Beispiel thematisiert, dass in westlichen Gesellschaften häufig Migrantinnen *carework* übernehmen und dabei oftmals unter schwierigen ökonomischen, rechtlichen und familiären Bedingungen leben (vgl. Hochschild 2000; Scheiwe/Krawietz 2010). Darüber hinaus haben Wissenschaftler/-innen aus dem Bereich der *Disability Studies* und feministischer Forschung darauf hingewiesen, dass Care nicht nur als positiv betrachtet werden könne. Sie rückten stärker die Machtbeziehungen in Kontexten von Care in den Vordergrund, die auch zu Missbrauch und Gewaltanwendungen führen können (vgl. Thelen 2014: 31)

Unterschiedliche Verständnisse von Care in der feministisch-gesellschaftswissenschaftlichen Debatte

Während in der angelsächsischen Debatte unter Care zunächst die unbezahlten Reproduktionsarbeiten verstanden wurden, bezogen skandinavische Autorinnen später auch bezahlte Sorgearbeiten in öffentlichen Institutionen mit in ihre Analyse ein (vgl. Brückner 2010: 47) – eine Ausweitung, die sich aktuell auch in der deutschsprachigen Debatte um Care verzeichnen lässt. So definiert die Soziologin und Sozialpädagogin Margrit Brückner beispielsweise Care folgendermaßen:

»Care umfasst den gesamten Bereich der Fürsorge und Pflege, d. h. familialer und institutionalisierter Aufgaben der Gesundheitsversorgung, der Erziehung und der Betreuung im Lebenszyklus (Kinder, pflegebedürftige und alte Menschen) sowie der personenbezogenen Hilfe in besonderen Lebenssituationen (von Arbeitslosigkeit über häusliche Gewalt bis zu Hilfen bei Wohnungslosigkeit).« (Brückner 2004: 9)

Die Politikwissenschaftlerin Joan Tronto hingegen fasste Care 1990 in einem gemeinsamen Artikel mit Berenice Fisher wesentlich weiter und verstand darunter einen spezifischen Zugang zur Welt:

»On the most general level, we suggest that caring be viewed as a species activity that includes everything that we do to maintain, continue, and repair our ›world‹ so that we can live in it as well as possible. That world includes our bodies, ourselves, and our environment, all of which we seek to interweave in a complex, life-sustaining web.« (Fisher/Tronto 1990: 40; siehe auch Tronto 1993: 103)

Dieses Verständnis von Care – auf das sich bis heute einige Autoren/-innen beziehen – umfasst auch die Umwelt, kann also verstanden werden als eine Sorge, die auch jene um materiale Objekte einschließt. Care wird bei Tronto vor allem als Erhaltungs- und Reparaturarbeit verstanden. Darüber hinaus zielt diese sehr weite Definition darauf ab, Care nicht in erster Linie als dyadische Beziehung zwischen zwei Individuen zu verstehen (vgl. Ostner 2011: 466). Diese Vernachlässigung von Beziehungen zwischen Menschen wird von Autorinnen wie Ilona Ostner kritisiert, die betont, dass Care eine »Beziehungsarbeit« sei (ebd.: 468). Ostner betrachtet Trontos Care-Begriff als normativ und zu weit (vgl. ebd.: 462) und bemängelt darüber hinaus, dass in der feministischen Care-Debatte eine zu stark makroanalytische Betrachtung der politischen Ökonomie von *carework* (zum Beispiel in vergleichenden Wohlfahrtsstaatsanalysen) zu verzeichnen sei, während mikroanalytische Studien der Sorgearbeit häufig vernachlässigt würden (vgl. ebd.: 470).

Debatten um Care in den STS

In den STS hat sich in den vergangenen Jahren eine intensive Debatte um Care etabliert, deren Besonderheit ist, dass sie stark auf nichtmenschliche Beteiligte fokussiert, besonders häufig auf neue technische Entwicklungen und damit auch die materiale Seite von Care in den Blick nimmt. Daneben beziehen Autorinnen wie Annemarie Mol, Ingunn Moser und Jeannette Pols bei ihrer Analyse von Care – verstanden als Interaktionsprozess – zum Beispiel auch Tiere mit ein. Technik und Tiere betrachten Mol et al. nicht nur als Objekte, denen Care zukommt, sondern auch als »caregivers« (2010: 10). Sie betonen, dass Technik von *carework* abhänge. Menschen stimmen demnach die Technik mit den Bedingungen von Care-Situationen ab, zugleich passen sie aber auch die Situation an die Technik an. Diesen Vorgang bezeichnen die Autorinnen als ein »endlessly tinkering« (ebd.: 15).

Die Tendenz, den Care-Begriff auf nichtmenschliche Beteiligte auszuweiten, wird auch von anderen Wissenschaftlern/-innen aus dem Bereich der STS verfolgt (vgl. zum Beispiel Martin et al. 2015). So umfasst das Care-Verständnis von Maria Puig de la Bellacasa in Anlehnung an die Care-Definition von Tronto und Fisher alle Praktiken, die daran Anteil haben, dass die Welt, in der »humans« und »non-humans« leben, hergestellt und erhalten wird (Puig de la Bellacasa 2011: 97). In Auseinandersetzung mit dieser weiten Definition von Care werden nun beispielsweise auch die Care-Praktiken von STS-Wissenschaftlern/-innen in lebenswissenschaftlichen Projekten (vgl. Viseu 2015) betrachtet oder die Sorge für den Erdboden (vgl. Puig de la Bellacasa 2015).

Der Überblick über die Debatten um Verständnisse von Pflege und Care in den verschiedenen wissenschaftlichen Disziplinen zeigt, wie unterschiedlich die Begriffe ›Pflege‹ und ›Care‹ verstanden werden und wie vielfältig sie sein können. Teilweise sind diese Konzepte normativ aufgeladen oder unterliegen politischen Interessen. Nicht zuletzt finden die Dinge der Pflege darin, mit Ausnahme der STS, kaum Platz. Im vorliegenden Band dienen all diese Diskussionen als Hintergrundfolie, die das gemeinsame Thema Pflege und Care abstecken sollen. Je nach Disziplin wird auf einzelne Ausschnitte Bezug genommen, der jeweilige Zugang und Diskussionszusammenhang in den Beiträgen erläutert. Sowohl der interdisziplinäre Austausch als auch die neuen Perspektiven, die die Beforschung von Dingen in diesem Zusammenhang eröffnen, fordern hier eine begriffliche Offenheit.

Dinge: begriffliche Annäherungen

»Vom Sachen-Sammeln zum Dinge-Denken« (Schippers 2004) – diese Formel fasst prägnant eine Entwicklung zusammen, die sich nun schon seit einigen Dekaden in nahezu allen Bereichen der Geisteswissenschaften beobachten lässt. Dinge werden zum Mittelpunkt von Fragestellungen, die auf das menschliche Miteinander abzielen, ob beispielsweise in historischen Settings oder an modernen Arbeitsplätzen. Die Sphären der Objekte und Subjekte vermengen sich zu einem Miteinander, dessen Logiken erkenntnistheoretische Relevanz zugesprochen wird. Dieser als *material turn* bekannte Prozess ist genuin multidisziplinär angelegt und der Diskurs um die Dinge wird schon lange über Fachgrenzen hinweg geführt. Dieser Umstand führt nicht nur zu einem Perspektivenreichtum, sondern auch zu einem ausgedehnten begrifflichen Repertoire. So finden sich zu den Begriffen ›Objekt‹, ›Ding‹, ›Gegenstand‹, ›Sache‹ oder

›Artefakt‹ durchaus heterogene Definitionen und Abgrenzungsvorschläge, die je nach Autor/-in und Zeit variieren können. In den transdisziplinär angelegten *Material Culture Studies* wird in der Regel der Sammelbegriff ›Ding‹/*thing* verwendet. In den Beiträgen dieses Buchs ist das Verständnis von Hans Peter Hahn anschlussfähig, der unter Dingen zunächst einmal alle »materiellen Gegenstände« fasst, auch Objekte, die nicht von Menschen geschaffen wurden (vgl. Hahn 2014: 19).

Das Aussagepotential, das Objekten zugesprochen wird, führt auch dazu, dass immer ausdifferenziertere Analysekriterien angelegt werden, die die Dinge aus unterschiedlichen Perspektiven in den Blick nehmen sollen, um ein möglichst stimmiges Gesamtbild im Sinne der Fragestellung zu erhalten. Nachdem materiale Gegenstände in Analogie zu Kulturen als (aus-)zu-lesender ›Text‹ verstanden wurden (vgl. Geertz 1983), wird seit einigen Jahren in vielen Objektforschungen unterschiedlicher disziplinärer Provenienz die Beschreibung und Untersuchung der physikalisch-materiellen Eigenschaften und Funktionen gefordert. Auch stellt sich die Frage, ob Menschen Dinge modifizieren oder Dinge Menschen. Ist hier von einem Chiasmus, wie ihn der Technikphilosoph Peter Paul Verbeek in jüngster Zeit vertreten hat[4], oder von einer Symmetrie im Sinne Bruno Latours (vgl. 2008) auszugehen? Damit verbunden ist auch die immer lauter werdende Forderung, materiale Gegenstände zu untersuchen, während sie benutzt und in ihren jeweiligen sozio-kulturellen Kontexten eingesetzt werden. Denn: Welche konkrete Rolle ein Ding nun spielt und welche Bedeutung(-en) es jeweils haben kann, erschließt sich in erster Linie aus dem (rekonstruierten) Umgang mit ihnen, der immer kontextualisiert beziehungsweise kontextbezogen sozial situiert wird (vgl. Miller 1987; Hahn 2005; Hahn 2014: besonders 11; Korff 2005: besonders 32 f.). Oder anders formuliert: Die Bedeutung, als eine der Dimensionen von Dingen (vgl. ebd.), kann vornehmlich mit Blick auf das Handeln (vgl. ebd.; Treutner et al. 1978) verstanden werden. Hieraus wiederum ergibt sich, dass sich Bedeutungen wandeln können und allein schon in der Interaktion mit Dingen davon ausgegangen werden muss, dass Dinge mehrdeutig und zuweilen ambivalent sein können, sich Handlungsabsichten gar entziehen (vgl. Heesen 2005).

Diese sogenannte widerspenstige Seite, die wir an Dingen immer wieder beobachten können, adressiert die Forschungsliteratur mit Umschreibungen wie »Tücke des Objekts« (Ferus/Rübel 2009) oder »Eigensinn der Dinge« (Hahn 2015). Es geht dabei um die Umschreibung eines Phänomens, das in der Materialität fußt. Diese als eine zentrale Komponente für den menschli-

---

4 | Er äußerte dies zum Beispiel am 11. November 2016 im Rahmen des Vortrags »Socializing Materiality – Mediation Theory and the Social Life of Things« auf der Tagung »Beziehungskisten. Sozialität und Soziabilität durch Dinge« an der Bauhausuniversität Weimar, 11./12. November 2016.

chen Umgang mit und die menschliche Bezugnahme auf Dinge ernst zu nehmen, ist eines der Hauptanliegen der *Material Culture Studies*. In Anlehnung an Jens Soentgen (vgl. 1997) kann Materialität im Sinn von Stofflichkeit als eine ontische Größe verstanden werden. Sie ist unabhängig von der menschlichen Wahrnehmung existent, uns aber nur durch jene gegeben, ergo physisch erfahrbar und nicht beliebig zu modellieren. In diesem Zusammenhang spricht Soentgen (1997: besonders 56-63) von »Neigung«: Eine Neigung bezeichnet eine zentrale Komponente der Dingeigenschaften, die in ihrer Stofflichkeit verankert ist, wie zum Beispiel, dass Glas zerbrechen oder Papier vergilben kann. Unser Umgang mit und der Bezug zu Dingen wird von der sinnlichen Wahrnehmung, insbesondere der Haptik ihres Stoffes, beeinflusst (vgl. Hahn/Soentgen 2010). Dies wiederum berührt auch die Wahrnehmung von Dingen:

»As objects are located in space, we can orient and move our bodies according to their presence (e.g. around and over them), we can point to objects, and we can also refer to and talk about objects, identifying and making them relevant, recognisable and intelligible, perhaps from the surrounding environment or drawing on shared understanding and experience.« (Nevile et al. 2014: 5)

Das heißt, es wird davon ausgegangen, dass Materialität an sich zwar als ontische Größe jenseits jeglicher Sozialität existieren kann (anders als beispielsweise von Latour [vgl. 2000] angenommen), sie kann aber nur über die menschliche durch Sozialisation geprägte Wahrnehmung *erfasst* werden. Damit wird sie gleichsam in soziale Beziehungen (zum Menschen) gesetzt. Gerade phänomenologisch argumentierende Autoren, die in enger Verbindung zur philosophischen Anthropologie zu sehen sind, betonen das Primat der sinnlichen Wahrnehmung für die Erfahrung der materiellen Welt (vgl. zum Beispiel Merleau-Ponty 1966: besonders 237 ff., 347 ff.; Gehlen 1961; Flusser 1993; Waldenfels 2015). Auf die bereits im Zusammenhang mit Pflege hier erwähnte »exzentrische Positionalität« (vgl. Plessner 1975: 291f) des Menschen bezugnehmend, wird argumentiert, dass Dinge zwei Ebenen der Wahrnehmung ansprechen: Zum einen die Ebene der sinnlichen Erfahrbarkeit des stofflichen Gegenübers und damit seiner Existenz; zum anderen kommt es zugleich aber auch zu einer menschlichen Selbsterfahrung in der Wahrnehmung, da der eigene wahrnehmende Körper, der selbst auch stofflich ist, über den Modus der Selbstreflexion bewusst gemacht wird. Der mit dieser Idee der gleichzeitigen Umwelt- und Selbsterfahrung in Verbindung stehende Begriff des ›Leib-Körpers‹ ist in der Phänomenologie Edmund Husserls, Helmuth Plessners oder Max Schelers eine starke Argumentationsfigur (vgl. Waldenfels 2000: 252 ff.) und steht für die Möglichkeit des Menschen, sich selbst sowohl direkt (Körper haben) als auch reflexiv (Leib sein) wahrzunehmen.

Aktuelle objektzentrierte Untersuchungen kreisen um eine Vielzahl zentraler Themen: von der Materialität (Stofflichkeit, physische Präsenz) der Dinge über die damit in Zusammenhang stehende Eigenlogik (Tücke, Eigensinn, Widerspenstigkeit), ihre Bedeutung(-en) (hinsichtlich ihrer Rolle[-n], Mitwirkung, Agency, Umgang, Mediationsfunktion, Symbole- und Zeichenfunktion) sowie ihre Vergänglichkeit (Verfall, Verwerfung, Abfall) und Modellierbarkeit (Umnutzung, Zweckentfremdung, Bedeutungswandel) bis hin zu ihrer Nicht-Beachtung (sie werden übersehen, sind gleichgültig, marginal oder latent). Das Befragen materialer Dinge entlang dieser Aspekte liefert uns wichtige Aussagen über die gegenseitigen Einflussnahmen von Menschen und Dingen und ihre Grenzen; dass Dinge nicht leicht zu fassen sind, darüber herrscht, bei allen begrifflichen, theoretischen und methodischen Divergenzen, Konsens.

Bei der Betrachtung der Dinge finden sich in den *Material Culture Studies* aber nicht nur klassische Fachdisziplinen der Geisteswissenschaften zusammen, die Dinge spielen auch eine wichtige Rolle für das Erkenntnisinteresse anderer inter- und transdisziplinär arbeitender Forschungsrichtungen, so zum Beispiel für die bereits erwähnten STS und die *Workplace Studies* (vgl. Heath et al. 2000). Die STS befassen sich mit den Wechselwirkungen zwischen Wissenschaft, Technologie und gesellschaftlicher Ordnung. Sie fokussieren somit größere Felder und verstehen Wissenschaft und Technik nicht als etwas Neutrales und Objektives, sondern immer auch sozial Konstruiertes: Sie sind eingebettet in spezifische soziale Kontexte und Praktiken, innerhalb derer sie entstehen und die sie reproduzieren. Doch Technik meint dabei immer ganz konkrete Objekte (auch) in ihrer Materialität. Die STS betonen, dass sich soziale Machtbeziehungen und Strukturen in Technik abbilden (vgl. Bijker/Law 1997) und dass Techniken Verhaltensweisen ermöglichen und bedingen können. In letzter Konsequenz impliziert dies die Annahme, dass technische Artefakte Auswirkungen auf das Verhalten von Menschen und damit auch auf soziale Strukturen haben (vgl. Akrich 1997). Ansätze und Erkenntnisse der *Workplace Studies* (vgl. Heath/Luff 2014) lenken die Aufmerksamkeit indes auf die Rolle von Gegenständen in der Organisation von Arbeit (vgl. Böhringer/Wolff 2010) und fragen, wie Objekte in Care- und Pflegearbeit integriert werden und diese möglicherweise strukturieren, verändern oder stabilisieren können.

Zur begrifflichen Orientierung in diesem Band

Die begrifflichen Suchbewegungen und Diskussionslinien, wie sie für die Bereiche Pflege und Care sowie für Dinge, Objekte oder Artefakte dargestellt wurden, zeigen, dass vor allem in der deutschsprachigen wissenschaftlichen Debatte Pflege, Care und ihre Dinge bislang noch wenig zusammen gedacht werden und dieser Zusammenhang nur selten beforscht wird (vgl. Artner et al. 2016).

Deshalb und weil die Bedeutung von Dingen mit den Praktiken von Pflege und Care verbunden ist, kann eine Definition von Pflegedingen erst aus (Feld-) Forschungen heraus und somit induktiv erfolgen. Handlungsleitend für die hier vorgelegten empirischen Studien war deshalb eine leicht handhabbare Arbeitsdefinition: *Pflegedinge sind materiale Gegenstände, die sowohl historisch als auch gegenwärtig in sozialen Konstellationen und Konstruktionen von Pflege und Care vorkommen.*

Das primäre Ziel war es, mit einer weiten und flexiblen Rahmung dessen, was unter dem Terminus ›Pflegedinge‹ subsumiert werden kann, interdisziplinäres Arbeiten zu ermöglichen. Diese bewusst vage begriffliche Annäherung bildete für die hier vorgelegten Arbeiten aus unterschiedlichen Disziplinen ein sogenanntes Grenzobjekt (vgl. Star/Griesemer 1989) und damit eine hinreichend konkrete Verständigungsbasis für den interdisziplinären Austausch im Projekt. *Boundary objects* können nach Star und Griesemer einerseits als Konzepte verstanden werden, andererseits aber auch als konkrete Objekte. Star und Griesemer haben ihre Vorstellungen von *boundary objects* in interdisziplinären Projekten entwickelt und aufgezeigt, dass die Objekte in solchen Kontexten vage definiert sein müssen, um auf diese Weise Teil verschiedener sozialer Welten sein zu können. Gerade die vage Definition eines gemeinsamen *boundary objects* ermöglicht die interdisziplinäre Zusammenarbeit, auch wenn die verschiedenen an einem Projekt beteiligten sozialen Welten durchaus eine spezifischere Definition des *boundary objects* haben können.

Dabei lassen sich folgende Kategorien von Pflegedingen[5] unterscheiden[6]:

1. materiale Objekte, die eigens dazu konzipiert und hergestellt wurden, um Pflege und Care zu ermöglichen, zu erleichtern oder zu erweitern (zum Beispiel Lifter, Beatmungsgerät, Magensonde, Berufskleidung, Einmalhandschuhe, Lehrpuppe),
2. materiale Objekte, die als Dinge der Selbstpflege zu verstehen sind, beziehungsweise Objekte, die in einer Bedarfssituation durch eine pflegende beziehungsweise unterstützende Person gehandhabt werden (zum Beispiel Seife, Waschlappen, Löffel, Pflaster), und
3. materiale Objekte, die aus anderen Kontexten als der beruflichen Pflege stammen (zum Beispiel persönliche Objekte) beziehungsweise anderen Le-

---

5 | Der Begriff ›Pflegedinge‹, verstanden als ein *boundary object*, umfasst sowohl Dinge des Sorgens als auch des Pflegens, wie die Definition deutlich gemacht hat. Da das Forschungsprojekt, aus dem diese Definition stammt, in seiner Kurzform als »Pflegedinge« bezeichnet wurde, und um eine schnelle Erfassbarkeit zu gewährleisten, haben wir den ›Pflegedinge‹-Begriff beibehalten und keinen anderen Begriff gewählt, der gegebenenfalls das Sorgen stärker repräsentiert hätte.
6 | Siehe auch Depner/Kollewe 2017.

bensbereichen zugeordnet werden können (zum Beispiel Schlafen, Haushalt) und durch deren (kreativen) Einsatz Pflege und Care ermöglicht, erleichtert oder erweitert wird.

Einzelne als Pflegeding zu bezeichnende Objekte können durchaus, situationsabhängig, aber auch gleichzeitig, mehr als einer dieser Kategorien zugeordnet werden. Die einzelnen Untertypen sind also durchlässig und schließen einander nicht aus. Ebenso kann ein Objekt – den angesprochenen Bedeutungswandel der Dinge affirmierend – zu einem bestimmten Zeitpunkt oder an einem bestimmten Ort als Pflegeding angesprochen werden, in einem anderen zeitlichen und/oder räumlichen Kontext aber nicht.

In der Regel ist in der aktuellen Literatur von *materiellen* Objekten die Rede, um die stoffliche Komponente von Objekten (= lat. *obiectum*, das Entgegengeworfene = der Gegenstand)[7] relevant zu machen. Im interdisziplinären Dialog des Verbundprojekts »Pflegedinge« wurde konstatiert, dass daraus resultierende Begriffskonstruktionen wie ›die materielle Seite von Pflege und Care‹ stark auf die immer wichtiger werdende ökonomische Komponente, die diese Bereiche strukturiert, zu verweisen scheinen und weniger auf die Rolle, die den stofflichen Dingen im Sinne der *Material Culture Studies* in diesen sozialen Bereichen zukommt. Problematisch wird der Begriff ›materiell‹ in seiner Uneindeutigkeit im Kontext der hier zentralen Zusammenführung von Dingen, Pflege und Care, da gerade die Ausstattung von Pflege- und Care-Settings mit immer neuen Objekten und Techniken einen etablierten und ernstzunehmenden Wirtschaftszweig darstellt, in dem ökonomische Interessen eine wichtige Rolle einnehmen. Um also nicht implizit den Eindruck zu erwecken, wirtschafts- oder konsumorientierte Forschung im Zusammenhang mit Pflege und Care zu betreiben, ist im Projektkontext sowie in diesem Band von materialen (und nicht von materiellen) Gegenständen die Rede.

SENSIBILISIERENDES KONZEPT DER ANALYSEFOCI

Neben der Orientierung an einer bewusst offenen Definition von Pflegedingen liegt den hier versammelten Beiträgen auch eine gemeinsame Perspektivierung zugrunde, die ein Ergebnis des interdisziplinären Austauschs darstellt. Diese Analysefoci sind aus den verschiedenen objektfokussierten Analysen des erhobenen Materials in unterschiedlichen Feldern entwickelt worden. Sie entstammen den Forschungen in institutionalisierten und häuslichen Kontexten, der ambulanten und stationären Pflege, der Sorge um alte und kranke Menschen,

---

7 | Der Begriff ›Objekt‹ bestimmt also das Bezeichnete nicht zwingend als Stoffliches, sondern nimmt vielmehr Bezug auf seine Positionierung zum menschlichen Betrachter.

der Versorgung im Falle akuter oder chronischer Krankheitszustände, im Rahmen präventiver Maßnahmen sowie der Untersuchung von historischen Pflegedingen. Da bei den Forschungen im Rahmen des Forschungsverbundes »Pflegedinge« unterschiedliche methodische Vorgehensweisen und theoretische Rahmungen zum Einsatz kamen, liegen die Analysefoci auch auf verschiedenen Ebenen. Einerseits sind sie also ein Ergebnis der Forschungen, andererseits wurden sie im Verlauf der weiteren Forschungen als ein sensibilisierendes Konzept verstanden, welches sich bei der Auswertung der empirischen Daten und der Analyse der historischen Objekte als hilfreich erwiesen hat.

Bei den Analysefoci handelt es sich um eine offene und somit prinzipiell erweiterbare Liste von Perspektivierungen, so werden im Folgenden beispielhaft jeweils einige präzisierende Fragen formuliert, die sich in der Forschungsarbeit bewährt haben.

- (Nicht-)Wissen: Welche Arten von Wissen beziehungsweise Nichtwissen entstehen durch die Einführung neuer Dinge in den Kontext von Pflege und Care? Wie wird mit diesem (Nicht-)Wissen in Pflege- und Care-Settings umgegangen? Wer hat Zugang zu diesem Wissen und verfügt damit möglicherweise über Macht? Kann Wissen durch Dinge übertragen werden? Wenn ja, wie zeigt sich dies genau?
- (Un-)Sicherheit: (Wie) Wird Sicherheit in Settings von Pflege und Care hergestellt und gewährleistet? Welche Formen von Sicherheit und Unsicherheit lassen sich beschreiben? Wo und wie wird mit (emotionaler) Unsicherheit, mit Verunsicherung umgegangen? Und welche Rolle spielen dabei die Dinge?
- Nähe/Distanz: (Wie) Tragen Dinge zur Herstellung von Nähe beziehungsweise Distanz zwischen den Beteiligten (u. a. Pflegenden und Gepflegten) bei? (Wie) Gestalten Dinge die Räume der Pflege und Sorge mit?
- Selbstständigkeit/Abhängigkeit: (Wie) Wird Selbstständigkeit beziehungsweise Abhängigkeit in Verbindung mit Dingen konstruiert? Wie äußert sich dies in der Beziehung der pflegenden und gepflegten Menschen zu den Dingen?
- Selbst-/Fremdbestimmung: Welche Bedeutung erlangen Dinge für die Selbst- beziehungsweise Fremdbestimmung von Menschen? Werden Pflegende und Gepflegte von Dingen fremdbestimmt und/oder können Dinge Selbstbestimmung fördern?
- Mimesis (Nachahmung): Eröffnet ein Gegenstand durch Ähnlichkeit mit bereits bekannten (Objekt-)Formen oder Materialien einen anderen Zugang zu seiner Nutzung? Können durch Dinge bereits bekannte Erfahrungen imitiert beziehungsweise reproduziert werden? Wie wirken sich Dinge auf Prozesse aus, in denen körperliche Sinne maßgeblich eingesetzt werden, zum Beispiel Temperatur durch Handauflegen erfühlen?

- (Un-)Sichtbarkeit: Gibt es Intentionen, Dinge unsichtbar erscheinen zu lassen oder gar zum Verschwinden zu bringen? Welche Rolle spielt die (Un-)Sichtbarkeit von Dingen und ihrer Arbeit für den Umgang mit ihnen? Welchen Anteil haben (un-)sichtbare Dinge an Pflege und Care?
- Individualisierung/Standardisierung: Wie tragen Dinge möglicherweise zu einer Individualisierung, Normalisierung oder Standardisierung bei? (Wie) Werden durch Dinge beispielsweise Arbeitsprozesse im Kontext von Pflege und Care (oder gar gepflegte Menschen) standardisiert oder individualisiert? (Wie) Kann durch Dinge Individualität markiert werden?
- Kommunikation: Welche Rolle spielen Dinge in der (verbalen und nonverbalen) Kommunikation zwischen Menschen, die an Pflege beziehungsweise Care beteiligt sind? (Wie) Nehmen Dinge an der Kommunikation teil?
- Privatsphäre: (Wie) Tragen Dinge dazu bei, Privatsphäre herzustellen beziehungsweise zu verhindern? (Wie) Werden Dinge eingesetzt, um Grenzen des Selbst beziehungsweise der Privatsphäre zu markieren?
- Intimität: Wie wird mit Eingriffen in die Intimsphäre der gepflegten Menschen umgegangen? Wie gehen diese damit um? Welche Rolle spielen Dinge dabei? (Wie) Verändern Dinge den Umgang mit Intimität?

Zwar gibt es zu den meisten hier genannten Themenfeldern fächerspezifische und interdisziplinäre Debatten, denen zum Teil unterschiedliche Verständnisse zugrunde liegen. Sie spielen im Rahmen der Analysefoci zunächst jedoch keine Rolle. Die Analysefoci haben sich auf der gemeinsamen Basis der (entdeckten und beforschten) Pflegedinge entwickelt und machen so zentrale Themen im Bereich von Pflege und Care gerade durch ihre Offenheit interdisziplinär operationalisierbar. Das materiale, dreidimensionale Objekt beziehungsweise Objektensemble als gemeinsamer Ausgangspunkt der Forschungen entfaltet hier sein erkenntnisgenerierendes Potential. Die unterschiedlichen Themenfelder der Analysefoci zeigen sich in den verschiedenen Objekten in ihrer vielfältigen Gestalt und sind gerade deshalb ein gutes Instrument für den interdisziplinären Austausch, innerhalb dessen sie definiert und geschärft werden können. Sie sind nicht immer für alle Objektanalysen gleichermaßen produktiv und werden als ein frei wählbares Tool der interdisziplinären Zusammenarbeit verstanden, das im Rahmen eines intensiven inhaltlichen Austauschs fruchtbar gemacht werden kann.

Zur Illustration der kontrastiven Zusammenführung um einen Analysefokus im Rahmen der interdisziplinären Arbeit kann das Beispiel »(Nicht-)Wissen« anhand eines Fieberthermometers aus dem Jahr 1885 und eines modernen, sensorbasierten Hausnotrufsystems angeführt werden, zwei Objekte, die auf den ersten Blick sehr unterschiedlich erscheinen[8]: Das historische Fieberthermometer diente zum Messen der Körpertemperatur mittels einer Quecksilbersäule und stellt sich aus heutiger Perspektive als ein relativ einfaches Instrument dar. Das System aus verschiedenen Sensoren, die Bewegungen registrieren und über Funk und Internet mit einer Basisstation sowie verschiedenen Computern verbunden sind, erscheint hingegen als ein Hightech-Arrangement verschiedener Dinge weit komplexer. Dieses sensorbasierte Hausnotrufsystem soll es ermöglichen, Abweichungen von einem als regelmäßig konzipierten Alltag zu erkennen und damit auch einen eventuellen Notfall zu erfassen. Beiden Instrumenten ist das Messen und Visualisieren der erhobenen Daten gemeinsam. Darüber hinaus werden bei beiden Objektbeispielen die Messwerte in Bezug gesetzt zu einem als ›normal‹ definierten Grenzwert und durch Markierungen als ›Abweichung‹ präsentiert. So zeigt das Thermometer die Körpertemperatur in Form einer Skala an, beim hier analysierten Thermometer ist außerdem die 37-Grad-Celsius-Position rot markiert (siehe Foto im Beitrag von Isabel Atzl in diesem Band). Beim sensorbasierten Hausnotrufsystem wird im Fall eines signifikanten Abweichens von einem als normal angenommenen Bewegungsprofil des Menschen über den eingestellten Toleranzwert hinaus eine Nachricht an einen zuvor definierten Personenkreis versendet (zum Beispiel auf ein Smartphone einer Angehörigen). Diese Benachrichtigung ist dabei durch Farbe und Symbol (gelbes Ausrufezeichen) als eine Art Warnhinweis erkennbar (siehe Foto im Beitrag von Carolin Kollewe in diesem Band). Beiden Instrumenten inhärent ist ein naturwissenschaftlich geprägtes Menschenbild, das sich seit der Neuzeit verbreitete und dabei sowohl die Medizin als auch die Pflege beeinflusste (vgl. Manzei 2002: 80).

Durch beide Instrumente wurde beziehungsweise wird jeweils eine neue Art von Wissen in die Pflege und Unterstützung von Menschen eingeführt: Während bis Ende des 19. Jahrhunderts die Körpertemperatur zumeist durch Handauflegen oder Verhaltensbeobachtung (›Fieberwahn‹) erkannt und dabei das Erfahrungswissen der Pflegekraft zum Erkennen eines Fieberzustandes genutzt wurde, wird diese Art des Wissens der Pflegekraft zugunsten eines durch das Instrument ermittelten Wertes zurückgedrängt. Die Messung musste zu festgelegten Zeiten erfolgen und der Wert anschließend dokumentiert werden, was zu neuen Anforderungen an die Pflegekräfte (zum Beispiel Alphabetisierung) ebenso wie zu neuen Arbeitsstrukturen führte (Beginn des Tagesablaufs mit der Erhebung der Körpertemperatur). Das Erfahrungswissen Pflegender verlor gegenüber dem neueingeführten technischen Wissen erheblich an Bedeutung. Zugleich oblagen jegliche Folgemaßnahmen bei der Erhöhung der Temperatur der Anweisung des ärztlichen Personals was trotz der

---

8 | Die Objekte werden in den Beiträgen von Isabel Atzl beziehungsweise Carolin Kollewe in diesem Band ausführlich dargestellt und analysiert.

nun stärker professionalisierten Aufgaben Pflegender zu einer Unterordnung im hierarchischen Gefüge führte. Die Einführung sensorbasierter Hausnotrufsysteme hat zur Folge, dass jene Menschen, die einen Zugang zu den visualisierten Daten haben, also zum Beispiel Mitarbeiter/-innen sozialer Dienste und Angehörige, Kenntnisse erlangen, von denen sie vorher zumeist nur in Ausnahmen etwas wussten: zum Beispiel darüber, wie lange eine Person ihre Wohnung verlassen hat, wann sie aus dem Bett aufgestanden und schlafen gegangen ist. Dies führt dazu, dass die beteiligten Menschen den Zugang zu diesen Informationen gegebenenfalls als eine Grenzüberschreitung empfinden und sich der Nutzung dieses Systems verweigern. Für diejenigen, die nun Zugang zu diesen sehr privaten Informationen haben, stellt sich die Aufgabe, in der zwischenmenschlichen Beziehung einen Umgang mit dieser Grenzüberschreitung zu finden, der zum Beispiel darin bestehen kann, die vorliegenden Informationen in der persönlichen Interaktion zu de-thematisieren[9]. Darüber hinaus müssen diese Informationen bearbeitet werden, was einen sehr großen Zeit- und Organisationsaufwand für die an Care beteiligten Personen und Organisationen bedeuten und zu neuen Arbeitsstrukturen führen kann. Dabei zeigt sich, wie interpretationsbedürftig diese Daten zum Teil sind, auch wenn sie mit ihrer Exaktheit eine Eindeutigkeit suggerieren.

In beiden Objektbeispielen hatte beziehungsweise hat also die Einführung einer neuen Art von Wissen neue Arbeitsstrukturen und Alltagspraktiken zur Folge. Die neuen Instrumente, und damit verbunden die neuen Informationen über den Menschen, beeinflussen aber auch die Interaktion zwischen den in der Pflege- beziehungsweise Care-Situation beteiligten Personen.

Dieses hier nur kurz ausgeführte Beispiel verdeutlicht die Querschnittslinien, die sich in der interdisziplinären Zusammenarbeit zu Pflegedingen aus den vergangenen 200 Jahren ergeben. Auch im Hinblick auf die anderen, oben angeführten Analysefoci ergaben sich zwischen den unterschiedlichen beforschten Pflegedingen zahlreiche Bezüge, die hier aus Platzgründen nicht ausgeführt werden können.

---

9 | Vgl. den Vortrag von Carolin Kollewe »Zwischen ›Unabhängigkeit‹ und ›Helikopter-Kindern‹ – assistive Technologien in Generationenbeziehungen« gehalten bei der Tagung »Alt und Jung in Salzburg. Dem Generationenwandel auf der Spur«, 18./19.10.2016, St. Virgil, Salzburg.

ÜBERBLICK ÜBER DAS BUCH

Die in diesem Buch versammelten Beiträge wenden sich sehr unterschiedlichen Pflegedingen zu. Sie nutzen verschiedene, den jeweiligen disziplinären Provenienzen der Bearbeiter/-innen geschuldete, theoretische und methodische Zugänge. Dabei rekurrieren die Autoren/-innen in jeweils unterschiedlicher Weise auf einen oder mehrere dieser genannten Analysefoci:

Isabel Atzl wendet sich in ihrem Beitrag den historischen Pflegedingen zu. Neben der Dokumentation der konkreten Arbeit in und mit einschlägigen Sammlungen, in denen das materiale Erbe der Pflege aufgefunden und sichtbar gemacht wurde, wird anhand eines Luftkissens aus der zweiten Hälfte des 20. und des oben erwähnten Fieberthermometers aus dem 19. Jahrhundert deutlich gemacht, welch perspektivenreicher Blick auf die zwischenmenschliche Interaktion und das hierarchische Gefüge im vergangenen Pflegealltag möglich ist, zieht man dafür die Analyse historischer Pflegedinge heran.

Der Beitrag von Carolin Kollewe nimmt die Daten und Informationen in den Blick, welche durch die Einführung von assistiven Technologien des *Ambient Assisted Living* in die Pflege und Unterstützung älterer und alter Menschen entstehen. Die Autorin beleuchtet, wie diese Informationen von den beteiligten Menschen und Technologien gemeinsam kategorisiert und bewertet werden, und zeigt auf, wie die dabei zentrale Kategorie der ›Aktivität‹ mit pflegewissenschaftlichen, gerontologischen und breiteren gesellschaftlichen Diskursen verknüpft ist. Darüber hinaus legt sie dar, wie die untersuchten Technologien und die Kategorisierungen in die Handlungspraktiken älterer und alter Menschen integriert werden.

In ihrem Beitrag zum Pflegebett betrachten André Heitmann-Möller und Hartmut Remmers dieses Pflegeding mit der methodischen Linse der Akteur-Netzwerk-Theorie nach Latour. Sie fokussieren dabei auf Latours Verständnis von Agency als verteilte Handlungsträgerschaft. Konkret geht es dabei um die Nachzeichnung der Agency beziehungsweise Handlungsträgerschaft des Pflegebetts im Kontext des pflegerischen Handelns – einerseits aus der Perspektive des Pflegewissenschaftlers, andererseits aus der Perspektive professionell Pflegender.

Der Beitrag von Lucia Artner und Daniela Böhringer befasst sich mit der Frage, wie durch Dinge soziale Ordnungen in der Pflege (re-)produziert werden können. Sie befassen sich mit der unterstützten Ausscheidung, einer gesellschaftlich ›grenzwertigen‹ Thematik, die mit starken Tabus belegt wird. Am Beispiel des Einsatzes von Toilettenstühlen in der Altenpflege zeigen sie auf, wie durch Dinge zuweilen unangenehme pflegerische Tätigkeiten veralltäglicht, zu etwas ›Gewöhnlichem‹ gemacht werden können.

Anamaria Depners Betrachtung »diskreter Dinge« untersucht Objekte, die in der stationären Pflege genutzt, dabei jedoch unsichtbar sind, als selbstverständlich angenommen oder leicht übersehen werden. Hier werden gänzlich unterschiedliche, auch nicht genuin pflegerische Objekte besprochen, die zunächst nicht nennenswert erscheinen, aber trotzdem äußerst relevant für Pflegehandlungen sind. Ein besonderes Augenmerk gilt dabei zum einen der Materialität und physischen Erfahrbarkeit dieser Dinge. Zum anderen wird die Rolle von biografischen Objekten für die Pflegearbeit identifiziert und dargelegt.

Neben den genannten Artikeln, die ausgewählte Pflegedinge in ihrem Kontext analysieren, werfen die sogenannten Objektfeatures ein Schlaglicht auf weitere Gegenstände, die im Verlauf des Forschungsprojekts »Pflegedinge« untersucht wurden. Sie vermitteln einen Eindruck von der Vielzahl und Unterschiedlichkeit der Pflegedinge. Pflege und Care, aber auch die Dinge der Pflege, bleiben bisher häufig unsichtbar. Die in diesem Band versammelten Artikel, Fotos und Kurzdarstellungen von Gegenständen, die im Kontext von Pflege und Care eine Rolle spielen, machen Pflegedinge in ihrem Kontext sichtbar.

LITERATUR

Aceros, Juan C./Pols, Jeannette/Domènech, Miquel: Where Is Grandma? Home Telecare, Good Aging and the Domestication of Later Life. In: Technological Forecasting and Social Change (2015/93), S. 102-111.

Akrich, Madeleine: The De-Scription of Technical Objects. In: Bijker, Wiebe E./Law, John (Hg.): Shaping Technology/Building Society. Studies in Sociotechnical Change. Cambridge/London, 1997 [1992], S. 205-224.

Artner, Lucia/Atzl, Isabel/Kollewe Carolin: Über die Notwendigkeit einer »Pflege der Dinge«. Wie Dinge die historische und gegenwärtige Pflege erfahrbar machen. In: Sozial Extra (2016/40), S. 41-43.

Atzl, Isabel (Hg.): Who cares? Zur Einführung. In: WHO CARES? Geschichte und Alltag der Krankenpflege. Frankfurt a. M., 2011, S. 15-18.

Barnard, Alan: Philosophy of Technology and Nursing. In: Nursing Philosophy (2002/3), S. 15-26.

Bauch, Jost: Pflege als soziales System. In: Schroeter, Klaus R./Rosenthal, Thomas (Hg.): Soziologie der Pflege. Grundlagen, Wissensbestände und Perspektiven. Weinheim/München, 2005, S. 71-83.

Benner, Patricia/Wrubel, Judith: Pflege, Stress und Bewältigung. Gelebte Erfahrung von Gesundheit und Krankheit. Bern, 1997 [1988].

Bijker, Wiebe. E./Law, John: General Introduction. In: Bijker, Wiebe. E./Law, John (Hg.): Shaping Technology/Building Society. Studies in Sociotechnical Change. Cambridge/London, 1997 [1992] (2. Aufl.), S. 1-14.

Böhringer, Daniela/Wolff, Stephan: Der PC als »Partner« im institutionellen Gespräch. Eine konversationsanalytische Studie zur Interaktion in sozialen Diensten. In: Zeitschrift für Soziologie (2010/39), S. 233-251.

Braunschweig, Sabine (Hg.): Pflege – Räume, Macht und Alltag. Basel, 2006.
Brückner, Margrit: Der gesellschaftliche Umgang mit menschlicher Hilfsbedürftigkeit. Fürsorge und Pflege in westlichen Wohlfahrtsregimen. In: Österreichische Zeitschrift für Soziologie (2004/29), S. 7-23. Doi: https://doi.org/10.1007/s11614-004-0011-9
Brückner, Margrit: Entwicklungen der Care-Debatte. Wurzeln und Begrifflichkeiten. In: Apitzsch, Ursula/Schmidbaur, Marianne (Hg.): Care und Migration: die Ent-Sorgung menschlicher Reproduktionsarbeit entlang von Geschlechter- und Armutsgrenzen. Opladen, 2010, S. 43-58.
Cuesta, Carmen de la/Sandelowski, Margarete: Tenerlos En La Casa. The Material World and Craft of Family Caregiving for Relatives with Dementia. In: Journal of Transcultural Nursing (2005/16), S. 218-225.
De Santis, Lydia: Making Anthropology Clinically Relevant to Nursing Care. In: Journal of Advanced Nursing (1994/20), S. 707-715.
Depner, Anamaria/Kollewe, Carolin: High-Tech und Handtaschen. Gegenstände und ihre Rolle in der Pflege und Unterstützung älterer und alter Menschen. In: Kienitz, Sabine/Endter, Cordula (Hg.): Alter(n) als soziale und kulturelle Praxis. Ordnungen, Beziehungen, Materialitäten. Bielefeld, 2017, S. 301-326.
DBfK (Deutscher Berufsverband für Pflegeberufe) (Hg.): Die Bedeutung professioneller Pflege. Online verfügbar unter: https://www.dbfk.de/de/themen/Bedeutung-professioneller-Pflege.php (Zugriff: 10.10.2016).
Domenig, Dagmar (Hg.): Transkulturelle Kompetenz. Lehrbuch für Pflege-, Gesundheits- und Sozialberufe. Bern, 2007.
Domínguez-Rué, Emma/Nierling, Linda (Hg.): Ageing and Technology. Perspectives from the Social Sciences. Bielefeld, 2016, S. 121-140.
Dougherty, Molly/Tripp-Reimer, Toni: The Interface of Nursing and Anthropology. In: Annual Review of Anthropology (1985/14), S. 219-241. Doi: https://doi.org/10.1146/annurev.an.14.100185.001251
Faber, Anja: Pflegealltag im stationären Bereich zwischen 1880 und 1930. Stuttgart, 2015.
Ferus, Katharina/Rübel, Dietmar (Hg.): »Die Tücke des Objekts«. Vom Umgang mit Dingen. Berlin, 2009.
Fisher, Bernice/Tronto, Joan C.: Toward a Feminist Theory of Care. In: Abel, Emily K./Nelson, Margaret K. (Hg.): Circles of Care: Work and Identity in Women's Lives. New York, 1990, S. 36-54.
Flusser, Vilém: Dinge und Undinge. Phänomenologische Skizzen. München, 1993.
Friesacher, Heiner: Theorie und Praxis pflegerischen Handelns. Begründung und Entwurf einer kritischen Theorie der Pflegewissenschaft. Osnabrück/Göttingen, 2008.

Fry, Sarah T.: Toward a Theory of Nursing Ethics. In: Advances in Nursing Science (1989/11), S. 9-22. Doi: https://doi.org/10.1097/00012272-198907000-00005

Fuchs, Thomas: Körper haben oder Leib sein. In: Gesprächspsychotherapie und Personzentrierte Beratung (2015/3), S. 147-153.

Geertz, Clifford: Dichte Beschreibung. Beiträge zum Verstehen kultureller Systeme. Frankfurt a. M., 1983.

Gehlen, Arnold: Vom Wesen der Erfahrung. In: Gehlen, Arnold (Hg.): Anthropologische Forschung. Reinbek bei Hamburg, 1961 [1936], S. 26-43.

Gilligan, Carole: In a Different Voice. Psychological Theory and Women's Development. Massachusetts, 1982.

Hähner-Rombach, Sylvelyn: Warum Pflegegeschichte? In: Atzl, Isabel (Hg.): WHO CARES? Geschichte und Alltag der Krankenpflege. Frankfurt a. M., 2011, S. 23-31.

Hähner-Rombach, Sylvelyn (Hg.): Alltag in der Krankenpflege: Geschichte und Gegenwart. Stuttgart, 2009.

Hahn, Hans Peter: Dinge des Alltags – Umgang und Bedeutungen. Eine ethnologische Perspektive. In: König, Gudrun (Hg.): Alltagsdinge. Erkundungen der materiellen Kultur. Tübingen, 2005, S. 63-79.

Hahn, Hans Peter: Materielle Kultur. Eine Einführung. Berlin, 2014 [2005], (2., durchgesehene Auflage).

Hahn, Hans Peter: Der Eigensinn der der Dinge. Einleitung. In: Hahn, Hans Peter (Hg.): Vom Eigensinn der Dinge. Für eine neue Perspektive auf die Welt des Materiellen. Berlin, 2015, S. 9-56.

Hahn, Hans Peter/Soentgen, Jens: Acknowledging Substances. Looking at the Hidden Side of the Material World. In: Philosophy and Technology (2010/24) S. 19-33.

Heath, Christian/Knoblauch, Hubert/Luff, Paul: Technology and Social Interaction: The Emergence of ›Workplace Studies‹. In: British Journal of Sociology (2000/51), S. 299-320.

Heath, Christian/Luff, Paul: Embodied Action and Organizational Acitivity. In: Sidnell, Jack/Stivers, Tanya (Hg.): The Handbook of Conversation Analysis. Malden/Oxford, 2014, S. 283-307.

Heesen, Anke te: Einleitung. In: Heesen, Anke te/Lutz, Petra (Hg.): Dingwelten. Das Museum als Erkenntnisort (= Schriften des Deutschen Hygiene-Museums Dresden 4). Dresden, 2005, S. 11-24.

Heidegger, Martin: Sein und Zeit. Hall, 1941 [1927] (unveränderte 5. Aufl.).

Heinlein, Martin: Pflege in Aktion. Zur Materialität alltäglicher Pflegepraxis. München/Mering u. a., 2003.

Hielscher, Volker/Kirchen-Peters, Sabine/Sowinski, Christine: Technologisierung der Pflegearbeit? Wissenschaftlicher Diskurs und Praxisentwicklungen in der stationären und ambulanten Langzeitpflege. In: Pflege & Gesellschaft (2015/1), S. 5-19.

Hochschild, Arlie Russell: Global Care Chains and Emotional Surplus Value. In: Hutton, Will/Giddens, Anthony (Hg.): On The Edge: Living with Global Capitalism. London, 2000, S. 130-146.

Hoops, Wolfgang: Pflege als Performance. Zum Darstellungsproblem des Pflegerischen. Bielefeld, 2013. Doi: https://doi.org/10.14361/transcript.9783839422656

Hülsken-Giesler, Manfred: Der Zugang zum Anderen. Zur theoretischen Rekonstruktion von Professionalisierungsstrategien pflegerischen Handelns im Spannungsfeld von Mimesis und Maschinenlogik. Osnabrück/Göttingen, 2008.

Hülsken-Giesler, Manfred: Technische Assistenzsysteme in der Pflege in pragmatischer Perspektive der Pflegewissenschaft. Ergebnisse empirischer Erhebungen. In: Weber, Karsten/Frommeld, Debora/Manzeschke, Arne/Fangerau, Heiner (Hg.): Technisierung des Alltags. Beitrag für ein gutes Leben? Stuttgart, 2015, S. 117-130.

Hülsken-Giesler, Manfred/Krings, Bettina-Johanna: Technik und Pflege in einer Gesellschaft des langen Lebens – Einführung in den Schwerpunkt. In: Technikfolgenabschätzung – Theorie und Praxis (2015/24), S. 4-11.

Joyce, Kelly/Loe, Meika (Hg.): Technogenarians. Studying Health and Illness Through an Ageing, Science, and Technology Lens. Malden/Oxford, 2010.

Juchli, Liliane/Högger, Beate: Umfassende Krankenpflege. Stuttgart, 1971.

King, Imogene Martina: Toward a Theory for Nursing: General Concepts of Human Behavior. New York, 1971.

Kohlen, Helen/Kumbruck, Christel: Care-(Ethik) und das Ethos fürsorglicher Praxis (Literaturstudie), artec-paper Nr. 151, Januar 2008. Online verfügbar unter: http://www.uni-bremen.de/fileadmin/user_upload/single_sites/artec/artec_Dokumente/artec-paper/151_paper.pdf (Zugriff: 12.12.2016).

Korff, Gottfried: Sieben Fragen zu den Alltagsdingen. In: König, Gudrun (Hg.): Alltagsdinge. Erkundungen der materiellen Kultur. Tübingen, 2005, S. 29-42.

Krohwinkel, Monika: Der Pflegeprozess am Beispiel von Apoplexiekranken. Eine Studie zur Erfassung und Entwicklung ganzheitlich-rehabilitierender Prozesspflege (= BMGS-Schriftenreihe 16). Baden-Baden, 1993.

Kruse, Andreas (Hg.): Lebensqualität bei Demenz? Zum gesellschaftlichen Umgang mit einer Grenzsituation im Alter. Heidelberg, 2010.

Kruse, Andreas/Schmitt, Eric: Technikentwicklung in der Pflege aus gerontologischer Perspektive, in: Technikfolgenabschätzung. In: Theorie und Praxis (2015/24), S. 21-27.

Latour, Bruno: The Berlin Key or How To Do Words With Things. In: Graves-Brown, Paul (Hg.): Matter, Materiality and Modern Culture. London, 2000, S. 10-21.

Latour, Bruno: Wir sind nie modern gewesen. Versuch einer symmetrischen Anthropologie. Berlin, 2008.

Leininger, Madeleine: Culture Care Diversity and Universality. A Theory of Nursing. New York, 1991.

Manz, Ulrike: Ein anderer Blick auf die Dinge? Von Pflegehilfsmitteln zu Partizipanten des Tuns. In: Pflege & Gesellschaft (2015/20), S. 213-226.

Manzei, Alexandra: Körper – Technik – Grenzen: Kritische Anthropologie am Beispiel der Transplantationsmedizin. Münster, 2002.

Manzei, Alexandra: Zur gesellschaftlichen Konstruktion medizinischen Körperwissens. Die elektronische Patientenakte als wirkmächtiges und handlungsrelevantes Steuerungsinstrument in der (Intensiv-)Medizin. In: Keller, Rainer/Meuser, Michael (Hg.): Körperwissen. Wiesbaden, 2011, S. 207-228. Doi: https://doi.org/10.1007/978-3-531-92719-0_10

Marriner-Tomey, Ann: Pflegetheoretikerinnen und ihr Werk. Kassel, 1992.

Martin, Aryn/Myers, Natasha/Viseu, Ana: The Politics of Care in Technoscience. In: Social Studies of Science (2015), S. 1-17. Doi: https://doi.org/10.1177/0306312715602073

Meleis, Afaf Ibrahim: Theoretical Nursing: Development and Progress. Philadelphia, 1997.

Merleau-Ponty, Maurice: Phänomenologie der Wahrnehmung. Berlin, 1966 [1945]. Doi: https://doi.org/10.1515/9783110871470

Miller, Daniel: Material Culture and Mass Consumption. Oxford, 1987.

Mol, Annemarie/Moser, Ingunn/Pols, Jeannette: Care: Putting Practice Into Theory. In: Mol, Annemarie/Moser, Ingunn/Pols, Jeannette (Hg.): Care in Practice: On Tinkering in Clinics, Homes and Farms. Bielefeld, 2010, S. 7-26. Doi: https://doi.org/10.14361/transcript.9783839414477.7

Mort, Margaret/Roberts, Celia/Callen, Blanca: Ageing with Telecare: Care or Coercion in Austerity? In: Sociology of Health and Illness (2013/35), S. 799-812.

Nevile, Maurice/Haddington, Pentti/Heinemann, Trine/Rauniomaa, Mirka: On the International Ecology of Objects. In: Nevile, Maurice/Haddington, Pentti/Heinemann, Trine/Rauniomaa, Mirka (Hg.): Interacting with Objects. Language, Materiality, and Social Activity. Amsterdam/Philadelphia, 2014, S. 3-26.

Orlando, Ida: The Dynamic Nurse-Patient Relationship. Function, Process and Principles. New York, 1961.

Orem, Dorothea E.: Nursing: Concepts of Practice. New York, 1971.

Ostner, Ilona: Care – eine Schlüsselkategorie sozialwissenschaftlicher Forschung? In: Evers, Adalbert/Heinze, Rolf G./Olk, Thomas (Hg.): Handbuch Soziale Dienste. Wiesbaden, 2011, S. 461-481. Doi: https://doi.org/10.1007/978-3-531-92091-7_24

Oudshoorn, Nelly: Telecare Technologies and the Transformation of Healthcare. London/New York/Shanghai, 2011. Doi: https://doi.org/10.1057/9780230348967

Peplau, Hildegard: Interpersonale Beziehungen in der Pflege. Basel, 1995.

Plessner, Helmut: Die Stufen des Organischen und der Mensch. Berlin/New York, 1975.

Pols, Jeannette: Care at a Distance: On the Closeness of Technology. Amsterdam, 2012.

Puig de la Bellacasa, Maria: Matters of Care in Technoscience. Assembling Neglected Things. In: Social Studies of Science (2011/41), S. 85-106.

Puig de la Bellacasa, Maria (2015): Making Time for Soil: Technoscientific Futurity and the Pace of Care. In: Social Studies of Science (2015/45), S. 691-716. Doi: https://doi.org/10.1177/0306312715599851

Remmers, Hartmut: Pflegerisches Handeln – Wissenschafts- und Ethikdiskurse zur Konturierung der Pflegewissenschaft. Bern u. a., 2000.

Remmers, Hartmut: Pflegewissenschaft als transdisziplinäres Konstrukt. Wissenschaftssystematische Überlegungen. Eine Einleitung. In: Remmers, Hartmut (Hg.): Pflegewissenschaft im interdisziplinären Dialog. Eine Forschungsbilanz. Osnabrück/Göttingen, 2011, S. 7-47.

Remmers, Hartmut: Natürlichkeit und Künstlichkeit. Zur Analyse und Bewertung von Technik in der Pflege des Menschen. In: Technikfolgenabschätzung – Theorie und Praxis (2015/24), S. 11-20.

Remmers, Hartmut/Hülsken-Giesler, Manfred: E-Health Technologies in Home Care Nursing. Recent Survey Results and Subsequent Ethical Issues. In: Ziefle, Martina/Röcker, Carsten (Hg.): Human-Centered Design of E-Health Technologies. Concepts, Methods and Applications. Hershey, 2011, S. 154-178. Doi: https://doi.org/10.4018/978-1-60960-177-5.ch007

Sandelowski, Margaret: Devices and Desires: Gender, Technology and American Nursing. Chapel Hill, 2000

Sander, Kirsten: Machtspiele im Krankenhaus: »doing gender« oder »doing profession«? In: Forum Qualitative Sozialforschung/Forum Qualitative Social Research (2008/9), Art. 4. Online verfügbar unter: http://nbn-resolving.de/urn:nbn:de:0114-fqs080146 (Zugriff: 3.1.2017).

Scheiwe, Kirsten/Krawietz, Johanna: Transnationale Sorgearbeit. Rechtliche Rahmenbedingungen und gesellschaftliche Praxis. Wiesbaden, 2010. Doi: https://doi.org/10.1007/978-3-531-92516-5

Schillmeier, Michael/Domènech, Miquel: New Technologies and Emerging Spaces of Care. Ashgate/Aldershot, 2010.

Schippers, Thomas K.: Vom Sachen-Sammeln zum Dinge-Denken. Einige Gedanken zum Perspektivenwechsel der Sachkulturforschung in der Europäischen Ethnologie. In: Baeumerth, Karl (Hg.): Brauchen und Gestalten. Materialien zur Sachkulturforschung. Andreas C. Bimmer zum 60. Geburtstag (= Hessische Blätter für Volks- und Kulturforschung. Neue Folge der Hessischen Blätter für Volkskunde, Bd. 39). Marburg, 2004, S. 9-21.

Schnepp, Wilfried: Pflegekundige Sorge. In: Pflege und Gesellschaft (1996/2), S. 13-16.

Schroeter, Klaus R.: Pflege als figuratives Feld. In: Schröter, Klaus R./Rosenthal, Thomas (Hg.): Soziologie der Pflege. Grundlagen, Wissensbestände und Perspektiven. Weinheim/München, 2005, S. 85-105.

Schroeter, Klaus R.: Soziologie der Pflege. Ein Vorschlag zur Konturierung. In: Richter, Matthias/Hurrelmann, Klaus (Hg.): Soziologie von Gesundheit und Krankheit. Wiesbaden, 2016, S. 403-415. Doi: https://doi.org/10.1007/978-3-658-11010-9_27

Schroeter, Klaus R./Rosenthal, Thomas (Hg.): Soziologie der Pflege. Grundlagen, Wissensbestände und Perspektiven. Weinheim/München, 2005.

Smith, Nancy K.: Nutrire: Nurture, Nursing. A Material Culture Analysis of Invalid/Infant Feeders and the Aesthetics and Caring of Nursing. Boca Raton, 2006.

Soentgen, Jens: Das Unscheinbare. Phänomenologische Beschreibungen von Stoffen, Dingen und fraktalen Gebilden (zugleich Dissertation Technische Hochschule Darmstadt 1996). Berlin, 1997.

Star, Susan Leigh/Griesemer, Jim (1989): Institutional Ecology, ›Translations‹, and Boundary objects: Amateurs and Professionals on Berkeley's Museum of Vertebrate Zoology. In: Social Studies of Science (1989/19), S. 387-420. Doi: https://doi.org/10.1177/030631289019003001

Stemmer, Renate: Pflegetheorien und Pflegeklassifikationen. In: Pflege & Gesellschaft (2003/2), S. 51-58.

Steppe, Hilde: Krankenpflege im Nationalsozialismus, Frankfurt a. M., 1981.

Steppe, Hilde: »... dem Kranken zum Troste und dem Judenthum zur Ehre...«. Zur Geschichte der jüdischen Krankenpflege in Deutschland, Frankfurt a. M., 1997.

Stölzle, Astrid: Kriegskrankenpflege im Ersten Weltkrieg. Das Pflegepersonal der freiwilligen Krankenpflege in den Etappen des Deutschen Kaiserreichs (= MedGG Beiheft 49). Stuttgart, 2013.

Thelen, Tatjana: Care/Sorge. Konstruktion, Reproduktion und Auflösung bedeutsamer Bindungen. Bielefeld, 2014.

Thiekötter, Andrea/Recken, Heinrich/Schoska, Manuela/Ulmer, Eva-Maria (Hg.): Alltag in der Pflege. Wie machten sich Pflegende bemerkbar? Frankfurt a. M., 2009.

Travelbee, Joyce: Interpersonal Aspects of Nursing. Philadelphia, 1971.

Treutner, Erhard/Wolff, Stephan/Bonß, Wolfgang: Rechtsstaat und situative Verwaltung. Zu einer sozialwissenschaftlichen Theorie administrativer Organisationen. Frankfurt a. M./New York, 1978.

Tronto, Joan C.: Moral Boundaries: A Political Argument for an Ethic of Care. New York, 1993.

Uzarewicz, Charlotte: Sensibilisierung für die Bedeutung von Kultur und Migration in der Altenpflege. Kurzbeschreibung. Deutsches Institut für Erwachsenenbildung, Dezember 2002. Online verfügbar unter: http://www.die-bonn.de/esprid/dokumente/doc-2002/uzarewicz02_01.pdf (Zugriff 3.1.2017).

Uzarewicz, Charlotte/Uzarewicz, Michael: Das Weite suchen: Einführung in eine phänomenologische Anthropologie der Pflege. Stuttgart, 2005.

Viseu, Ana: Caring for Nanotechnology? Being an Integrated Social Scientist. In: Social Studies of Science (2015/45), S. 642-664. Doi: https://doi.org/10.1177/0306312715598666

Waldenfels, Bernhard: Das leibliche Selbst. Vorlesungen zur Phänomenologie des Leibes. Frankfurt a. M., 2000.

Waldenfels, Bernhard: Die Mitwirkung der Dinge in der Erfahrung. In: Hahn, Hans Peter (Hg.): Vom Eigensinn der Dinge. Für eine neue Perspektive auf die Welt des Materiellen. Berlin, 2015, S. 57-79.

Watson, Jean: Nursing: The Philosophy and Science of Caring. Boston, 1979.

Schnabeltassen. Frühes 20. Jahrhundert. Porzellan. Fliedner-Kulturstiftung Kaiserswerth, Medizinhistorische Sammlung der Ruhr-Universität Bochum, Sammlung des Karl-Sudhoff Instituts Leipzig, Medizinhistorisches Museum Hamburg.   Foto: Thomas Bruns, Berlin.

Objektfeature Schnabeltassen

»[U]nd zwar geschieht dies am besten mit eigens dafür geformten Nährkännchen.«[1]

Essen und Trinken gehört zu den elementaren Grundbedürfnissen menschlichen Lebens. Zahlreiche kranke, aber auch alte Pflegebedürftige sind nicht in der Lage, eigenständig Nahrung und Flüssigkeit mit alltäglichem Geschirr wie Tasse, Teller oder Löffel zu sich zu nehmen. Wenn Kraft, Koordinationsfähigkeit oder Orientierung fehlen, ist es für die Betroffenen elementar, dass sie nicht nur Hilfe bei der Bereitstellung, sondern auch bei der Zuführung der Nahrung erhalten. Sogenannte Schnabeltassen sind speziell angefertigte Trinkgefäße und schon seit Jahrhunderten in Gebrauch. Sie waren in der Vergangenheit überaus vielfältig im Design und signalisierten dadurch unterschiedlichste Aspekte wie Reinheit durch ein klinisches Weiß oder die Zugehörigkeit durch ein Emblem. Sie alle verfügen über einen Ausguss, den die Betroffenen mit dem Mund umschließen und so, ohne etwas zu verschütten, Flüssigkeiten zu sich nehmen können.

Wie genau Pflegende an dem Prozess des Trinkens beteiligt sind, zeigt sich an der Positionierung des Griffs: Ist er seitlich angebracht, kann der oder die Kranke oder Alte die Tasse bei Bedarf noch selbst in die Hand nehmen und trinken. Ist der Griff hinten angebracht, führen Pflegende die Tasse zum Mund. Dabei müssen sie darauf achten, dass der oder die Trinkende sich nicht verschluckt und weder zu wenig noch zu viel Flüssigkeit erhält. Die Abhängigkeit des Gepflegten von Pflegenden wird in dieser Situation besonders deutlich.

Isabel Atzl

---

[1] | Leo, Richard: Häusliche Krankenpflege nebst einem Anhang über Laien-Hilfe bei plötzlichen Erkrankungen und Unglücksfällen, Dresden 1900, S. 71.

Urinflasche für Frauen. Frühes 20. Jahrhundert. Glas. Berliner Medizinhistorisches Museum der Charité. Foto: Thomas Bruns, Berlin.

Objektfeature Ausscheidungshilfen

»Der Wärter darf keinen Ekel haben.«[1]

Die abgebildete Urinflasche kann auf den ersten Blick irritieren: Sie sieht anders aus als jene, die als Urinflaschen beispielsweise in Krankenhäusern oder Pflegeheimen omnipräsent sind. Das hier gezeigte Objekt wurde um die Wende zum 20. Jahrhundert für Frauen gefertigt, um die Urinausscheidung im Bett zu ermöglichen. Aus dieser Zeit findet sich eine enorme Bandbreite an unterschiedlichen Materialien und Formen von Bettpfannen und Urinflaschen sowohl für Frauen als auch Männer. Pflegende mussten damals wissen, welche Art für den oder die jeweilige/-n Gepflegte/-n geeignet war und auch welchen Vor- oder Nachteil ihre Beschaffenheit hatte. So galten beispielsweise Textilbezüge bei Bettpfannen als bequem, aber unhygienisch beim Gebrauch für mehrere Gepflegte. Gefäße aus Zinn wiederum waren für die Urinausscheidung zu meiden, da es zu einer stinkenden Krustenbildung kommen konnte.

Doch nicht nur eine große Materialkenntnis war für Pflegende geboten. Sie sollten sich auch der Situation angemessen verhalten. In den Lehrbüchern um die Jahrhundertwende wird nicht nur gefordert, dass Pflegende (auch als Wärter/-innen bezeichnet) keinen Ekel zeigen sollten, sondern auch, dass sie um Scham und Peinlichkeit für den Gepflegten wussten und sich sittlich wie menschlich adäquat zu verhalten wissen sollten. Dabei verlangte nicht nur die zwischenmenschliche Interaktion zwischen Pflegendem und Gepflegtem, sondern auch die jeweilige räumliche Situation großes Geschick und Einfallsreichtum im Umgang mit den Objekten zur unterstützten Ausscheidung, zum Beispiel bei eng aneinander gestellten Betten.

Isabel Atzl

---

1 | Dieffenbach, Johann Friedrich: Anleitung zur Krankenwartung, Berlin 1832, S. 26.

Das materiale Erbe der Pflege
Historische Pflegedinge in Sammlungen und Museen
und ihr Potential für die (pflege-)historische Forschung

Isabel Atzl

> »Nur wer die Vergangenheit kennt, hat eine Zukunft.«
> WILHELM VON HUMBOLDT

1. HISTORISCHE PFLEGEDINGE: EINLEITUNG

Die Pflege von Menschen bei akuten oder chronischen Erkrankungen, mit Behinderungen oder Beeinträchtigungen sowie verschiedener Lebensalter war und ist ein zentrales Thema menschlichen Miteinanders und Teil der gesellschaftlichen Kultur. Wenn aber vom materiellen Erbe, vom Kulturgut der Gesellschaft in Deutschland die Rede ist, so bleibt die Pflege trotz ihrer aktuell hohen gesellschaftlichen Relevanz hier überraschend unsichtbar. Dabei lagern historische Pflegedinge zu Tausenden in wissenschaftlichen Sammlungen deutscher Universitäten, in einschlägigen Museen und privaten Kollektionen.

Der vorliegende Beitrag befasst sich aus zwei Blickwinkeln mit historischen Pflegedingen und versucht diese Perspektiven zusammenzuführen. Es geht erstens um die Identifikation und Dokumentation historischer Pflegedinge in den oben erwähnten Sammlungen und zweitens um das Potential, das Pflegedinge im Kontext (pflege-)historischer Forschung entfalten können. Objekt- und Sammlungsforschung sowie Pflegegeschichte werden in diesem Beitrag miteinander in Beziehung gesetzt. Dabei soll deutlich werden, welche Erkenntnisse möglich sind, wenn Sammlungen, Museen und Geisteswissenschaften in einen Dialog treten.

Pflegedinge in Sammlungen, Museen und Ausstellungen

Die Unsichtbarkeit der Pflege im Kontext der Bewahrung des kulturellen Erbes scheint auf den ersten Blick zu überraschen. Jedoch gibt es hierfür mehrere Gründe. Einer ist, dass Objekte, die aus dem pflegerischen Alltag stammen, in aller Regel an Sammlungen übergehen, in denen Pflege bislang nur ein Randthema darstellte. Ob medizinhistorische, technische oder regionalgeschichtliche Museen: Sie alle sind keine Pflegemuseen. Das Interesse medizinhistorischer Museen beispielsweise ruht primär auf Themen, die vor allem den ärztlichen Blick, das ärztliche Handeln, Diagnostik und Therapie oder die Ärzte/-innen selbst als Protagonisten/-innen ins Zentrum rücken. Dabei wäre im Kontext der Medizin als Heilkunde mit all ihren Belangen auch die Pflege zu verorten, geht man zumindest in diesem speziellen Fall von der Krankenpflege aus, um die es in diesem Beitrag hauptsächlich gehen soll. Die Konzentration auf den ärztlichen Blick spiegelt sich in aller Regel jedoch sowohl in der Sammlungsstrategie als auch in den Ausstellungen. Fragte man bislang im Rahmen spezifischer Recherchen nach historischen Pflegedingen, so waren Ausbeute und Expertise eher gering.

Der Begriff des historischen Pflegedings bedarf an dieser Stelle der Erläuterung. Artefakte sind in Sammlungen zuerst einmal weder ›Medizindinge‹ noch ›Pflegedinge‹. Um sie als solche zu bezeichnen, muss man sie eingehender analysieren. Es gilt, sie bei aller gebotenen Vorsicht einer genaueren Betrachtung zu unterziehen, ihre Herkunft und Datierung zu klären sowie ihre Funktionen und Kontexte herauszuarbeiten, um letztlich ihre spezifischen Bedeutungen zu bestimmen (vgl. DMB 2006; DMB. 2011). Unter welcher Fragestellung man diese Analyse vornimmt, führt in der Folge dazu, sie in einer ihrer möglichen Auslegungen als ein Objekt beispielsweise der Pflege zu bezeichnen. Mit dieser Ausdeutung nimmt man von Beginn an Themen und Akteure in den Blick, die sich pflegerischen Themen zuordnen lassen.

Der verstärkten Hinwendung der Medizingeschichte zu sozialhistorischen Inhalten ab den 1980er Jahren (vgl. Eckart/Jütte 2007: 156-170) folgten auch die Sammlungen und Museen – die spätere Hinwendung der Geisteswissenschaften zum Objekt in Form des *material turn* naturgemäß auf sehr materialer Ebene schon durch ihren Auftrag und vor dem Hintergrund ihrer Bestände vorwegnehmend – und schenkten nichtärztlichen Themen und Objekten mehr Beachtung. Es dauerte jedoch bis in die jüngere Zeit, dass sich diese Perspektive auch in den Dauerausstellungen widerspiegeln konnte. So berücksichtigt das Berliner Medizinhistorische Museum der Charité in seiner Dauerausstellung aus dem Jahr 2007 neben der Geschichte des ärztlichen Blicks auf und in den menschlichen Körper seit dem 18. Jahrhundert mit einem Schwerpunkt auf die Pathologie Rudolf Virchows in einem zentralen Ausstellungsteil die Patientenperspektive im Kontext der Medizingeschichte (vgl. Schnalke/Atzl 2010). Auch das Medizinhistorische Museum in Hamburg, das die Geschichte der medizinischen Wissenschaft seit der Mitte des 19. Jahrhunderts unter besonderer Berücksichtigung der medizinischen Herausforderungen vor Ort in den Blick nimmt, hat in dem 2013 eröffneten Teil seiner Dauerausstellung, der sich mit dem »Kosmos Krankenhaus« beschäftigt, der Pflege sowie dem ärztlichen Personal und Patienten/-innen im Krankenhauskontext Raum gegeben.[1]

Beide Themenfelder – die Patientengeschichte in Berlin ebenso wie die krankenhausbezogene Pflege in Hamburg – stehen jedoch weiterhin nicht eigenständig im Raum, sondern werden in einem stark ärztlich geprägten Zusammenhang thematisiert. Anders gelang dies für die Pflege im Rahmen einer von 2011 bis 2014 gezeigten internationalen Wanderausstellung zum Thema Krankenpflege. Die an sechs Orten in Deutschland und der Schweiz präsentierte Sonderausstellung »WHO CARES? Geschichte und Alltag der Krankenpflege«, erarbeitet und erstmals gezeigt im Berliner Medizinhistorischen Museum der Charité, beschäftigte sich mit der Entstehung des Berufsfeldes der Krankenpflege im gesellschaftlichen wie politischen Kontext und thematisierte zugleich die gegenwärtigen und zukünftigen Herausforderungen der täglichen Arbeit im ambulanten wie stationären Bereich. In dieser Ausstellung wurden erstmals im medizinhistorischen Museumskontext Pflegedinge in einem ausschließlich pflegerischen Zusammenhang in historischer Perspektive präsentiert (vgl. Atzl 2011).[2]

Ebenfalls 2011 eröffnete das Pflegemuseum in Kaiserswerth. Auf der Basis der Bestände der Fliedner-Kulturstiftung wird dort seither mit dem Hauptaugenmerk auf die Diakonie ein Ausschnitt aus der umfangreichen Geschichte der Pflege als eigenständiges gesellschaftliches Thema und nicht als Randthema eines ärztlichen Zusammenhangs gezeigt (vgl. Friedrich 2013). Die dort realisierte Konzentration auf einzelne Aspekte der Pflege ist für den deutschen Sprachraum einmalig und sicherlich begrüßenswert, jedoch ist beispielsweise die Anzahl der Objekte in der Sammlung und der Präsentation eher gering, es fehlt ein wissenschaftliches Sammlungskonzept, und an eine Erforschung der Objektbestände ist bei der dünnen Personaldecke bislang nicht zu denken.

Die jüngsten Entwicklungen im Dauer- wie Sonderausstellungsbereich medizinhistorischer Museen sind für das breite Themenfeld der Pflege insgesamt erfreulich, jedoch haben sie in der alltäglichen Sammlungsarbeit jenseits der öffentlichen Präsentation im Kontext der Sammlungsforschung (vgl. DMB 2006: 18 f.) bislang nur einen geringen Niederschlag gefunden.

Grundsätzlich ist festzuhalten, dass es in den einschlägigen Sammlungen nur wenige Pflegedinge gibt, deren Provenienz umfassend dokumentiert werden konnte, da sie beispielsweise als Beigaben von thematisch als zentraler angesehenen ärztlichen Sammlungsstücken mit in die Kollektionen über-

---

1 | Vgl. UKE 2016. Auf dem auf dieser Seite herunterladbaren Faltblatt findet sich der Begriff des »Kosmos Krankenhaus«, der auch eine Raumüberschrift im Museum ist.
2 | Die Ausstellung wurde neben Berlin im Krankenhausmuseum Bremen, im Malakowturm der Ruhr-Universität Bochum, dem Medizinhistorischen Museum der Universität Zürich, dem Museum der Arbeit in Hamburg und dem Stadtmuseum Ingolstadt präsentiert.

nommen wurden oder, sofern sie ein geschlossenes Konvolut bildeten, andere Bestände als dringender für die Inventarisierung angesehen wurden als jene der Pflege. Pflegedinge lagern deshalb oftmals lediglich mit einer Eingangs- oder Inventarnummer versehen in den Depots. Zugleich fehlt in vielen Sammlungen, begründet durch die vermeintliche Randthematik und auch durch die fehlende pflegehistorische Forschung (siehe unten), die entsprechende Expertise, weshalb der Nutzungskontext und seine weiterführenden Verknüpfungen oftmals nicht erschlossen werden können. Die Objekte lagern bezogen auf ihren pflegerischen Gehalt als stumme Zeugen in den Depots und scheinen in diesem Kontext sowohl für sammlungsinterne Forschungsvorhaben als auch für Ausstellungsprojekte wenig attraktiv. Durch diese ›Anonymität‹ wiederum fällt Pflege mit ihren Auswirkungen auf die historische Entwicklung des Gesundheitswesens aber weiterhin durch das Raster von Forschern/-innen und Kuratoren/-innen, da diese auf das breite Wissen aus den Sammlungen angewiesen sind. Die Objekte konnten somit bislang nicht oder nur selten als historische Pflegedinge und Teil des kulturellen Erbes unserer Gesellschaft unter pflegerischem Blickwinkel in Erscheinung treten. Sie wurden mehr oder weniger hinter den Depottüren abgelegt und vergessen. Ziel der diesem Artikel zugrunde liegenden Forschung war es, sie dort aufzuspüren und ihre Existenz sowie ihr Potential sowohl für Sammlungen als auch für die Pflegegeschichte sichtbar zu machen.

Pflegedinge in der Pflegegeschichte

Ein weiterer Grund für die Unsichtbarkeit von Pflegedingen als bedeutsames materiales kulturelles Erbe liegt auf Seiten der pflegehistorischen Forschung. Zwar hielt der sogenannte *material turn* seit den 1970er Jahren Einzug in die Sozial- und Geisteswissenschaften (vgl. Bennett/Joyce 2010), jedoch wird trotz dieses Ansatzes immer wieder eine Entmaterialisierung, also Abwendung vom Materiellen und darin auch von Objekten, beklagt (vgl. Knoll 2014). Bjønnar Olsen versteht dies gar als eine Art ›kollektiver Amnesie‹ gegenüber dem Materiellen (vgl. ebd.: 191; Olsen 2010). Die historischen Wissenschaften nutzen den Ansatz des *material turn*, verglichen beispielsweise mit der Ethnologie, insgesamt eher zögerlich (vgl. Ludwig 2014: 287). Dabei liegt auch für die historische Forschung darin ein großes Potential (vgl. Ludiwg 2015; Hofmann 2016). Die deutschsprachige Pflegegeschichte hat sich dieser Thematik bislang jedoch nicht geöffnet.

Insgesamt ist die Pflegegeschichte eine im Vergleich etwa zur Medizingeschichte noch recht junge Disziplin mit einem überschaubaren Kreis an Forschenden. Aufgrund dessen und weil die Quellenlage für eine historische Innensicht der Pflege überaus schlecht ist, gibt es noch zahlreiche Forschungsdesiderate. Autobiografische Zeugnisse, Berichte oder andere Aufzeichnungen von Pflegenden sind rar, Weniges ist publiziert, ediert oder bekannt, die Archive sind oftmals schwer zugänglich – das alles erschwert insgesamt die Arbeit an pflegehistorischen Themen. Eine der offenen Forschungsfragen ist jene nach dem Pflegealltag. Zwar wurde in den vergangenen etwa zehn Jahren einiges an organisatorischen und strukturellen Themen aufgegriffen (vgl. Braunschweig 2006; Thiekötter et al. 2009; Hähner-Rombach 2009). Die konkrete tägliche Arbeit, im Falle der Krankenpflege die Arbeit am Krankenbett, stand bislang jedoch kaum im Mittelpunkt.

Die erstmalig 2008 erschienene Quellensammlung zur Geschichte der Krankenpflege, in der grundlegende Texte verschiedener Gattungen unter zeitlichen und thematischen Feldern gebündelt zusammengetragen wurden, thematisiert überwiegend die oben erwähnten strukturellen Fragen der Arbeitsorganisation und die Auseinandersetzung sowie Entwicklung hierarchischer Strukturen im Zusammenhang mit der Ärzteschaft. Einzelne Quellentexte verweisen jedoch auf pflegerisches Handeln.[3] Anja Faber verspricht in ihrer Monografie »Pflegealltag im stationären Bereich zwischen 1880 und 1930« aus dem Jahr 2015 zwar, den pflegerischen Alltag in Bezug auf einschlägige Tätigkeiten zu erhellen, und hat dafür zahlreiche Protokolle verschiedener Schwestern- und Bruderschaften ausgewertet. Die Zusammenschau jenseits der altbekannten Themenfelder, für die die Arbeit durchaus gute und neue Belege liefert, ist jedoch sehr kurz gehalten und zudem quellenmäßig nur sehr allgemein belegt, so dass konkrete Handlungen kaum nachvollziehbar erscheinen (vgl. Faber 2015). Eine erfreuliche Ausnahme bildet die 2014 erschienene Arbeit von Astrid Stölzle »Kriegskrankenpflege im Ersten Weltkrieg«, die anhand des pflegerischen Alltags in Lazaretten konkrete Tagesabläufe und darin sehr detailreich auch pflegerische Tätigkeiten schildert und dabei auch verwendete Gegenstände benennt (vgl. Stölzle 2014).

Objekte wurden in der pflegehistorischen Forschung in Bezug auf pflegerische Tätigkeiten an der/am Patientin/-en bislang so gut wie gar nicht berücksichtigt und stellen gleichfalls ein Forschungsdesiderat dar. Dieses haben Wolfgang Eckart und Robert Jütte bereits 2007 mit der Frage nach dem »Einfluss, den der medizinische Fortschritt, insbesondere in Form von neuen Geräten und Techniken, auf die Pflegepraxis hatte« (Eckart/Jütte 2007: 292), formuliert. Dabei weisen sie auch auf die oben beschriebene schlechte Quellenlage hin. Konkrete pflegehistorische Forschung an, mit und über Objekte fehlt also bislang. Immerhin haben 2008 Horst-Peter und Jutta Wolff in ihrer Einführung in das Studium der Krankenpflegegeschichte zumindest auf die Bedeutung von Objekten ab der Mitte des 19. Jahrhunderts im Sinne einer medizinisch-technischen Aufrüstung hingewiesen (vgl. Wolff/Wolff 2008: 117-131).

---

3 | Hier sind zum Beispiel die Berichte von Schwester Bertha Wiese zu nennen (vgl. Hähner-Rombach 2008: 314-332, Quellen III, 20-24).

Anders als im angloamerikanischen Raum (vgl. z. B. Sandelowski 2000) gibt es hierzulande also bislang weder eine dezidierte objektbasierte pflegehistorische Forschung noch eine erklärte pflegehistorische Objektforschung, auch wenn einzelne Objekte, die für die Pflege bedeutend sind, wie das Krankenhausbett oder die Säuglingsflasche, unter einem umfassenderen kulturwissenschaftlichen Blickwinkel untersucht worden sind (vgl. Keil 2016; Limper 2016).

Pflegehistorische Objektforschung – objektbezogene Pflegegeschichte: Fragestellung und Methode

Der hier vorliegende Beitrag befasst sich ausgehend von den beschriebenen Sachverhalten mit zwei Aspekten: Erstens fragt er danach, was Pflegedinge im Sammlungskontext genau sein können, und dokumentiert ihre Erfassung in insgesamt 19 einschlägigen Museen und Sammlungen in Deutschland. Damit wird erstmals auf das umfangreiche Material hingewiesen, das an den verschiedenen Orten existiert (2.). Für diese Erfassung wurden die jeweiligen Sammlungsverantwortlichen befragt und besucht, Objekte vor Ort gesichtet und diskutiert. Der kontinuierliche Kontakt mit ihnen über die gesamte Laufzeit des Projektes hinweg stärkte und schärfte die Auswahl an Objektgruppen und Informationen zu Einzelstücken und Teilsammlungen.

Zweitens geht er der Frage nach, welche Möglichkeiten sich mit historischen Pflegedingen für die pflegehistorische Forschung eröffnen. Anhand von zwei Beispielen – dem Luftkissen und dem Fieberthermometer – wird das Potential der objektbezogenen Forschung für die Pflegegeschichte sichtbar gemacht (3.). Die These ist hier, dass historische Pflegedinge besonders für die Erforschung pflegerischer Tätigkeiten und den Pflegealltag am Krankenbett fruchtbar gemacht werden können. Hierbei steht im Vordergrund, die Interaktion am Krankenbett sowie in dessen Umfeld auf Basis der verwendeten Dinge und ihrer Rolle im Rahmen dieser Interaktion zu rekonstruieren. Gleichzeitig wird auch auf Aspekte verwiesen, die wiederum neues Wissen über Sammlungsobjekte beinhalten.

Ein Resümee und Ausblick (4.) fasst zusammen, inwiefern historische Pflegedinge sowohl in Sammlungen und Museen als auch in der historischen Forschung bislang unbekannte und unsichtbare Aspekte und Perspektiven zutage fördern.

Methodisch wird im historisch-wissenschaftlichen Kontext in diesem Beitrag auf die Praxistheorie zurückgegriffen, die seit den 1980er Jahren Einzug in die historischen Wissenschaften gehalten hat. Als Praktiken werden im Sinne des Soziologen Andreas Reckwitz ein »typisiertes, routinisiertes und sozial verstehbares Bündel von Aktivitäten« (Reckwitz 2008: 112) verstanden, die nichts anderes als Körperbewegungen darstellen und in aller Regel einen Umgang von Menschen mit Dingen bedeuten (vgl. Reckwitz 2003: 290). Reckwitz setzt voraus, dass sich in Praktiken angereichertes Wissen zeigt, so bezeichnet er jede Handlung als »wissensbasierte Tätigkeit« (ebd.: 292). Eine Möglichkeit, wie Praktiken historisch gefasst werden können, skizziert der Historiker Nicolaus Buschmann: Nach seinem Ansatz unterziehen Wissenschaftler/-innen »das Material einer praxeologischen Re-Lektüre [...], indem sie ihre Aufmerksamkeit auf die Rolle von menschlichen Körpern und Artefakten für das Einüben und Aufführen sozialer Praktiken richten und das Verhältnis kollektiver Deutungsmuster und individueller Sinnzuschreibungen zu bestimmen versuchen« (Buschmann 2013: 139). Diese sind, so der Frühneuzeithistoriker Marian Füssel, »nicht als Ausdruck vorgängiger sozialer Strukturen zu interpretieren, sondern als die stets neue Herstellung sozialer Ordnung *in actu*« (Füssel 2015: 279) zu betrachten. Bei dieser Herangehensweise erschließen sich historische Praktiken ausschließlich über die erneute Lektüre vorhandener Textquellen unter einem praxisbezogenen Blickwinkel.

Das methodische Vorgehen, das dem vorliegenden Beitrag zugrunde liegt, modifiziert den historisch-praxeologischen Ansatz jedoch insofern, als er zuerst von den erhalten gebliebenen Gegenständen in den Sammlungen ausgeht und diese einer eingehenden Betrachtung unterzieht. Die Auswertung ihrer Materialität und Gestalt(-ung) wirft andere Fragen auf als Texte dies tun. Wieso wurde eine kritische Grenze auf dem Thermometer rot markiert? Weshalb sehen alle Luftkissen gleich aus, und verwendete man sie deshalb auch immer gleich? Warum ist der Henkel an Schnabeltassen einmal seitlich und einmal hinten angebracht oder wie genau hält man ein Rasiermesser? Antworten auf derartige Fragen, die Dinge nahelegen, lassen sich dann auch in Texten finden, seltener, dafür aber durchaus ausdrucksstark, in Bildern oder Filmen.

Im Spektrum relevanter Texte liefern normative Textquellen wie die Lehrbuchliteratur Informationen darüber, wie die betreffenden Objekte idealiter zu verwenden waren und welche fachlichen wie gesellschaftlichen Vorstellungen sich mit und in der Nutzung niederschlugen. Hier zeigt ein Vergleich verschiedener Ausgaben, was langfristig als Pflegeding empfohlen wurde und wie sich die Nutzung des Objektes im besten Fall gestaltete, veränderte oder etablierte. Dies wiederum erlaubt Rückschlüsse auf den erhofften Einsatz des Objektes im vorherrschenden besten Sinne ›guter Pflege‹. Pflegelehrbücher des 19. Jahrhunderts sind durchweg von Ärzten verfasst worden, die sich vor allem im Rahmen der neuentwickelten, naturwissenschaftlichen Methoden der Medizin und des Krankenhauses als Ort medizinischer Versorgung für eine gut funktionierende Pflege zugunsten eines reibungslosen und fachlich versierten Betriebsablaufs interessierten. Die für diesen Beitrag ausgewertete Lehrbuchreihe stammt aus der Berliner Charité, deren Ausgaben im deutschsprachigen Raum eine weite Verbreitung und Nutzung fanden.

Durch den strengen Blick auf die konkreten Objekte, ihre Materialität im Sinne der Stofflichkeit und ihre Provenienz sowie die Berücksichtigung der

Beschreibung ihrer Benutzung in den schriftlichen Quellen sowohl direkt am Patienten als auch in Bezug auf Vor- und Nachbereitung der Arbeitsschritte ebenso wie ihre Reinigung und Aufbewahrung werden Aspekte pflegerischen Handelns auf unterschiedlichen Ebenen greifbar. Es lassen sich dabei nicht nur Fragen nach der reinen Handhabung, sondern auch solche nach der Interaktion von Mensch/Mensch, aber auch Mensch/Ding/Mensch und den Auswirkungen auf die soziale Ordnung im Sinne hierarchischer Strukturen beantworten.

2. Pflegedinge in Sammlungen und Museen

Was genau sind Pflegedinge im Kontext historischer Sammlungen und Museen? Der Arbeitshypothese für diesen Begriff zugrunde lag die Annahme, dass all jene Objekte als Pflegedinge gelten können, die Pflegende selbst in der Hand hatten und mit denen pflegerische Tätigkeiten vollzogen wurden, sei es eine Urinflasche, eine Personenwaage oder auch ein Möbelstück. Schnell ist schon zu Projektbeginn deutlich geworden, dass zahlreiche Pflegedinge die Grenze zu einerseits ärztlichen und andererseits alltäglichen Objekten berühren und teilweise auch überschreiten. Es waren jedoch genau jene Grenzobjekte, die sich in der Folge als besonders fruchtbar für die Sammlungsarbeit und auch die pflegehistorische Forschung erweisen sollten. Sie schärften den Blick für die Inhalte pflegerischer Tätigkeiten, die aus der historischen Perspektive einem steten Wandel unterlagen und stets kritisch zu hinterfragen waren.

Beispielhaft sei hier das Konvolut an Objekten für eine Operation genannt. Operationsinstrumente firmieren von jeher unter ärztlichen Objekten, jedoch wird bei der Betrachtung unter dem Blickwinkel der Fragestellung nach Pflegedingen deutlich, dass Pflegende an der Durchführung von Operationen wesentlich beteiligt waren. So findet sich in Pflegelehrbüchern auch die Instrumentenkunde und hierunter zum Beispiel auch eine ins Bild gesetzte Anweisung zum korrekten Anreichen eines Skalpells (Abb. 1). Pflegende hielten die Instrumente also auch in der Hand und waren auf diese Weise am Gelingen des Eingriffs beteiligt. Betrachtet man die Abbildung genauer, so wird deutlich, dass die Funktion des Instruments als Schnittinstrument hier nicht im Vordergrund steht (die Klinge), gelehrt wird also nicht das Schneiden als ärztliche Tätigkeit, zu dessen Zweck das Instrument konstruiert wurde, sondern das verletzungsfreie, von Pflegenden zu vollziehende Anreichen des Messers mit dem Griff zuerst. In der Ausdeutung tritt hier also das ärztliche Handeln gegenüber dem pflegerischen in den Vordergrund, auch wenn Pflegende einen nicht zu leugnenden und elementaren Anteil an den Operationen hatten. Zugleich gerät jedoch ein anderes Objekt in den Fokus, das als Pflegeding bezeichnet werden kann: der Instrumententisch für Operationen (Abb. 2). Er wird von Pflegenden genutzt, die hier die ihnen (an-)vertrauten ärztlichen Instrumente auflegen, sortieren und von dort auch anreichen. Pflegeding und ärztliche Objekte gehen hier quasi eine Symbiose ein.

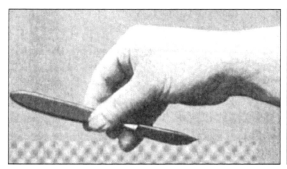 

Abbildungen 1 und 2:   Anreichen eines Messers (Skalpell, links) | Instrumententisch.   Quellen: Salzwedel 1909: 309 (links) | Böhme [nach 1877]: 130.

Abbildungen 3 bis 5:   Schnabeltasse | Rasiermesser: Stellung der Hände beim Rasieren | Urinflasche für Frauen, für das Bett. Weißes Glas (v.l.n.r.).
Quellen: Der Große Brockhaus 1931: 551 | Medizinalabteilung des Königlich Preußischen Ministeriums der geistlichen, Unterrichts- und Medizinalangelegenheiten 1910: 190 | Stille 1901: 341 (v.l.n.r.).

Legt man der Vorstellung der Existenz von Pflegedingen im Sinne eines materialen kulturellen Erbes der Pflege den Begriff einer Sammlung, hier verstanden als eine räumlich ungebundene, überregionale Zusammenstellung, zugrunde, so lassen sich die in verschiedenen Sammlungen und Museen befindlichen und über ganz Deutschland verteilten Pflegedinge als eine Art virtuelle Einheit zusammenführen. Davon ausgehend, dass eine solche Einheit existiert, wurden durch die Autorin in den Jahren 2014 bis 2016 deutschlandweit 19 einschlägige beziehungsweise stichprobenartig ausgewählte Sammlungen befragt, 15 davon besucht und auf ihre Bestände an Pflegedingen erforscht.

Um zu ermitteln, ob diese ›virtuelle Zusammenstellung historischer Pflegedinge‹ überhaupt einen ideellen Wert und gesellschaftliche beziehungsweise wissenschaftliche Bedeutung hat, wurden bei der Nachforschung in den Sammlungen die Qualitätskriterien für wissenschaftliche Universitätssammlungen herangezogen und bei den Befragungen im Blick behalten. Die Kriterien beinhalten folgende Aspekte: die Sammlung ist unikal (einmalig vorhandene Bestände), exemplarisch (für ein Fachgebiet), exzeptionell (in der Qualität der Bestände). Ihre Objekte haben eine spezifische Materialität (die physische Beschaffenheit von Objekten bewahrt Daten, die für gegenwärtige und zukünftige Forschungen relevant sind), epistemologische und wissenschaftsgeschichtliche Relevanz (gelten als Zeugnisse für historische und erkenntnistheoretische Fragen), einen identitätsstiftenden Charakter, repräsentative Bedeutung (Bildung und Öffentlichkeit), eine didaktische Nutzbarkeit und eine Ästhetik (bezogen auf kulturell bedingte sinnliche Wahrnehmung) (vgl. Koordinierungsstelle für wissenschaftliche Universitätssammlungen 2013: 1).

Als einschlägige Sammlungen wurden neben der im oben genannten Pflegemuseum Kaiserswerth all jene betrachtet, die ihren Fokus auf die Medizingeschichte legen, da Medizin trotz der Dominanz ärztlicher Themen die Heilkunde mit all ihren Zweigen umfasst und dort zumindest aus dem Bereich der Kranken- und Altenpflege materiale Zeugnisse zu vermuten waren. Es handelte sich um: das Berliner Medizinhistorische Museum der Charité, das Deutsche Medizinhistorische Museum in Ingolstadt, die Medizinhistorische Sammlung des Klinikums Chemnitz, die Medizinhistorischen Sammlungen im Gesundheitspark Bad Gottleuba, die medizinhistorische Sammlung des Instituts für Geschichte der Medizin der Universität Greifswald, das Karl-Sudhoff-Institut in Leipzig, die Medizinhistorische Sammlung der Universität Bochum, das Johann-Winter-Museum Andernach, die Sammlung des Instituts für Geschichte und Ethik der Medizin der Universität Erlangen-Nürnberg, das Institut für Geschichte, Theorie und Ethik der Medizin der Universität Düsseldorf, das Medizinhistorische Museum Hamburg, das Wilhelm-Fabry-Museum Hilden, die Medizin- und Pharmaziehistorische Sammlung der Universität Kiel und die Sammlung des medizinhistorischen Instituts der Universität Würzburg.

Stichprobenartige Untersuchungen fanden statt in den Sammlungen des Technoseums Mannheim, des Deutschen Hygiene-Museums Dresden sowie in der Gedenkstätte Sachsenhausen in Oranienburg. Im Technoseum Mannheim als Vertreter für die Technikmuseen war zu vermuten, dass die Entwicklung technischer Artefakte, die für die Pflege relevant waren, einen Niederschlag gefunden hat, zumal eine medizinhistorische Abteilung existiert, und Dinge der Pflege im Rahmen der »Technisierung der Lebenswelt« (Jütte 2000: 196)[4] ab dem späten 19. und vor allem im Verlauf des 20. Jahrhunderts als Beispiele aufgefunden werden konnten. Das Hygiene-Museum Dresden betitelt seine Dauerausstellung mit »Abenteuer Mensch« und thematisiert hierin unter anderem den Bereich Gesundheit und Krankheit, in dem auch Pflegeaspekte aufgehoben sind. Die Gedenkstätte Sachsenhausen stellt insofern einen Sonderfall dar, als

---

4 | Jütte thematisiert hier auch die Veränderung der Welt von einer sinnlichen hin zu einer verstandesgeleiteten, was sich anhand des später aufgeführten Beispiels des Thermometers eindrücklich nachweisen lässt.

sich hier eine Krankenbaracke auf dem Gelände eines ehemaligen Konzentrationslagers erhalten hat und die Sammlung der Gedenkstätte über Objekte aus diesem Kontext verfügt. Ob und unter welchen besonderen Bedingungen Pflege an diesem Ort stattfinden konnte, sollte nicht unbeachtet bleiben.[5]

Abbildung 6: Blick ins Depot. Medizinhistorische Sammlungen im Gesundheitspark Bad Gottleuba. Foto: Thomas Bruns, Berlin.

Bestimmung und Anzahl an Pflegedingen in Sammlungen

Die genaue Zahl an Pflegedingen in den untersuchten Sammlungen zu bestimmen ist kaum möglich, da die Definition, wann man was als Pflegeding bezeichnet, von ihrer Ausdeutung abhängt. Eben diese Ausdeutung ist aber in jeder Sammlung anders.

Um mit den Beständen vertraut zu werden und ihre Bestimmung im Rahmen pflegerischer Themen zu prüfen, war die Inspektion der jeweiligen Sammlung vor Ort wesentlich. In den Gesprächen erfolgte eine intensive Dis-

---

5 | Nicht untersucht werden konnte die schier endlose Anzahl an regionalgeschichtlichen Museen, in denen aufgrund des Verbleibs pflegerischer Artefakte aus einem regionalen Bezug noch zahlreiche Pflegedinge zu vermuten sind, ebenso wie die umfangreichen Bestände der Psychiatriemuseen, in denen Pflegedinge vorhanden sind, die jedoch einer intensiven und eigenständigen Erforschung bedürfen, da sich das Verhältnis von Pflegenden und Gepflegten hier anders gestaltete als im Bereich der hier untersuchten Krankenpflege allgemein.

kussion über die Frage, wie Pflegedinge in den Beständen überhaupt identifiziert werden können, wenn der Fokus bislang nicht darauf gerichtet war. Erste Anfragen im Rahmen der Recherchen zur Sonderausstellung »WHO CARES« hatten hier schon Wirkung gezeigt, in zwei Sammlungen war nach der ersten Kontaktaufnahme im Jahr 2010 die Kategorie Krankenpflege in die Datenbank mit aufgenommen worden, und in allen damals beteiligten Institutionen fanden sich Hinweise darauf, dass die Objekte im Kontext der Ausstellung Verwendung gefunden hatten. In einer Sammlung wurde die Kategorie Pflege während des Besuches überhaupt erst angelegt und als Schlagwort in der Datenbank vergeben.

Die verschiedenen Vorgehensweisen im Rahmen der Inventarisierung können an dieser Stelle nicht wiedergegeben werden, jedoch wurde bei den Befragungen deutlich, dass die Erschließung der Sammlung immer auch von den Forschungsfragen abhängt, die an sie gerichtet werden. Im Austausch vor Ort war manche/-r Sammlungsverantwortliche/-r überrascht, wie wenig oder wie viele Objekte tatsächlich mit einer Schlagwortsuche aufzufinden waren. Bei allen Besuchen zeigte sich, dass die Schlagwortsuche nicht die Objekte zeigte, die erwartet wurden. Einige fehlten, andere waren schlichtweg in anderen Kontexten inventarisiert und verschlagwortet.

Bemerkenswert sind die zum Teil völlig unbekannten geschlossenen Bestände oder Teilsammlungen, die sich an einzelnen Orten zeigten. Während die größeren Museen, wie jene in Ingolstadt oder Berlin, in der Regel eine hohe Anzahl an Objekten unterschiedlichster Zeiträume, Themen und Herkunft beherbergen, fanden sich vor allem auch in kleineren und unbekannteren Sammlungen diesbezüglich Besonderheiten. So besitzt das Pflegemuseum Kaiserswerth eine Spezialsammlung von Schnabeltassen, die mehr als 120 Stücke umfasst, bislang jedoch nicht näher erforscht ist. Im Medizinhistorischen Museum Hamburg existiert der Nachlass einer ehemaligen Krankenschwester aus der Mitte des 20. Jahrhunderts, der neben den Objekten auch Literatur, Bilder und persönliche Interviews beinhaltet. Die Medizinhistorische Sammlung Chemnitz weist Pflegedinge auf, die fast alle aus einem noch nachvollziehbaren Kontext stammen und somit eine gut erforschte Provenienz aufweisen. Besonders hervorzuheben sind des Weiteren einzelne Objekte aus der Gedenkstätte Sachsenhausen. Hier haben sich beispielsweise Gegenstände wie das Fieberthermometer eines Häftlings im Krankenrevier erhalten, dessen Anwendungskontext durch die im Vergleich zu anderen Sammlungen recht gute Quellenlage gerade unter den speziellen Bedingungen eines Konzentrationslagers einen Rückschluss auf die Nutzung dieses einzelnen Stücks zulässt, was andernorts kaum gelingt. Im Berliner Medizinhistorischen Museum der Charité gibt es eine Auswahl an für die Pflege umfunktionierten oder persönlich hergestellten Alltagsgegenständen und im Deutschen Medizinhistorischen Museum in

Ingolstadt eine erst durch die Recherche sichtbar gewordene große Bandbreite an geschlechtsspezifischen Ausscheidungshilfen.

Insgesamt ist festzuhalten, dass in den berücksichtigten Sammlungen Objekte mit einer Anzahl im mindestens niedrigen vierstelligen Bereich vorhanden sind, die sich auf den ersten Blick eindeutig als Pflegedinge klassifizieren lassen. Die Dunkelziffer dürfte jedoch um ein Vielfaches höher liegen, zumal in fast allen Sammlungen große Teile der Bestände bislang nicht inventarisiert werden konnten oder andererseits aufgrund der fehlenden Forschung als solche noch nicht erkannt sind. Legt man nun an diese Zusammenstellung die oben genannten Qualitätskriterien für Universitätssammlungen wie zum Beispiel wissenschaftsgeschichtliche Relevanz oder identitätsstiftender Charakter an, zeigt sich, dass hier in aller Regel hochwertige Sammlungsbestände vorliegen, die einer intensiveren Beachtung und Beforschung zugeführt werden sollten.

3. Pflegegeschichte und Objektforschung

Aus dem großen Pool der in den verschiedenen Sammlungen aufgefundenen Pflegedinge wurden während der Projektlaufzeit mehrere Objekte ausgewählt und einer eingehenden Untersuchung in Form von ausführlichen Objektanalysen unterzogen, die ausgehend von einer detaillierten Objektbetrachtung und -beschreibung sowie der Provenienzbestimmung und zeitlichen Einordnung auch den weiteren historischen Kontext zu erfassen suchten.[6] Leitend bei der Auswahl einzelner Objekte aus den gesichteten Beständen war die Frage nach sammlungsspezifischen Aspekten wie häufiges Vorkommen, eindeutige Zuschreibung zur Pflege, Einzigartigkeit oder Zugehörigkeit zu einem einschlägigen Sammlungskonvolut und die subjektiv wahrgenommene Aura einzelner Stücke (vgl. Schnalke 2010: 4 f.) sowie die Aussagekraft der Dinge zur Klärung pflegehistorisch relevanter Themen und historisch greifbarer Pflegetätigkeiten. Zu diesen gehörten auch das Luftkissen und das Fieberthermometer, die für den vorliegenden Beitrag ausgewählt wurden. Das Luftkissen berührt ein genuin pflegerisches Thema, welches bislang weitgehend unerforscht ist: die Dekubitusprophylaxe (Vorbeugung eines Druckgeschwürs). Bei dem Fieberthermometer handelt es sich um ein Grenzobjekt zur Medizin, das durch die Einführung in den Pflegealltag umfassende Veränderungen in der Interaktion zwischen Pflegenden, Gepflegten und dem ärztlichen Personal bewirkte.

---

6 | Hierzu gehörten neben den beiden im Beitrag analysierten Objekten zum Beispiel die Krankenwaage, verschiedene Ausscheidungshilfen, das Blutdruckmessgerät, Schnabeltassen und das Mobiliar von Krankenstuben zu Beginn des 19. Jahrhunderts (siehe Artner/Atzl 2016; Atzl 2017a; Atzl 2017b; Atzl/Depner 2017 sowie das Objektfeature zu den Schnabeltassen in diesem Band).

Das ringförmige Luftkissen

Das ringförmige Luftkissen aus Kautschuk beziehungsweise weichem Gummi findet sich in zahlreichen Sammlungen. Es erhält bei der Inventarisierung durchgängig das Schlagwort beziehungsweise die Kategorie Pflege oder Krankenpflege. Die Frage, weshalb es sich hier um ein Pflegeding handelt, wurde fast überall mit der pflegerischen Aufgabe der Lagerung von Patienten beantwortet.[7] In seltenen Fällen klassifizierten die Sammlungsverantwortlichen das Luftkissen als Objekt der Selbstpflege, weil eine Anwendung im Kontext einer natürlichen Geburt vermutet und das Objekt folglich als Sitzkissen bezeichnet wurde. Gerade diese Differenzierung, nämlich welche Art der Lagerung mit dem Kissen zu welchem Zweck vorgenommen wurde, ist für die Erforschung pflegerischer Praktiken jedoch entscheidend. Grundsätzlich gilt deshalb für alle Luftkissen, dass nur die bekannte Herkunft des Objektes und sein Einsatzort einen Rückschluss auf seine konkrete Verwendung zulassen.

Den konkreten historischen Nutzungskontext einzelner Luftkissen in den Sammlungen zu rekonstruieren war nur in einzelnen Fällen möglich. Eines dieser Objekte (Abb. 7) wurde als Lagerungshilfe zur Schmerzvermeidung nach Operationen im Intimbereich angewendet. Es diente dazu, das betreffende Körperteil durch Hohllagerung berührungsfrei zu halten und dadurch

Abbildung 7: Luftkissen. Vor 1985.
Gummi. Medizinhistorische Sammlung
der Klinikum Chemnitz GgmbH.
Foto: Thomas Bruns, Berlin.

---

7 | Im Zusammenhang objektbezogener Forschung, darauf soll hier explizit noch einmal hingewiesen werden, können Begrifflichkeiten im Rahmen der Sammlungsinventarisierung enorm variieren, so dass es bei der Suche in den Datenbanken entscheidend ist, möglichst viele Varianten in Betracht zu ziehen. Im Fall des Luftkissens fanden sich Objekte unter der Bezeichnung Gummiring, Lagerungskissen, Sitzkissen und Dekubitusring.

einen durch den Druck ausgelösten Schmerz an der frischen Wunde zu vermeiden. Es handelt sich um ein Luftkissen, das in den 1980er Jahren auf der chirurgischen Wachstation des Krankenhauses Küchwald, damals noch Karl-Marx-Stadt, Verwendung fand und mit diesen Informationen zu Beginn der 1990er Jahre an die Medizinhistorische Sammlung des Klinikums Chemnitz übergeben wurde.

Vom Aussehen her unterscheidet sich dieses Luftkissen nur wenig von einem nahezu identischen Objekt, das auf ein weiteres Thema verweist, dem im Folgenden das Hauptaugenmerk gilt: Das Luftkissen aus der Sammlung von Krankenpflegeutensilien der Fliedner-Kulturstiftung Kaiserswerth (Abb. 8) diente als Lagerungshilfe bei dekubitusgefährdeten Bewohnerinnen des Hauses Tabea II, einem sogenannten Feierabendhaus auf dem Gelände der Kaiserswerther Diakonie, in dem pflegebedürftige Diakonissen im Ruhestand untergebracht waren, wie in der Sammlung vermerkt wurde.

Abbildung 8: Luftkissen. Um 1990. Gummi. Sammlung der Fliedner-Kulturstiftung Kaiserswerth. Foto: Thomas Bruns, Berlin.

Materialität

Es handelt sich um ein ringförmiges, aufblasbares Gummikissen, das an den Außen- und Innenrändern genäht und geklebt ist. Es ist von roter Farbe und hat einen Gesamtdurchmesser von 42 cm, der Durchmesser des inneren Ringes beträgt 15 cm. An der Außenseite befindet sich ein silberfarbenes, metallenes Ventil, das mithilfe einer nicht mehr vorhandenen Handpumpe oder dem Mund aufgeblasen werden kann. Auf einer Seite befindet sich ein in blauer Farbe aufgedruckter Firmenstempel des Unternehmens Continental, der den Namen der Firma zusammen mit einem Stern und einem Pferd in einem Kreis zeigt. Auf der anderen Seite zeigt das Objekt helle Flecken, die sowohl lagerungs- oder nutzungsbedingt sein als auch von Kontakt mit entfärbenden Materialien herrühren können.

Das Luftkissen entstammt einem Schrank mit Pflegehilfsmitteln des Hauses Tabea auf dem Gelände der Kaiserswerther Diakonie und wurde 2003 an die Sammlung der Fliedner-Kulturstiftung übergeben. Das Haus Tabea war ursprünglich als Krankenhaus für kranke und sieche Schwestern geplant. Es wurde 1903 fertiggestellt und diente ab 1975 als Alterswohnsitz für pflegebedürftige Schwestern (vgl. o. A., Grüße des Kaiserswerther Mutterhauses 1974: 32). Bis 2003 war es für die zumeist hochbetagten Diakonissen der letzte Aufenthaltsort. Viele von ihnen litten an langjährigen altersbedingten Grunderkrankungen und waren pflegebedürftig.

Situation[8]

Die Situation, die sich im Haus Tabea zu der Zeit bot, als das Objekt zu den Beständen gehörte und im Einsatz war, legt eine Verwendung im Kontext der Dekubitusprophylaxe nahe, denn betrachtet man die archivalischen Hinterlassenschaften, so wird deutlich, dass zahlreiche der gepflegten Diakonissen über viele Jahre offenbar bettlägerig gewesen waren. In den Todesanzeigen heißt es beispielsweise:»Die Jahre, die nun folgten waren von Krankheit und Schmerzen gekennzeichnet. [...] Hier [im Haus Tabea] durfte sie nach langem Leiden friedlich einschlafen.« Oder: »Der Beginn einer schweren Erkrankung machte 1977 eine Rückkehr nach Kaiserswerth erforderlich. Die Jahre des Feierabends waren mühsam und quälend für sie«.[9] Durch Bettlägerigkeit und Multimorbidität gehörten die Bewohnerinnen des Hauses Tabea zur dekubitusgefährdeten Risikogruppe der Gepflegten. Bis in die 1990er Jahre hinein kamen Luftkissen in diesem Fall als bewährte Lagerungshilfsmittel zum Einsatz. In den von Diakonissen vermutlich genutzten Lehrbüchern von Liliane Juchli – genauso aber auch in anderen Lehrbüchern – werden sie bis in die späten 1990er Jahre hinein neben Fellen und Lagerungsmatratzen aufgeführt: »Grundsätzlich kann man Lagerungshilfsmittel zur Stützung [...] sowie als Unterlage einsetzen. Unterlagen werden grundsätzlich in Weich- und Hohllagerungshilfsmittel unterteilt. [...] Zur Hohllagerung eignen sich Ringe (Luftringe, Gelringe usw.).« (Juchli 1997: 123) Dem Kranken wurde der Ring in Rückenlage unter das Gesäß gelegt und das gefährdete Kreuzbein auf diese Weise hohlgelagert,

---

8 | Unter Situation verstehe ich hier die analytisch abgrenzbare Handlung, in der das Luftkissen zum Einsatz kam.

9 | Todesanzeigen der Diakonissen Gertrud C. (5.10.1983) und Hanna L. (12.10.1983). Archiv der Fliedner Kulturstiftung in Kaiserswerth, Signatur: GrFl IV g11.

so dass es die darunterliegende Matratze nicht berührte und damit im besten Fall ein Druckgeschwür verhindern konnte.

Dieser bis fast an die Gegenwart heranreichende Umgang mit dem Objekt hinterlässt die Frage, warum das Luftkissen nach Auflösung des Hauses Tabea nicht für einen weiteren Gebrauch in die Nachfolgeeinrichtung, sondern in eine historische Sammlung übergeben wurde. Die Antwort ist, dass die Nutzung des Kissens in der Pflege heute nicht mehr empfohlen, im Gegenteil sogar davon abgeraten wird. Im »Praxisleitfaden Dekubitusprophylaxe«, der bezüglich der Hohllagerung der Leitlinie des European Pressure Ulcer Advisory Panel (EPUAP) von 2009 folgt, heißt es:

»Hohllagernde Ringe entlasten definierte Geweberegionen vollständig. Durch den persistierenden, erhöhten Auflagedruck in den randständigen Belastungszonen resultiert allerdings die Gefahr eines Fensterödems im Entlastungsbereich. Aus diesem Grund sollten ringförmig hohllagernde Systeme heute nicht mehr eingesetzt werden.« (Bauernfeind/Strupeit 2013: 176)

Das Objekt wurde also nicht weiter für die Dekubitusprophylaxe eingesetzt und zur Bewahrung an die Sammlung der Fliedner-Kulturstiftung übergeben. Dadurch ist es ein Teil des materialen kulturellen Erbes im Umgang mit Schwerkranken geworden.

Dekubitusprophylaxe in der historischen Rückschau: »Von alters her ist die Verhütung von Druckwunden [...] eines der Hauptanliegen der guten Krankenpflege« [10]

Die Erhaltung einer intakten Haut durch pflegerische Maßnahmen bei pflegebedürftigen Personen findet sich schon in den Lehrbüchern des frühen 19. Jahrhunderts. Die auch als Auf-, Wund- oder Brandigliegen bezeichnete, schwerwiegende Komplikation ist im pflegerischen Kontext altbekannt und gefürchtet, das Auftreten eines Druckgeschwürs wird als Zeichen nachlässiger Pflege gewertet, so heißt es im Leitfaden für Krankenwartung 1904 beispielsweise: »Der Pfleger kann viel zur Verhütung des Wundliegens beitragen [...] Mit Recht wird dem Pfleger stets ein Vorwurf gemacht, wenn er diese Vorsichtsmassregeln ungenügend befolgt. Gute, aufmerksame Pfleger erreichen es durch dieselben fast stets, dass ihre Schwerkranken [...] von denselben freibleiben.« (Salzwedel 1904: 51) Auch knapp 100 Jahre später heißt es im Lehrbuch für Krankenpflege von Liliane Juchli: Es »obliegt [...] dem Können des Pflegepersonals, die Druckeinwirkung und die Druckverweilzeit beim individuellen Patienten zu vermindern.« (Juchli 1997: 164) Eine Kontrolle der Haut auf lagebedingte Rötungen durch regelmäßige Inspektion war und ist damals wie

10 | Juchli 1979: 79.

heute eine besonders wichtige pflegerische Maßnahme, die einen engen Kontakt und große körperliche Nähe zwischen Pflegenden und Gepflegten vor allem auch im Intimbereich (besonders gefährdet war das Gesäß) erforderte (vgl. Dieffenbach 1832: 64; Salzwedel 1904: 51; Juchli 1997: 93, 202, 217).

Zu Druckgeschwüren neigen vor allem Patienten/-innen, die unter Schwäche, Sensibilitäts- und Durchblutungsstörungen leiden und zugleich in ihrer Mobilität so weit eingeschränkt sind, dass sie sich nicht mehr selbstständig bewegen können und dadurch zumeist bettlägerig sind. Zur Vermeidung eines Dekubitus war das Angebot an möglichen einzusetzenden Pflegedingen in den vergangenen zwei Jahrhunderten groß: Im frühen 19. Jahrhundert reichen die Empfehlungen von Hirschleder und Rehfellen über selbstgenähte Fersenringe bis hin zu Einreibungen mit kaltem Wasser und bei ersten Rötungen Auflagen von mit Bleiwasser getränkten Läppchen (vgl. Dieffenbach 1832: 127 ff.). Später kamen Wasserkissen, verschiedene Einreibungen, die Erwärmung der Hautoberfläche und eine intensive Hautpflege hinzu. Grundlage blieb dabei aber von Beginn an ein glattgezogenes Bettlaken, eine saubere Bettstatt sowie vor allem die regelmäßige Umlagerung des/-r Patienten/-in (vgl. Dieffenbach 1832: 128; Juchli 1997: 162-169).

Das Luftkissen nahm hier also als Objekt keine besondere Stellung ein, sondern bot sich als eine von zahlreichen Möglichkeiten zur Dekubitusprophylaxe an, die auf verschiedene Art und Weise miteinander kombiniert wurden. Bekannt war es schon zu Beginn des 19. Jahrhunderts: »In neuester Zeit wendet man häufig Luftkissen als Unterlagen an.« (Dieffenbach 1832: 128), wobei sich seine Materialität zu diesem Zeitpunkt nur vermuten lässt (zum Beispiel Leder, Tierblasen, -mägen oder unvulkanisierter Kautschuk). Neben den erwähnten runden Kissen, die »nicht zu stark aufgeblasen werden« dürfen (ebd.), erwähnt Dieffenbach auch flache, die man zum Schutz der Fersen unter die Waden legen könne (ebd.: 129). Ab der Mitte des 19. Jahrhunderts wurden dann mit der Erfindung der Vulkanisation von Naturkautschuk im Jahr 1839 Luftkissen aus weichem Gummi hergestellt, die schnell im Pflegealltag Einzug hielten und in verschiedenen Lehrbüchern Erwähnung finden. Sie waren jedoch nicht ausschließlich für den pflegerischen Kontext konzipiert. Ringförmige Luftkissen sind ebenso ein Objekt für Reisende, die das harte Sitzen bei langen Reisezeiten abpolstern sollten. 1885 heißt es so auch im Brockhaus: »Namentlich für Reisende sind Luftkissen sehr zweckmässig, da das Gummistück zusammengelegt und bequem mitgeführt und bei Bedarf sofort in ein Kissen verwandelt werden kann. Für Kranke werden solche Kissen vielfach zum Schutz gegen das sog. Durchliegen verwendet.« (o. A., Brockhaus 1885) Ende des 19. Jahrhunderts findet sich das Luftkissen in bildlicher Darstellung im Kontext von Lehrbüchern nur selten wieder, was in seiner allgemeinen Bekanntheit begründet sein mag.

*Abbildung 9: Luftkissen. Um 1900.
Eine der wenigen Darstellungen aus einem
Lehrbuch. Quelle: Mendelsohn 1899: 239.*

Auch in den folgenden Jahrzehnten bis zum Ende des 20. Jahrhunderts lässt sich die Nutzung des Luftkissens anhand der Lehrbuchliteratur nachvollziehen und wird dort als probates Lagerungshilfsmittel neben anderen Maßnahmen geführt.

Betrachtet man nun noch einmal den Objektbestand in den Sammlungen, so zeigt sich, dass Objekte aus dem 19. und frühen 20. Jahrhundert gar nicht zu finden sind. Alle erhaltenen Stücke sind nicht älter als 50 bis 70 Jahre. Der Grund hierfür liegt in einem konservatorischen Problem: Gummiartikel verkleben bei hohen Lagerungstemperaturen oder werden mit der Zeit spröde und brechen. Dies war schon an der Wende zum 20. Jahrhundert bekannt. Eine Lösung wurde beispielsweise in der Zeitschrift »Der Mechaniker« aus dem Jahr 1893 angeboten: Gummiartikeln »kann man ihre Elastizität wiedergeben, wenn man dieselben in eine Mischung von 1 Teil Amoniak und 2 Teilen Wasser legt« (o. A., Der Mechaniker 1893: 109). Da Luftkissen im Ganzen aus Gummi bestehen, konnten sich in den historischen Sammlungen keine Einzelteile nach einem Verfall erhalten, wie dies beispielsweise bei Instrumenten der Fall ist, die zumindest in Teilen aus anderen Materialien bestehen, wie etwa Irrigatoren (ein Schlauch-Behältersystem zum Durchführen sogenannter hoher Einläufe), bei denen der Schwenkbecher aus Metall oftmals als Einzelstück erhalten ist. Das Fehlen des zugehörigen Schlauches stellt Sammelnde vor die Frage, wie mit diesen Stücken umzugehen ist, da sie kein komplettes System mehr abbilden. Fehlerhafte und brüchige Bestandteile wie die Gummischläuche werden als unansehnlich, hochfragil und konservatorisch problematisch angesehen. Zugleich erhalten sie ein unter Umständen kulturell wertvolles Stück zumindest in Teilen. Die Frage des adäquaten Umgangs mit solchen Objekten wird in den Sammlungen in den verschiedenen Zusammenhängen intensiv diskutiert und teilweise unterschiedlich gehandhabt (von der Abgabe oder Entsorgung bis zur Konservierung auch schadhafter Einzelteile). Aus Sicht der pflegerischen Thematik handelt es sich bei den genannten Luftkissen um einige der wenigen erhaltenen materialen Quellen für die Pflege dieser Art, weshalb ein Erhalt wünschenswert wäre.

Zusammenfassend ist zu sagen, dass das Luftkissen im Kontext der Dekubitusprophylaxe eines von vielen Hilfsmitteln war, die Pflegende bei gefährdeten Personen anwenden konnten. Dabei mussten sie den/die Patienten/-in genau betrachten und – vor allem bei der Frage nach der Anwendung eines ringförmigen Luftkissens – das Gesäß des oder der Betroffenen untersuchen. Die hier notwendige körperliche Nähe wurde nötig, um aus den umfangreichen Möglichkeiten der prophylaktischen Maßnahmen beispielsweise den Luftring auszuwählen. Die Entscheidung, welche Objekte im konkreten Fall verwendet werden sollten, trafen Pflegende schon seit dem frühen 19. Jahrhundert selbst. Sie richteten sich nach dem individuellen Erscheinungsbild der Haut. Das Wissen um die verschiedenen Auswirkungen der jeweiligen Maßnahmen diente der (Wiederherstellung der) Unversehrtheit des oder der Kranken.

Es handelt sich zugleich um ein fragiles Objekt, blickt man auf die Präsens von Luftkissen in historischen Sammlungen und Museen. An den erhalten gebliebenen Stücken lässt sich deshalb mehr zum Übergang vom alltagsbezogenen in den musealen Kontext sagen als zu seiner Einführung in den Pflegealltag. Anders ist dies bei dem folgenden Beispiel des Fieberthermometers.

Das Fieberthermometer

Das hier abgebildete Thermometer aus der Sammlung des Berliner Medizinhistorischen Museums der Charité (Abb. 10) gab gemeinsam mit mehreren Abbildungen aus dem für die Krankenpflegeschule der Charité verfassten Lehrbuch für Krankenpflege aus dem Jahr 1904 den Ausschlag, sich näher mit dem Messinstrument zu beschäftigen. Neben der Ähnlichkeit des Objektes aus der Sammlung mit dem der Abbildung war das Fieberthermometer zuvor bei allen Sammlungsverantwortlichen als eines der ersten Objekte genannt worden, wenn nach der intuitiven Nennung von Pflegedingen gefragt wurde. Ihm wurde auf Sammlungsseite offenbar eine gewisse Bedeutung im Pflegekontext beigemessen und zugleich zeigte ein Vergleich verschiedener Thermometer aus der Zeit um 1900, dass die kritische 37-Grad-Grenze eine rote Markierung erhielt.

Blickt man in die Forschungsliteratur, so ging das Instrument als zentraler Gegenstand der ›medizinischen Praktik des Fiebermessens‹ (vgl. Hess 2000, S. 12, 14, 17 und 280-290) im letzten Drittel des 19. Jahrhunderts innerhalb weniger Jahre von ärztlichen in pflegerische Hände über. Der Fokus der folgenden Ausführungen liegt auf dem Einsatz im stationären Krankenhausbereich zwischen 1870 und 1910.

Das materiale Erbe der Pflege 71

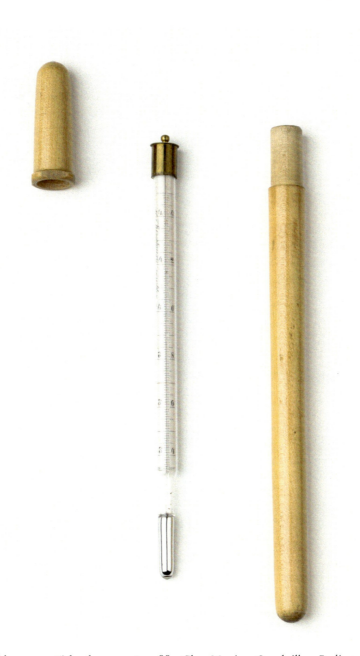

Abbildung 10: Fieberthermometer. 1883. Glas, Messing, Quecksilber. Berliner Medizinhistorisches Museum der Charité. Foto: Thomas Bruns, Berlin.

Materialität
Bei dem ausgewählten Objekt handelt es sich um ein Fieberthermometer, bestehend aus einer 23 cm langen Glasröhre (Durchmesser 1,5 cm) mit Messingkappe (Höhe 1,5 cm), darauf mittig eine kleine Messingkugel (0,2 cm), sowie mit einer 2,5 cm langen Metallspitze. Innenliegend befindet sich eine Quecksilbersäule mit einer Skala, die Celsiusgrade von 33,5 bis 45 Grad Celsius, abgestuft in Zehntelgrade, anzeigt. Alle Zahlen sowie die Skala sind schwarz, die 37 ist durch einen dünnen, offenbar nachträglich eingetragenen roten Strich gesondert markiert. An der Seite der Skala befinden sich zwei Textelemente. Einmal das Wort Celsius in Großdruckbuchstaben und daneben handschriftlich »C. Wipprecht, Königsberg i Pr«. Auf der Rückseite steht in schwarz, teils handschriftlich, teils gedruckt, vermerkt: »justirt am 5.9.1883« und »nachgeprüft am 6.12.1883« sowie »No. 43155.« neben einem gezeichneten Auge. Hersteller ist demnach also die Firma Carl Wipprecht in Königsberg. Die beiden Zeitangaben machen eine Fertigung des Instruments im Jahre 1883 wahrscheinlich. Das Objekt weist Kratzspuren an der Spitze sowie Korrosionsspuren am Messingknauf auf. Zum ursprünglichen Besitzer oder vorbesitzenden Einrichtungen ist nichts bekannt. Das Museum hat das Objekt im Jahr 2007 aus dem Institut für Geschichte der Medizin und Ethik in der Medizin der Charité als Schenkung erhalten (vgl. Kunst et al. 2010).

Situation: »Die Messung der Körperwärme geschieht mit dem Thermometer.«[11]
Als in den 60er und 70er Jahren des 19. Jahrhunderts ärztlicherseits der Ruf nach Assistenten für die Unterstützung des neuentwickelten, medizinischen Verfahrens des Fiebermessens mittels Thermometer laut wurde (vgl. Wunderlich 1870), waren es Pflegende, die diese Aufgabe langfristig übernahmen. Schritt für Schritt wurde ab 1874 die Handhabung des Instrumentes in die Pflegelehrbuchinhalte eingeführt. Zu Beginn betraute der Arzt die Pflegenden »von Zeit zu Zeit« (Gedike 1874: 85) mit dem Fiebermessen. In der Folgeausgabe des Lehrbuchs von 1889 (vgl. Riedel 1889: 42 f.) ist die Messung zweimal täglich zu jeweils festgelegten Uhrzeiten bei allen Patienten sowie die Dokumentation des erhobenen Wertes in vorgefertigten Formularen zu einem festen Bestandteil des Lehrinhaltes geworden, der in den weiteren Ausgaben immer detailreicher beschrieben wird. Zudem wird er durch umfangreiche Erläuterungen zu Arten und Anwendung weiterer Thermometer ergänzt. Auch der Blick in zeitgenössische Enzyklopädien zeigt vergleichend, dass die Messung der Körpertemperatur mittels Thermometer als pflegerische Aufgabe verstanden wurde. So heißt es beispielsweise in Meyers Konversationslexikon von 1897:

---

11 | Salzwedel 1896: 53.

»Zur Krankenpflege gehört auch die sorgfältige Beobachtung des Kranken [...] die Messung des Pulses und der Körpertemperatur.« (O. A., Meyer 1897: 643)

Die Pflegenden sollen laut Lehrbuch von 1896 die Temperatur axillar erheben:

»Die Achselhöhle wird zunächst ausgetrocknet. Alsdann wird der Arm etwas von dem Rumpf abgeführt, sodaß man frei in die Achselhöhle sehen kann. Die Kugel des Thermometers wird nun an die tiefste Stelle der Achselhöhle angedrückt, der Oberarm an den Körper fest angelegt, der Vorderarm über die Brust so gelegt, daß die Hand in die Gegend der anderen Achsel zu liegen kommt und der Kranke wird aufgefordert mit dieser Hand eine Falte seines Hemdes zu greifen. Ist er zu schwach oder unbesinnlich, so muß der Wärter[12] die Hand festhalten.« (Salzwedel 1896: 54)

1904 wird die axillare Messung auch bildlich dokumentiert (Abb. 11 und 12):

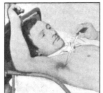 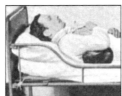

Abbildungen 11 und 12: Einlegen des Thermometers in die Achselhöhle (links) | Lagerung des Kranken während des Messens der Körperwärme. Quellen: Salzwedel 1904: 80 (links) | ebd.: 81.

Bei Kindern oder unruhigen Kranken wird die rektale Messung empfohlen, »weil es bei dieser Stellung leichter ist, die Kranken ruhig zu halten.« Dafür wird »die Quecksilberkugel des Thermometers 3-4 cm tief in den After eingeschoben, nachdem sie vorher etwas beölt und der Kranke in Seitenlage gebracht ist.« Der Hinweis, dass es sich hierbei um ein »Afterthermometer von besonderer Form« handelt, wird erst im Lehrbuch von 1909, also drei Ausgaben später, erwähnt (Salzwedel 1909: 110 f.).

Auch das Ablesen des Thermometers wird beschrieben:

---

12 | Bis ins frühe 20. Jahrhundert hinein wurden Pflegende als Wärterinnen oder Wärter bezeichnet. Die Bezeichnung Schwester war bis in die Mitte des 19. Jahrhunderts den Ordensfrauen vorenthalten, weitete sich dann aber auch auf die Angehörigen nichtkonfessioneller Schwesternschaften aus.

»Das Thermometer muß so lange in der Achselhöhle liegen, bis es seinen höchsten Stand erreicht hat. Meist ist dies nach etwa 10 Minuten der Fall. Der Wärter muß sich durch öfteres Nachsehen vergewissern, ob das Thermometer nicht mehr steigt. Erst wenn es einige Minuten an derselben Stelle stehen bleibt, darf er ablesen.« (Salzwedel 1896: 53 ff.)

Die Dokumentation wird getrennt von der Messung erwähnt, und zwar unter dem Kapitel »Berichterstattung an den Arzt«. Dort heißt es:

»Für die Notizen über Temperatur, Puls, Athmung u.s.w. werden in den Krankenhäusern meist sogenannte Temperaturkurven geführt, für welche Schemata vorhanden sind. Der Wärter lerne die Ausfüllung dieser Schemata und sei in der Führung derselben äußerst zuverlässig, da diese Eintragungen für die Beurtheilung der Krankheit von größtem Werthe sind.« (Ebd.: 80)

Zwischen Haut und Hand: historischer Kontext

In den durchweg von Ärzten verfassten Pflegelehrbüchern, die seit dem Ende des 18. Jahrhunderts im Umlauf sind, wird die Krankenbeobachtung als eine der wichtigsten pflegerischen Aufgaben beschrieben. In Bezug auf die Körperwärme der Kranken bedeutete dies, dass ein guter Pflegender in der Lage sein musste, die Wärme durch die sinnliche Wahrnehmung bei Berührung der Haut zu erfassen und einzuschätzen, um die Beobachtung anschließend dem Arzt als bedeutsam für den Krankheitsverlauf mitzuteilen. 1846 heißt es in der »Anleitung zur Krankenwartung« von Carl Emil Gedike: »Ein feines Gefühl in den Händen ist ebenfalls nöthig, um die Wärme der Haut zu beurtheilen.« (Gedike 1846: 6)

Zwischen die Berührung der Haut des Kranken durch die Hand des Pflegenden schob sich mit der Einführung des Fieberthermometers um 1870 ein Gegenstand, der objektive, nachprüfbare Messergebnisse lieferte. Dies geschah durch die Übertragung der ärztlichen Praktik des Fiebermessens (vgl. Hess 2000) in das Aufgabenfeld der Krankenpflege. Die Interaktion zwischen Pflegenden, Kranken und Arzt veränderte sich dabei grundlegend.

Pflegende erlangten mit der Einführung des Fiebermessens in den pflegerischen Alltag neue Kenntnisse und Kompetenzen, um die Krankenbeobachtung, hier speziell die der Körperwärme, den medizinischen Bedürfnissen angepasst durchführen zu können. Das notwendige technische und medizinische Wissen wird in den Lehrbüchern sehr ausführlich und detailreich über mehrere Seiten geschildert. Es bezieht sich vor allem auf die Kenntnis der verschiedenen Arten von Thermometern und deren korrekte Handhabung, aber auch auf medizinisches Grundwissen zur Körpertemperatur, um je nach Höhe den Arzt gegebenenfalls informieren zu können. Hier wird auch die am Objekt sichtbare Markierung der 37 Grad Celsius relevant. 37,5 Grad Celsius galten als kritische Temperaturgrenze für den Hinweis auf pathologische Veränderungen (vgl. z. B. Salzwedel 1904: 85). Sie wurde offenbar nicht von Beginn der Thermometerentwicklung an rot gekennzeichnet, denn die ersten Thermometer zeigen keine farbige Markierung. Vergleicht man das Objekt aus dem Berliner Medizinhistorischen Museum der Charité mit zahlreichen anderen Objekten aus verschiedenen Sammlungen, so wird deutlich, dass diese Grenze erst mit der Zeit nachträglich auf dem Instrument angebracht wurde, und zwar an der vollen 37-Grad-Celsius-Grenze, die dadurch sichtbar hervortritt. An der Wende zum 20. Jahrhundert hingegen wurde sie direkt rot auf dem Instrument angebracht (Abb. 13). Die in der Medizin etablierte Temperaturgrenze wurde hier also für alle sichtbar in das Thermometer eingeschrieben.

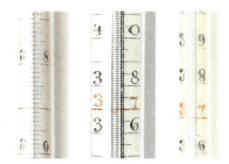

Abbildung 13: Verschiedene Markierungen der 37-Grad-C-Grenze auf Fieberthermometern zwischen 1883 und 1910. Berliner Medizinhistorisches Museum der Charité (rechts und links), Deutsches Medizinhistorisches Museum Ingolstadt (Mitte). Fotos: Thomas Bruns, Berlin.

Die weiteren therapeutischen Maßnahmen nach der erfolgten Messung oblagen grundsätzlich den Ärzten. Linderung durfte den Kranken von Pflegenden nur durch das Auflegen kalter Umschläge in Form von Eisblasen oder die Gabe von je nach Zustand warmen oder kühlenden Getränken verschafft werden (vgl. Salzwedel 1896: 59). Das fachliche Wissen für Pflegende wurde in diesem Zusammenhang von ärztlicher Seite vorgegeben, auf eine ärztlich-therapeutische Intervention hin ausgerichtet und somit als grundlegendes Element mit Auswirkungen bis in die Arbeitsorganisation hinein im Alltag der Krankenpflege etabliert. Dabei spielte das zuvor so wichtige taktile Erfahrungswissen Pflegender keinerlei Rolle mehr. Bedeutete die Aushandlung über die Qualität der aufgetretenen Hitze bei den Kranken zuvor, dass sich Arzt und Pflegende gemeinsam, gegebenenfalls auch mit den Kranken, über die Wärme und ihre Bedeutung für das Krankheitsgeschehen verständigen mussten (siehe hierzu allgemein Stolberg 2015), orientierten sich jegliche ärztliche Folgemaßnahmen nun an den dokumentierten Messwerten des Thermometers. Das Erfahrungswissen der Pflegenden in Bezug auf eine diagnostische Aussage durch die taktile Erfassung der Haut des Kranken verschwindet damit aus den Wissensinhalten der Krankenbeobachtung. Es scheint erst knapp 40 Jahre später wieder in der Lehrbuchliteratur auf. 1909 wird erstmals nach der Einführung der Thermometer wieder das Fühlen der Haut erwähnt: »Bei vorher nicht oder selten Gemessenen ist mit Messungen zu beginnen, sobald sich die Haut wärmer als gewöhnlich anfühlt und bei auffälligen Änderungen des Benehmens bzw. des Zustandes.« (Salzwedel 1909: 116) Dies ist jedoch ausschließlich auf die Notwendigkeit des darauffolgenden Thermometereinsatzes hin ausgerichtet.

Des Weiteren veränderte sich aufgrund der neueingeführten Methode des Fiebermessens der Wissenshorizont zwischen Kranken und Pflegenden. Bei der Dokumentation der Werte in der Fieberkurve sollten Pflegende darauf achten, dass der/die Patient/-in den erhobenen Wert nicht erfährt, um ihn oder sie nicht zu beunruhigen. Wissen sollte hier also den Patienten/-innen bewusst vorenthalten werden. So heißt es:

»Bei der mündlichen Berichterstattung an den Arzt, die niemals weitschweifig sein darf, suche der Pfleger es zu vermeiden, dass der Kranke seine Berichte hört, oder dass er aus Nebenumständen, z. B. ängstlichem Flüstern, den Verdacht schöpfen könne, sein Zustand sei schlechter geworden. Alles, was schriftlich auf Kurventafeln oder in sonstigen Aufzeichnungen niedergelegt ist, braucht nicht mündlich erörtert zu werden. [...] Der Pfleger überreiche dem Arzt die bezüglichen Aufzeichnungen schweigend, als ob es etwas Selbstverständliches wäre.« (Ebd.: 152 f.)

Ergänzungen sollten Pflegende vor dem Betreten oder nach Verlassen des Krankenzimmers machen. Damit wird die oder der Kranke von dem faktischen Wissen um ihren oder seinen Zustand ausgeschlossen, das Ergebnis, welches die Anwendung des Thermometers hervorbringt, verschwiegen und die Schwester oder der Pfleger so zu einer Art Geheimnisträger.

Eine besondere Ausprägung dieser Wissensgrenze hat sich in Form des sogenannten Blindthermometers materialisiert. Erstmals erwähnt wird es im Lehrbuch von 1909. Dieses spezielle Thermometer hat zum Zweck der Vermeidung von Aufregung für den Kranken keine Skala, an der der erhobene Wert abgelesen werden kann. »Zum Ablesen steckt man diese Thermometer in eine Hülse, auf der die passende Skala angebracht ist.« (Ebd. 110; Abb. 14)

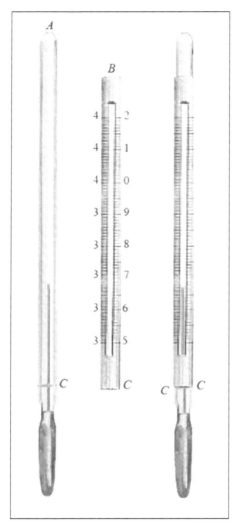

Abbildung 14: Blindthermometer nach Mercier. Quelle: Hausmann 1896: 37.

Neben den Veränderungen bezogen auf die beschriebenen Wissenshorizonte kommt es durch die Nutzung des Fieberthermometers auch zu einer Veränderung und Neuausrichtung der körperlichen Nähe beziehungsweise Distanz zwischen Pflegenden und Gepflegten. Die Nähe zur/-m Kranken in Form der Berührung des Körpers zur sinnlichen Wahrnehmung der Hitze wird durch einen mehr technisch ausgerichteten Umgang mit dem Körper des Patienten zur korrekten Platzierung des Instrumentes ersetzt. Damit generiert der Einsatz des Instrumentes einen Körperkontakt, der andere Ziele verfolgt als zuvor und nun mehr dem technischen Ding als der Hinwendung zur/-m Kranken dient. Gleichzeitig wird jedoch bei rektalen Messungen in den Intimbereich des Köpers vorgedrungen, der zuvor bei der Krankenbeobachtung zur Erfassung der Körperwärme nicht berührt wurde. Hier ist eine andere körperliche Nähe zwischen Pflegendem und Gepflegten entstanden, die zuvor nicht notwendig war.

Zusammenfassend ist für das Thermometer festzuhalten, dass sich in der Analyse zahlreiche Aspekte zeigen, die für die pflege- wie medizinhistorische Forschung von Interesse sind. Zum einen wurde das Objekt als Instrument von Medizinern und für die medizinische Diagnostik entwickelt und in den ersten Jahren ausschließlich von diesen angewendet. Erst nach der Erprobung fand das Medizinding dann den Weg in die Hände Pflegender, die das Instrument als erstes Objekt in Bezug auf die Krankenbeobachtung in ihre Alltagspraxis übernahmen. Damit wurde es ab etwa 1870 zu einem Pflegeding.

Das Fieberthermometer verdrängte das Erfahrungswissen Pflegender zugunsten eines technischen und medizinischen Wissens, das Pflegende nun mitbringen sollten. Dabei wurde die hierarchische Ordnung, in der Pflegende eine Stufe unterhalb der Ärzteschaft einnahmen, gefestigt. Waren sie zuvor am Aushandlungsprozess über die Krankheitszeichen beteiligt, oblag es ihnen nun lediglich, einen Wert zu erheben, diesen adäquat zu dokumentieren und sowohl seine Ausdeutung als auch die weiteren Maßnahmen dem ärztlichen Personal zu überlassen.

Auch die Interaktion zwischen Pflegenden und Gepflegten veränderte sich hin zu einer mehr technisch ausgerichteten, in der das Instrument eine Schlüsselrolle einnahm. Dabei wurde die durch das körperliche Handauflegen entstandene Nähe weniger wichtig als die Anwendung des Instruments, welches zum Teil jedoch eine neue und andere Art von Nähe erforderlich machte, so zum Beispiel bei der rektalen Messung, in der das Instrument in den Intimbereich vordrang, der bislang bei der Beobachtung der Körperwärme unberührt geblieben war. Zugleich verschob sich durch die Messung auch der Wissenshorizont zwischen Pflegenden und Gepflegten, denn das Wissen um die Temperatur sollte vornehmlich Thema zwischen Ärzten und Pflegenden sein.

Als erstes Ding, das für den zentralen Bereich der Beobachtung relevant war, manifestieren sich an dem Fieberthermometer zahlreiche Aspekte, die einerseits pflegerisches Handeln selbst und andererseits die Rolle von Objekten in pflegerischen Interaktionen sichtbar machen. Vor allem die schnell übersehene farbliche Veränderung am Objekt lenkt den Blick auf viele dieser Aspekte, wenn man sie intensiver zu interpretieren sucht.

4. Resümee und Ausblick

Bezogen auf die Pflege, die gerade mit Blick auf den demografischen Wandel und die fortschreitende Entwicklung medizinischer Behandlungsmöglichkeiten eine große gesellschaftliche Herausforderung der Zukunft darstellt, besteht die Notwendigkeit, sich nicht nur den aktuellen politischen wie gesellschaftlichen Fragen zuzuwenden, sondern ebenso die historischen Wurzeln des Tätigkeitsfeldes, seine Entwicklungen und Veränderungen in den Blick zu nehmen. Da historische Rekonstruktionen immer auch von den Interessen, Bedürfnissen, Anforderungen und Fragen der Gegenwart geleitet sind, sollten sie Beachtung und Gehör finden, denn sie helfen, die Gegenwart einzuordnen und die Zukunft zu perspektivieren. Besonders in Bezug auf das materiale kulturelle Erbe, das laut Wissenschaftsrat auch identitätsstiftenden Charakter hat (vgl. Wissenschaftsrat 2011), ist die Kenntnis seiner vielfältigen Kontexte – im vorliegenden Fall der Pflege – in der Vergangenheit für einen kritischen Blick auf die Gegenwart bedeutsam. Die Einführungen neuer Objekte und Praktiken stellen Pflegende und Gepflegte sowie alle weiteren Beteiligten damals wie heute vor große Herausforderungen. Der Blick auf die Geschichte und das materiale Erbe der Pflege kann an dieser Stelle zu einer stärkeren Selbstreflexion und einer Korrektur bestehender Klischees und Vorurteile beitragen.

Jenseits dieses aktuellen Bezugs ist die Hinwendung zu historischen Pflegedingen in vielfacher Weise sowohl für Sammlungen als auch für die Erforschung der Pflegegeschichte vielversprechend.

Sammlungsobjekte sind niemals nur unter einem Themenfeld von Interesse, in ihnen haben sich die unterschiedlichsten menschlichen Akteure eingeschrieben (vgl. Atzl 2017b), sie sind damit Zeugnisse vielfältiger Aspekte der Vergangenheit. In einschlägigen Sammlungen bedeutet die Hinwendung zum Themenfeld Pflege, Objekte in ihrer Vielschichtigkeit wahr- und ernstzunehmen. Für die Pflege wurden in den Sammlungen erstmalig einzelne verstreut liegende Objektgruppen zusammengebracht und dadurch eine vergleichende Betrachtung ermöglicht, die neue Erkenntnisse zu einzelnen Objekten hervorgebracht hat. Pflegedinge sollten zukünftig im Sammlungskontext intensiver erforscht und jene Aspekte vertieft werden, um das Gesundheitswesen nicht nur aus ärztlicher Sicht, sondern auch aus pflegerischer Perspektive im kulturellen Erbe zu verankern.

Die wissenschaftliche Identifikation und Analyse von Pflegedingen in Sammlungen und Museen stellt im Weiteren für die pflegehistorische Forschung die Erschließung einer bislang nicht bearbeiteten Quellengattung dar. Objekte entfalten in der Pflegegeschichte eine besondere Wirkung, weil sie in dieser eher quellenarmen Disziplin einen neuen Blick auf bislang unbeleuchtete Sachverhalte zulassen. So können beispielsweise Objekte wie das Luftkissen zentrale Aspekte der Pflege wie die Dekubitusprophylaxe in neuartiger

Weise der historischen Erforschung zugänglich machen. Durch ihre materiale und zugleich funktionale Präsenz werfen sie unmittelbar Fragen nach dem pflegerischen Handeln auf, die bislang allenfalls ein Forschungsdesiderat markierten. Dabei lierfern sie durch ihre wahrnehmbare und somit zugleich auch schon ausdeutbare Gestalt erste Interpretationsansätze, die sich im Rahmen einer weiterreichenden und tiefergehenden Objektanalyse verfolgen lassen. Außerdem schärft die Arbeit mit Objekten, wie am Beispiel des Thermometers gezeigt wurde, nicht nur den Blick für die Einführung, Etablierung und Wirkweise pflegerischer Tätigkeiten bezogen auf das Objekt und seine Gestaltung selbst, sondern ebenso – ausgehend von der Praktik des Fiebermessens – die Aufmerksamkeit für Pflegende, ihren Arbeitsalltag sowie die Interaktion zwischen benachbarten Berufsgruppen und den Gepflegten.

Pflegedinge entfalten sowohl in Sammlungen als auch in der Pflegegeschichte und ihren angrenzenden Disziplinen eine besondere Wirkung, die nicht nur der eigenen Forschung zuträglich ist, sondern ebenso für gegenwärtige Fragen im Sinne einer intensiven Selbstreflexion fruchtbar gemacht werden kann. Eine einfachere Bereitstellung oder gar ein eigener Ort für die intensivere Erforschung, die Lehre und öffentliche Vermittlung in Form eines Museums wären deshalb für Pflegedinge wünschenswert.

QUELLEN UND LITERATUR

Quellen

Böhme, Moritz (Lieferant der Königl. Universitäts-Klinik): Katalog. Berlin [nach 1877].
Dieffenbach, Johann Friedrich: Anleitung zur Krankenwartung. Berlin, 1832.
Gedike, Carl Emil: Anleitung zur Krankenwartung. Zum Gebrauch für die Krankenwart-Schule der Berliner Charité-Heilanstalt sowie zum Selbstunterricht. Berlin, 1846 (2. Aufl.).
Gedike, Carl Emil: Handbuch der Krankenwartung. Zum Gebrauch für die Krankenwart-Schule der K. Berliner Charité-Heilanstalt sowie zum Selbstunterricht. Bearb. v. Dr. Ravoth. Berlin, 1874 (5. Aufl.).
Hausmann AG (Hg.): Geschäfts-Berichte von C. Fr. Hausmann, Hecht-Apotheke, Schweiz. Medicinal- & Sanitäts-Grosso- & Fabrikations-Geschäft, chemisch-analytisches Laboratorium St. Gallen, 2. Band. St. Gallen, 1896.
Juchli, Liliane: Pflege. Praxis und Theorie der Gesundheits- und Krankenpflege. Stuttgart/New York, 1979 (3. Aufl.).
Juchli, Liliane: Pflege. Praxis und Theorie der Gesundheits- und Krankenpflege. Stuttgart/New York, 1997 (8. Aufl.).

Medizinalabteilung des Königlich Preußischen Ministeriums der geistlichen, Unterrichts- und Medizinalangelegenheiten (Hg.): Krankenpflege-Lehrbuch. Berlin, 1910 (2. Aufl.).

Mendelsohn, Martin: Krankenpflege für Mediciner. Jena, 1899.

O. A.: Anzeige »Hart und spröde gewordenen technischen Gummischläuchen ...«. In: Der Mechaniker. Zeitschrift zur Förderung der Präzisionstechnik und Optik sowie verwandter Gebiete (1893/1894, 1/2), S. 109.

O. A.: Artikel »Luftkissen«. In: Brockhaus' Conversations-Lexicon, 11. Band. Leipzig, 1885 (13. Aufl.), S. 239.

O. A.: Artikel »Krankenpflege«. In: Der Große Brockhaus, 10. Band. Leipzig, 1931 (10. Aufl.), S. 551.

O. A.: Artikel »Krankenpflege«. In: Meyers Konversationslexikon, 10. Band. Leipzig/Wien, 1897 (5. Aufl.), S. 642 ff.

O. A.: Auszug aus dem Protokoll der Sitzung des Schwesternrates und des Inneren Rates am 9. April 1974 im Mutterhaus. In: Grüße des Kaiserswerther Mutterhauses an seine Schwestern (Mitteilungsblatt) (1974/73), S. 32.

Riedel, Oscar: Leitfaden der Krankenwartung. Zum Gebrauch für die Krankenwartschule des Königlichen Charité-Krankenhauses. Berlin, 1889 (6. Aufl.).

Salzwedel, Rudolf: Leitfaden der Krankenwartung. Zum Gebrauch für die Krankenwartschule des Kgl. Charité-Krankenhauses sowie zum Selbstunterricht. Berlin, 1896 (7. Aufl.).

Salzwedel, Rudolf: Handbuch der Krankenwartung. Zum Gebrauch für die Krankenwartschule des Kgl. Charité-Krankenhauses sowie zum Selbstunterricht. Berlin, 1904 (8. Aufl.).

Salzwedel, Rudolf: Handbuch der Krankenpflege. Zum Gebrauch für Krankenpflegeschulen sowie zum Selbstunterricht. Berlin 1909 (9. Aufl.).

Stille, Albert: Instrumenten-Catalog. Stockholm, 1901.

Wunderlich, Carl August: Das Verhalten der Eigenwärme in Krankheiten, Leipzig, 1870 (2. Aufl.).

Literatur

Artner Lucia/Atzl, Isabel: Pot and Power: The Role of the Nonhuman in a Very Human Business. In: On_Culture: The Open Journal for the Study of Culture (2016/2), o. S.. Doi: http://geb.uni-giessen.de/geb/volltexte/2016/12355/

Atzl, Isabel: WHO CARES? Geschichte und Alltag der Krankenpflege (Ausstellungskatalog). Frankfurt a. M., 2011.

Atzl, Isabel: Pflegedinge und Pflegealltag im Krankenhaus. In: Historia Hospitalium. Jahrbuch der Deutschen Gesellschaft für Krankenhausgeschichte (2017a, 30), S. 113-138.

Atzl, Isabel: Pflegende, Patienten und Ärzte in Objekten. Ein Plädoyer für die akteurszentrierte Forschung als Chance für Museumsartefakte und Fachgeschichte. In: Blätter für Technikgeschichte (2017b, 78), S. 79-89.

Atzl, Isabel/Depner, Anamaria: Home Care Home. Reflections on the Differentiation of Space in Living and Care Settings. In: Chivers, Sally/Kriebernegg, Ulla (Hg.): Care Home Stories. Aging, Disability, and Long-Term Residential Care. Bielefeld, 2017 (im Erscheinen).

Bauernfeind, Gonda/Strupeit, Steve: Dekubitusprophylaxe und -behandlung. Praxisleitfaden zum Expertenstandard »Dekubitusprophylaxe in der Pflege«. Stuttgart, 2013.

Bennett, Tony/Joyce, Patrick: Material Powers. Cultural Studies, History and the Material Turn. London, 2010.

Braunschweig, Sabine: Pflege – Räume, Macht und Alltag. Basel, 2006.

Buschmann, Nikolaus: Persönlichkeit und geschichtliche Welt. Zur praxeologischen Konzeptualisierung des Subjekts in der Geschichtswissenschaft. In: Alkemeyer, Thomas/Budde, Gunilla/Freist, Dagmar (Hg.): Selbst-Bildungen. Soziale und kulturelle Praktiken der Subjektivierung. Bielefeld, 2013, S. 125-150. Doi: https://doi.org/10.14361/transcript.9783839419922.125

DMB (Deutscher Museumsbund) (Hg.): Leitfaden für die Dokumentation von Museumsobjekten. Berlin, 2011.

DMB (Deutscher Museumsbund)/ICOM (The International Council of Museums) (Hg.): Standards für Museen. Berlin/Kassel, 2006.

Eckart, Wolfgang Uwe/Jütte, Robert: Medizingeschichte. Eine Einführung. Köln/Weimar/Wien, 2007.

Faber, Anja: Pflegealltag im stationären Bereich zwischen 1880 und 1930. Stuttgart, 2015.

Friedrich, Norbert (Hg.): Pflegemuseum Kaiserswerth (Katalog zur Dauerausstellung). Essen, 2013.

Füssel, Marian: Praktiken historisieren. Geschichtswissenschaft und Praxis im Dialog. In: Schäfer, Franke/Daniel, Anna/Hillebrand, Frank (Hg.): Methoden einer Soziologie der Praxis. Bielefeld, 2015, S. 267-287. Doi: https://doi.org/10.14361/9783839427163-011

Hähner-Rombach, Sylvelyn (Hg.): Quellen zur Geschichte der Krankenpflege. Frankfurt a. M., 2008.

Hähner-Rombach, Sylvelyn (Hg.): Alltag in der Krankenpflege: Geschichte und Gegenwart. Stuttgart, 2009.

Hess, Volker: Der wohltemperierte Mensch. Wissenschaft und Alltag des Fiebermessens 1850-1900. Frankfurt a. M./New York, 2000.

Hofmann, Kerstin P.: Dinge als historische Quellen in Revision. Materialität, Spuren und Geschichten. In: Hofmann, Kerstin P./Meier, Thomas/Mölders, Doreen/Schreiber, Stefan (Hg.): Massendinghaltung in der Archäologie. Leiden, 2016, S. 283-308.

Jütte, Robert: Geschichte der Sinne. Von der Antike bis zum Cyberspace. München, 2000.

Keil, Maria: Über Eiserne Bettstätten. Zur Geschichte des Krankenhausbettes (1700-1900). In: Historia Hospitalium. Jahrbuch der Deutschen Gesellschaft für Krankenhausgeschichte (2016/29), S. 542-552.

Knoll, Martin: Nil sub sole novum oder neue Bodenhaftung? Der material turn und die Geschichtswissenschaft. In: Neue Politische Literatur (2014/59), S. 191-207. Doi: https://doi.org/10.3726/91501_191

Koordinierungsstelle für wissenschaftliche Universitätsstelle in Deutschland (Hg.): Qualitätskriterien für wissenschaftliche Universitätssammlungen. Berlin, 2013.

Kunst, Beate/Schnalke, Thomas/Bogusch, Gottfried (Hg.): Der zweite Blick. Besondere Objekte aus den historischen Sammlungen der Charité. Berlin, 2010.

Limper, Verena: Die Säuglingsflasche. Dinghistorische Perspektiven auf Familienbeziehungen in der Bundesrepublik Deutschland und in Schweden (1950-1980). In: Zeithistorische Forschungen (2016/3), S. 442-465.

Ludwig, Andreas: Geschichte. In: Samida, Stefanie/Eggert, Manfred K.H./ Hahn, Hans-Peter (Hg.): Handbuch Materielle Kultur. Bedeutungen, Konzepte, Disziplinen. Stuttgart/Weimar, 2014, S. 287-292.

Ludwig, Andreas: Geschichte ohne Dinge? Materielle Kultur zwischen Beiläufigkeit und Quelle. In: Historische Anthropologie (2015/23), S. 431-445. Doi: https://doi.org/10.7788/ha-2015-0308

Olsen, Bjørnar: In Defense on Things. Archaeology and The Ontology of Objects. Lanham, 2010.

Reckwitz, Andreas: Grundelemente einer Theorie sozialer Praktiken. Eine sozialtheoretische Perspektive. In: Zeitschrift für Soziologie (2003/32), S. 282-301. Doi: https://doi.org/10.1515/zfsoz-2003-0401

Reckwitz, Andreas: Grundelemente einer Theorie sozialer Praktiken. In: Reckwitz, Andreas (Hg.): Unscharfe Grenzen. Perspektiven einer Kultursoziologie. Bielefeld, 2008, S. 97-130. Doi: https://doi.org/10.14361/9783839409176-004

Sandelowski, Margaret: Devices and Desires. Gender, Technology, and American Nursing. London, 2000.

Schnalke, Thomas: Einführung: Vom Objekt zum Subjekt. Grundzüge einer materialen Medizingeschichte. In: Kunst, Beate/Schnalke, Thomas/Bogusch, Gottfried (Hg.): Der zweite Blick. Besondere Objekte aus den historischen Sammlungen der Charité. Berlin, 2010, S. 1-15.

Schnalke, Thomas/Atzl, Isabel: Dem Leben auf der Spur. Berlin/München, 2010.

Stölzle, Astrid: Kriegskrankenpflege im Ersten Weltkrieg. Das Pflegepersonal der freiwilligen Krankenpflege in den Etappen des Deutschen Kaiserreichs (= Medizin, Geschichte und Gesellschaft Beiheft 49). Stuttgart, 2013.

Stolberg, Michael: Kommunikative Praktiken. Ärztliche Wissensvermittlung am Krankenbett im 16. Jahrhundert. In: Brendecke, Arndt (Hg.): Praktiken der Frühen Neuzeit. Handlungen – Akteure – Artefakte. Wien/Köln/Weimar, 2015, S. 111-121.

Thiekötter, Andrea/Recken, Heinrich/Schoska, Manuela/Ulmer, Eva-Maria (Hg.): Alltag in der Pflege. Wie machten sich Pflegende bemerkbar? Frankfurt a. M., 2009.

UKE (Universitätsklinikum Hamburg-Eppendorf) (Hg.): Über das Museum, 2016, Homepage, https://www.uke.de/kliniken-institute/institute/geschichte-und-ethik-der-medizin/medizinhistorisches-museum/über-das-museum/index.html (Zugriff: 20.2.2017).

Wissenschaftsrat (Hg.): Empfehlungen zu wissenschaftlichen Sammlungen als Forschungsinfrastrukturen, Drs. 10464-11. Berlin, 2011.

Wolff, Hans-Peter/Wolff, Jutta: Krankenpflege. Einführung in das Studium ihrer Geschichte. Frankfurt a. M., 2008.

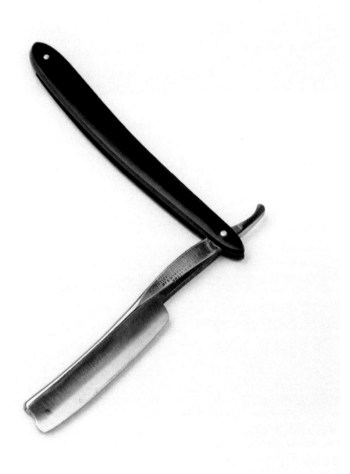

Rasiermesser. Frühes 20. Jahrhundert, Stahl, Kunststoff, Berliner Medizinhistorisches Museum der Charité.   Foto: Thomas Bruns, Berlin.

Objektfeature Rasiermesser
»Das Messer steht möglichst flach zur Hautoberfläche.«[1]

Die Enthaarung im Rahmen pflegerischer Arbeit erfordert Geschicklichkeit, Erfahrung und Fingerspitzengefühl. Während es heute neben elektrischen Rasierapparaten auch speziell angefertigte Handrasierer mit schonend arbeitenden Klingen gibt, wurde diese Tätigkeit bis weit ins 20. Jahrhundert hinein mit Rasiermessern vollzogen. Gepflegte mussten darauf vertrauen, dass sie bei der Rasur nicht verletzt wurden. Umgekehrt galt es für Pflegende, ihre Arbeit so zu verrichten, dass sie dem ihnen anvertrauten Gegenüber keine Wunde zufügten.

Die Rasur gehörte als Teil der Körperpflege zu den Grundaufgaben Pflegender, sofern der oder die Gepflegte selbst nicht dazu in der Lage war. Welche Körperregion enthaart wurde, richtete sich dabei nach hygienischen Gesichtspunkten sowie individuellen Vorlieben und wurde zwischen Pflegenden und Gepflegten ausgehandelt. Im frühen 19. Jahrhundert wurde empfohlen, den Männern den Bart grundsätzlich im Krankheitsfall nicht wachsen zu lassen, da dies bei den Gepflegten ein Gefühl des Unwohlseins erzeuge.

Doch auch im Rahmen der medizinischen Assistenz gehörte die Rasur einzelner Körperpartien schon seit der zweiten Hälfte des 19. Jahrhunderts zu den pflegerischen Aufgaben, beispielsweise bei der Vorbereitung von Operationen. Sie wurde von ärztlicher Seite bestimmt. Wie Pflegende mit dem Rasiermesser umzugehen hatten, ist in den Lehrschriften nur in diesem Zusammenhang näher erläutert. Im Rahmen der Körperpflege wurde der Umgang mit der Klinge offenbar als bekannt vorausgesetzt.

Isabel Atzl

---

1 | Medizinalabteilung des Königlich Preußischen Ministeriums der geistlichen, Unterrichts- und Medizinalangelegenheiten (Hg.): Krankenpflege-Lehrbuch, Berlin 1910, S. 190.

In einer Wohnung installierter Sturzsensor (rechte obere Ecke). 2016. Verschiedene Materialien. Foto: Thomas Bruns, Berlin.

Objektfeature Sturzsensor
Is someone / -thing watching you?

Solch ein Sensor ermöglicht es, einen Sturz sichtbar zu machen – für Menschen, die sich außerhalb der Wohnung befinden. Doch wer/was sieht hier und wer/was wird gesehen? Manche Bewohner/-innen von Wohnungen mit diesen Sensoren fühlten sich während der ethnografischen Forschung schon sicherer, als die Sensoren noch gar nicht in Betrieb waren. Allein die Sichtbarkeit der Boxen führte zu einer großen Aufmerksamkeit und bei manchen zu einem erhöhten Sicherheitsgefühl.

Zugleich rief der Sensor bei verschiedenen Menschen die Assoziation von Augen beziehungsweise eines Gesichts hervor. »Big brother is watching you« – mit diesem Zitat wurde immer wieder die Angst vor einer Aufhebung der Privatsphäre thematisiert. Der soziale Dienst, der dieses System in Wohnungen eines betreubaren Wohnens nutzte, verwies auf ethische Fragen: Betont wurde, dass durch die Sensoren keine Bilder außerhalb der Wohnung sichtbar werden – auch wenn sich das manche der Bewohner/-innen wünschten. Durch die Sensoren sollten also allein Stürze erkennbar gemacht werden, das Alltagsleben der Menschen in ihrer Wohnung jedoch nicht. Eines wurde durch die Sensoren auf jeden Fall sichtbar: Monitoringarbeit – eine Arbeit, der im Kontext von Care eine große Bedeutung zukommt, die sonst jedoch häufig unbemerkt bleibt.

Carolin Kollewe

(In-)Aktivitäten des täglichen Lebens
Die Kategorisierung und Gestaltung des Alltags
älterer und alter Menschen
durch Technologien des *Ambient Assisted Living*[1]

Carolin Kollewe

»Ich glaube, meine Mutter ist zu aktiv für das Gerät«, sagte mir Frau Hermann[2], deren zu diesem Zeitpunkt 87-jährige Mutter – Frau Wolle – seit fast eineinhalb Jahren ein sensorbasiertes Hausnotrufsystem nutzte. Diese noch relativ neue technische Entwicklung wird zu den sogenannten »*Ambient Assisted Living*«-Technologien gerechnet. Im Deutschen werden diese häufig als »altersgerechte Assistenzsysteme für ein selbstbestimmtes Leben« bezeichnet. Sensorbasierte Hausnotrufsysteme zielen darauf ab, den ›normalen‹ Alltag eines Menschen zu erfassen und davon abweichendes Verhalten, das auf einen Notfall wie zum Beispiel einen Sturz verweisen könnte, zu erkennen. Technologien[3] des *Ambient Assisted Living* (AAL) sollen ältere und alte Menschen sowie ihre Angehörigen so unterstützen, dass Menschen im Alter so lange wie möglich zuhause leben können (vgl. BMBF/VDE 2011: 12). Der oben zitierte Satz von Frau Hermann verweist darauf, dass sich die Technologie und die Aktivität der Mutter in einem Spannungsverhältnis zueinander befanden, weil die Frau nach Ansicht ihrer Tochter »zu aktiv für das Gerät« war. Diese Aussage macht deutlich, dass in diesem sensorbasierten Hausnotrufsystem eine bestimmte Vorstellung von der Aktivität älterer und alter Menschen einge-

---

[1] | Ein herzlicher Dank gilt all jenen Kollegen/-innen, welche mit mir das Material und den Artikel kritisch diskutiert haben.
[2] | Die Namen der Befragten, der untersuchten sensorgestützten Hausnotrufsysteme sowie der beteiligten sozialen Dienste wurden alle anonymisiert.
[3] | Trotz der Bedeutungsunterschiede zwischen den Begriffen ›Technik‹ und ›Technologie‹ (siehe zum Beispiel Rammert 2006) werde ich im Folgenden diese weitgehend synonym verwenden, wie dies im deutschsprachigen Raum in der vom angelsächsischen *technology*-Begriff beeinflussten Debatte um *Ambient Assisted Living* weitverbreitet ist.

schrieben ist, welcher die alte Dame der Meinung ihrer Tochter nach nicht entsprach. Denn in Technik materialisieren sich gesellschaftliche Bilder von sozialen Gruppen, wie zum Beispiel ältere und alte Menschen, aber auch Normen und Werte, Machtbeziehungen und soziale Strukturen. Technik wird deshalb in der neueren sozialwissenschaftlichen Technikforschung, wie zum Beispiel in den *Science and Technology Studies* (STS), als ein soziales Produkt betrachtet (vgl. Bijker/Law 1997: 3 ff.). Zugleich wirkt Technik – indem sie ein bestimmtes Verhalten voraussetzt oder ermöglicht – auf das Verhalten von Menschen und soziale Strukturen ein und trägt so dazu bei, diese zu bestätigen oder zu verändern (vgl. Akrich 1997: 207). Technik gestaltet und strukturiert somit Arbeitsprozesse (vgl. Heath et al. 2000: 303). Jedoch verfügen Menschen auch über eine gewisse Spannbreite möglicher Techniknutzungen und integrieren diese in ihre Handlungspraktiken (vgl. Hörning 2001: 12, 35). Ausgehend von diesen Prämissen wird im vorliegenden Beitrag der Blick auf die Frage gerichtet, wie Pflege und Unterstützung für ältere und alte Menschen unter Beteiligung assistiver Technologien organisiert werden. Der Artikel fokussiert dabei auf die Informationen, die durch Technologien des AAL entstehen, und die Arbeiten, welche Technologien und Menschen ausführen, um die entstehenden Informationen zu ordnen und zu bewerten. Besondere Aufmerksamkeit gilt hier der Kategorie Aktivität, die für das Funktionieren der untersuchten sensorgestützten Hausnotrufsysteme von zentraler Bedeutung ist. Zugleich spielt das Konzept der Aktivität in gerontologischen und pflegewissenschaftlichen Diskursen sowie in der breiteren gesellschaftlichen Debatte eine große Rolle. Aufgezeigt wird am Beispiel sensorgestützter Hausnotrufgeräte, dass Technologien des AAL nicht nur neutrale Hilfsmittel sind, wie dies in der aktuellen deutschsprachigen Debatte häufig suggeriert wird. Sie stellen vielmehr gemeinsam mit den Menschen Care her. Darüber hinaus tragen sie dazu bei, gesellschaftliche Konzepte und Normen zu (re-)produzieren. So sind sie daran beteiligt, soziale Wirklichkeit wie zum Beispiel das Alter(n) innerhalb der Gesellschaft zu gestalten. Damit sind Technologien des AAL machtvoll und politisch.

Ziel dieses Beitrags ist es, die Kategorien, auf denen die Arbeit der Technologien beruht, die jedoch häufig scheinbar unsichtbar sind, sichtbar zu machen und zu zeigen, wie diese in alltägliche Handlungspraktiken älterer und alter Menschen integriert werden. Damit kommt der Artikel einer Forderung nach, die in der sozialwissenschaftlich-kritischen Literatur zum Thema Pflege und Technik immer wieder geäußert wird: Standards und Kategorien, auf denen Techniken, die im Kontext von Care genutzt werden, basieren, müssen genauer analysiert werden. Denn solche Standards und Kategorien lenken den Blick der Menschen und blenden damit andere mögliche Sichtweisen aus. Damit haben sie einen Einfluss auf die Betrachtung der Menschen und der Situation in Care-Settings (vgl. Wagner 2006; Manzei 2011). Die vorliegende Analyse der Kategorisierungs- und Gestaltungsprozesse von AAL-Technologien erweitert die bisherige Debatte um AAL im deutschsprachigen Raum, die vornehmlich auf Grundlage von theoretischen und ethischen Annahmen und Diskussionen sowie statistisch erhobenem Material geführt wird, durch eine ethnografisch basierte Untersuchung des alltäglichen Umgangs mit den genannten Technologien. Dabei werden die Perspektiven und Handlungspraktiken der Menschen in den Blick genommen, welche diese Technologien nutzen (ältere Menschen, Angehörige und Pflegende). Außerdem werden damit verbundene, soziale und gesellschaftliche Aspekte und Implikationen diskutiert.

Der Artikel stellt im folgenden ersten Teil zunächst kurz dar, was unter AAL-Technologien verstanden wird und wie diese in der sozialwissenschaftlichen Forschung bisher diskutiert werden. Anschließend werden zweitens die untersuchten Objekte und ihr Funktionieren sowie die Fallbeispiele, in deren Kontext die Nutzung dieser Technologien ethnografisch untersucht werden konnte, präsentiert. Im dritten Teil wird analysiert, wie die Menschen, welche die von den sensorgestützten Hausnotrufsystemen erstellten Informationen erhalten, diese interpretieren. Daran anschließend wird viertens aufgezeigt, wie Menschen und Technologien die durch die Technologien erhobenen Informationen kategorisieren. Der fünfte Teil widmet sich der Kategorie der Aktivität als wichtiger Basis für das Funktionieren der Technologien und als Konzept in pflegewissenschaftlichen und gerontologischen Diskursen sowie in Debatten um den aktivierenden Sozialstaat. Im Anschluss wird sechstens aufgezeigt, wie ältere und alte Menschen selbst mit den in diesen Technologien eingeschriebenen Vorstellungen von Aktivität im Alter umgehen, wie sie die Technologien in Handlungspraktiken integrieren und wie die Technologien dabei dazu beitragen, das alltägliche Leben im Alter zu gestalten. Abschließend werden im siebten Teil aus den präsentierten Ergebnissen heraus einige Fragen für die weitere Forschung auf diesem Gebiet als auch für die gesellschaftspolitische Diskussion von AAL-Technologien formuliert.

1. Technologien des AAL
und sozialwissenschaftliche Forschung

Mit dem Begriff ›*Ambient Assisted Living*‹ wird zumeist ein selbstlernendes, vernetztes System von Sensorik, Informations- und Kommunikationstechnologie sowie Mikrosystemtechnik bezeichnet (vgl. Wessig 2011: 72 f.). AAL soll es vor allem älteren und alten Menschen ermöglichen, möglichst lange im eigenen Wohnraum zu verbleiben. Die von den Sensoren erhobenen Daten werden zusammengeführt und ausgewertet, um dann gegebenenfalls einen Alarm auszulösen. Beispiele für diese assistiven Technologien sind die automatische Herdabschaltung, Sensormatten und sensorgestützte Hausnotrufsysteme. Dabei wird AAL als eine Verknüpfung von Technologien, den Angeboten von beruflichen (Pflege-)Dienstleistern und dem Kreis von Unterstützern/-innen und/oder Pflegenden aus dem privaten Bereich, wie zum Beispiel Angehörige, Freunde/-innen, Nachbarn/-innen, konzipiert: »Unter ›Ambient Assisted Living‹ (AAL) werden Konzepte, Produkte und Dienstleistungen verstanden, die neue Technologien und soziales Umfeld miteinander verbinden und verbessern mit dem Ziel, die Lebensqualität für Menschen in allen Lebensabschnitten, vor allem im Alter, zu erhöhen.« (AAL Deutschland 2013[4])

In der Forschung zu assistiven Technologien für ältere und alte Menschen finden sich neben Untersuchungen aus der Informatik, den Ingenieurwissenschaften und den Betriebswissenschaften auch sozialwissenschaftliche Studien. Die bisherige sozialwissenschaftliche Forschung ist häufig anwendungsorientiert und evaluiert die Akzeptanz durch die Anwender/-innen (für den deutschsprachigen Bereich siehe zum Beispiel Oesterreich/Schulze 2011; Claßen et al. 2010; Kramer 2014) oder zielt darauf ab, existierende Technologien und ihre Einführung und Nutzung zu optimieren (zum Beispiel Meyer/Mollenkopf 2010; Klenk et al. 2013). Allerdings werden in solchen Betrachtungen von AAL häufig soziale und gesellschaftliche Aspekte vernachlässigt. Abgesehen von ethischen Diskussionen (zum Beispiel Remmers 2010; Manzeschke 2014b) gibt es bisher im deutschsprachigen Raum nur wenige Studien, welche die Nutzung dieser neuen Technologien und deren Auswirkungen innerhalb der Gesellschaft empirisch untersuchen und/oder kritisch reflektieren (zum Beispiel Weber et al. 2015; Hielscher et al. 2015; Hülsken-Giesler/Krings 2015). Darüber hinaus existieren bis jetzt für den deutschsprachigen Raum kaum Studien, die basierend auf längerfristigen teilnehmenden Beobachtungen analysieren, wie der Einsatz von AAL-Technologien den Alltag älterer und alter Menschen beeinflusst und welche Praktiken die beteiligten Menschen im Umgang mit diesen Technologien entwickeln. Denn assistive Technologien können nicht einfach als Werkzeuge des Menschen gesehen werden, mit denen die Herausforderungen des demografischen Wandels bewältigt und mit denen ältere und alte Menschen darin unterstützt werden, möglichst lange und selbstständig im eigenen Haushalt zu leben. Sie sind nicht passiv, sondern können als »normative actors« (Pols 2010: 172) betrachtet werden. Das zeigen Untersuchungen zu verschiedenen Technologien aus dem Bereich von *telecare* aus der Perspektive der STS und der *Human Computer Interaction*. Solche Studien sind vor allem im angelsächsischen Bereich und den Niederlanden entstanden, wo diese Technologien schon länger genutzt werden (zum Beispiel Joyce/Loe 2010;

---

4 | Das Portal www.aal-deutschland.de wird vom deutschen Bundesministerium für Bildung und Forschung unterstützt, um auf den demografischen Wandel hinzuweisen und auf Möglichkeiten aus dem AAL-Bereich, mit den damit verbundenen Herausforderungen umzugehen.

Schillmeier/Domènech 2010; Pols 2012; Mort et al. 2013; Procter et al. 2014; Aceros et al. 2015; Procter et al. 2016).

Aktuelle Ansätze zur Erforschung von Technik, wie zum Beispiel aus dem Bereich der STS, nehmen die Wechselwirkungen zwischen Gesellschaft und Technik in den Blick: sowohl die soziale und gesellschaftliche Gestaltung von Technik als auch die technische Prägung der Gesellschaft. Dabei fokussieren sie zunehmend die Ko-Konstitution von Technik und Gesellschaft. Betont wird damit die Bezogenheit von Menschen und Technik aufeinander. Die Kombination von Mensch und Technik wird darin als ein »soziotechnisches System« verstanden (vgl. Rammert 2006: 23; Schulz-Schaeffer 2008: 459 f.). Anknüpfend an solche Ansätze werden die hier untersuchten, sensorgestützten Hausnotrufsysteme als soziotechnische Systeme betrachtet, in denen Menschen und Technik aufeinander bezogen und voneinander abhängig sind. Mensch und Technik bilden dabei eine Arbeitseinheit und beeinflussen sich gegenseitig. In den Blick genommen werden in diesem Artikel die gesellschaftlich geprägten Vorstellungen von den Nutzern/-innen der hier untersuchten Technologien, die sich in den Technologien materialisieren, und somit nicht nur die Nutzung der Technologien, sondern auch soziale Rollen und Praktiken beeinflussen.

2. Untersuchte Objekte und Fallbeispiele

Öffnet Frau Wolle ihre Wohnungstür und schließt sie kurz darauf wieder, so erscheint auf dem Smartphone ihrer Tochter fast zeitgleich die Information, dass Frau Wolle die Wohnung verlassen hat. Denn an ihrer Wohnungstür befindet sich ein Kontaktsensor, der die Bewegung der Tür erkennt und weitermeldet. Dieser Sensor gehört zu einem von zwei sensorgestützten Hausnotrufsystemen, die im Rahmen der hier präsentierten Studie untersucht wurden. Solche sensorgestützten Hausnotrufe werden damit beworben, dass diese im Vergleich mit dem ›klassischen‹ Hausnotruf mehr Service böten: Denn der bisherige Hausnotruf bedarf einer aktiven Betätigung des sogenannten Funkfingers – umgangssprachlich meist als »Knopf« oder »Drücker« bezeichnet. Die Sensoren jedoch übermitteln auch Informationen ohne intentionales Zutun der Person (»passive Alarmierung«). Sie werden dabei zumeist im Privathaushalt der älteren beziehungsweise alten Person so angebracht, dass sie möglichst unsichtbar sind beziehungsweise kaum auffallen (siehe dazu auch die folgenden Abbildungen, bei denen die Sensoren aus diesem Grund markiert sind).

Die für diese Studie untersuchten sensorgestützten Hausnotrufsysteme – hier »Hausnotruf Extra« und »Sensorbasierter Hausnotruf 2« genannt – unterscheiden sich zum Teil in ihrer Funktionalität und in der mit ihnen verbundenen Intention, wie im Folgenden deutlich wird.

Der Hausnotruf Extra

Der Hausnotruf Extra umfasst einerseits die Komponenten des ›klassischen‹ Hausnotrufsystems: Hausnotrufgerät und Telefon im Haushalt der jeweiligen Person sowie den sogenannten Funkfinger zum Auslösen eines Notrufs, außerdem Computer und Telefone in der Hausnotrufzentrale. Andererseits wird dieses System aktuell ergänzt durch zwei Gerätesensoren und zwei Kontaktsensoren. Gerätesensoren werden zwischen einer gängigen Steckdose und dem Stecker eines elektrischen Geräts (zum Beispiel Fernseher, Wasserkocher oder Mikrowelle) angebracht und erkennen fließenden Strom (Abb. 1). Die Kontaktsensoren werden an Einrichtungsgegenständen befestigt, die »regelmäßig« benutzt und dabei bewegt werden – so zum Beispiel an Schranktüren oder Schubladen – sowie an der Wohnungstür (Abb. 2).

Abbildungen 1 und 2: Installierter Gerätesensor (links). Beispiel für eine typische »Sensor-Aktivierung« (Kontaktsensor). Fotos: Thomas Bruns, Berlin.

Die in der Wohnung verteilten Sensoren senden per Funk die von ihnen gesammelten Daten an das Hausnotrufgerät. Von dort aus werden die Daten an einen Server weitervermittelt und dann weiterverarbeitet. Aus den Daten[5] der Sensoren wird eine Art digitalisiertes Profil des alltäglichen Lebens der Person abgeleitet, die in dem Haushalt lebt (zum Beispiel Bewegung der Schranktür, Wohnungstür oder Speisekammertür und Nutzung der Mikrowelle oder des Wasserkochers). Einmal täglich überprüft das System, ob es im Vergleich zu den errechneten Durchschnittswerten der vergangenen sieben Tage und der vergangenen 28 Tage zu Abweichungen in der »Sensor-Aktivierung« kam, wie

---

5 | Die Techniksoziologie unterscheidet zwischen Daten, Informationen und Wissen (vgl. Häussling/Lenzen 2010: 223): *Daten* bestehen aus einer Vielzahl von Zeichen, die eine Ordnung aufweisen, wie zum Beispiel Zahlen wie »4,0«. Indem die Daten kontextualisiert werden, werden sie zu *Informationen*, wie zum Beispiel »4,0 Sensor-Aktivierungen im Büro«. Durch eine Verbindung verschiedener Informationen entsteht *Wissen*, wie zum Beispiel »Der Wert ›4,0 Sensor-Aktivierungen im Büro am Tag‹ weicht von dem Durchschnitt der letzten 7 Tage ab.«

dies der Anbieter nennt. Das Ergebnis dieses Abgleichs wird dann in Form einer farblich unterlegten Tabelle visualisiert (Abb. 3).

Aktivität	03-12-2014	letzte 7 Tage	letzte 28 Tage
Wasserkocher benutzt	6.0	6.3	6.6*
Speisekammer Tür benutzt	87.0	58.9	25.6
Bad	28.0	28.7	16.7

Aktivität	03-12-2014	letzte 7 Tage	letzte 28 Tage
Wasserkocher benutzt	2.0	4.0	5.1*
Speisekammer Tür benutzt	4.0	10.1	11.9*
Andere Tür (1) benutzt	4.0	13.7	12.3*

Abbildung 3: Visualisierung der von den Sensoren gesammelten Daten beim Hausnotruf Extra. Scan.

Diese Tabelle ist dann entweder in einem Internetportal abrufbar oder sie wird in Form einer E-Mail auf den Rechner eines sogenannten »Kümmerers« gesendet. »Kümmerer« sind heutzutage zumeist Mitarbeiter/-innen eines sozialen Dienstes, der zum Beispiel eine Hausnotrufzentrale oder ein betreutes Wohnen betreibt. Alternativ kann die Visualisierung der Informationen per E-Mail an eine/-n Angehörige/-n verschickt oder von dieser/-m auf dem Internetportal eingesehen werden. Adressaten/-innen dieser E-Mails sollen die Informationen überprüfen. Dann sollen sie geeignete Maßnahmen ergreifen und sich um die jeweilige Person kümmern. Als erster Schritt erfolgt oft ein Telefonanruf bei der Person, zum Beispiel durch eine beauftragte Hausnotrufzentrale. Entgegen der Annahme vieler Nutzer/-innen des Hausnotrufs Extra und ihrer Angehörigen soll dieser jedoch nicht der Notfallerkennung dienen. Vielmehr soll der Hausnotruf Extra präventiv eingesetzt werden, um zum Beispiel schleichende Veränderungen zu bemerken, die beispielsweise auf eine beginnende Demenz oder eine Depression hinweisen könnten. Ein System, das einen Notfall anzeigen können soll, ist jedoch der Sensorbasierte Hausnotruf 2.

Der Sensorbasierte Hausnotruf 2

Dieses Hausnotrufsystem arbeitet auf der Basis von Daten, die von Sensoren gesammelt werden, welche die Bewegungen des Menschen innerhalb der Wohnung erfassen sowie das Öffnen und Schließen der Wohnungstür. Dazu werden Bewegungssensoren in zentralen Räumen der Wohnung sowie Kontaktsensoren an der Wohnungstür installiert, die Bewegungen registrieren (Abb. 4). Die von den Sensoren erfassten Daten werden an eine Basisstation vermittelt,

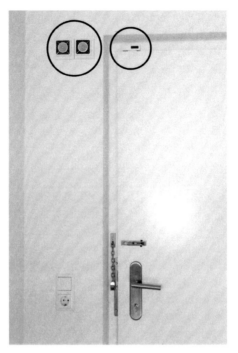

*Abbildung 4: Bewegungs- und Kontaktsensoren an einer Wohnungstür.
Foto: Thomas Bruns, Berlin.*

welche die Daten sammelt und per Internet an eine Cloud versendet. Die Daten werden dann abgeglichen mit einer Art ›Normalprofil‹, das von der jeweiligen Person gemeinsam mit Angehörigen und/oder einem/-r Mitarbeiter/-in eines sozialen Dienstleisters erstellt und im System hinterlegt wurde. Bei diesem Profil wird zum Beispiel eingegeben, wie lange die Person ›gewöhnlich‹ schläft und wann sie ›gewöhnlich‹ schlafen geht (Abb. 5 und 6). Außerdem wird ein Toleranzwert eingestellt: In den hier untersuchten Fallstudien wurde zumeist ein Toleranzwert von zwei Stunden Abweichung beim morgendlichen Aufstehen angenommen und die maximale Dauer von sogenannter Inaktivität, zum Beispiel während des Mittagsschlafs, umfasste meist zwischen zwei und drei Stunden. Nach dem Ablauf dieser Zeit wird dann eine Warnmeldung versendet. Die Person, in deren Wohnung die Sensoren installiert sind, soll dann von dem/-r Adressaten/-in der Warnmeldung (zum Beispiel Mitarbeiter/-in einer Hausnotrufzentrale) angerufen werden, um sich zu erkundigen, ob diese möglicherweise Hilfe benötigt. Sollte die Person, in deren Wohnung sich die Sensoren befinden, bei einem Anruf nicht reagieren, wird ein beauftragter sozialer Dienst per Telefon und gegebenenfalls ein/-e Angehörige/-r über diese

(In-)Aktivitäten des täglichen Lebens 99

Abbildungen 5 und 6: Einstellung des Profils (anonymisiert).
Fotos und Bildbearbeitung: Thomas Bruns, Berlin.

Situation informiert. Der soziale Dienst, welcher über einen Wohnungsschlüssel verfügt, soll dann eine/-n Mitarbeiter/-in zu der Wohnung schicken, diese öffnen und der Person gegebenenfalls helfen. Eine App ermöglicht es bei diesem System beispielsweise Angehörigen oder Angestellten eines sozialen

Diensts zu erkennen, ob die »Aktivität« beziehungsweise »Inaktivität« der Person, in deren Wohnung die Sensoren installiert sind, von dem Profil abweicht, das zuvor eingestellt wurde. Dieses neuartige Hausnotrufsystem zielt auf eine Notfallerkennung ab.

Datenerhebung und -analyse

Aktuell werden AAL-Technologien in Deutschland in Haushalte älterer und alter Menschen eingeführt – häufig noch im Rahmen von Praxistests. Damit können ältere und alte Menschen sowie ihr Unterstützungsnetzwerk (zum Beispiel Angehörige, Freunde/-innen, Mitarbeiter/-innen sozialer Dienste) in ihrem Alltag und im praktischen Umgang mit diesen Technologien erstmals über einen längeren Zeitraum ethnografisch begleitet und befragt werden. Die empirischen Daten, auf denen dieser Artikel beruht, wurden im Rahmen der explorativen Studie »TechnoCare: Die Rolle neuer assistiver Technologien in der Herstellung von Care für ältere und alte Menschen« erhoben. Diese Studie zielte darauf ab, zu analysieren, wie Care unter Beteiligung von assistiven Technologien organisiert und hergestellt wird. Zur Beantwortung dieser Frage wurden zwischen 2014 und 2016 teilnehmende Beobachtungen rund um die Installation der beiden sensorgestützten Hausnotrufsysteme durchgeführt. Außerdem wurden ethnografische Gespräche und qualitative, leitfadenorientierte Interviews mit älteren und alten Menschen, mit Mitarbeitern/-innen von beteiligten sozialen Diensten sowie mit Angehörigen geführt.[6] Dabei konnten zum Teil mehrfache, zu verschiedenen Zeitpunkten stattfindende Interviews mit Menschen im Alter zwischen 59 und 90 Jahren, die eines der beiden Systeme nutzten, durchgeführt werden (13 Personen). Diese Menschen lebten entweder in einer Privatwohnung oder in einem betreuten oder betreubaren Wohnen und hatten entweder gar keinen oder einen nur sehr geringen Pflegebedarf. Darüber hinaus wurden ebenfalls zum Teil mehrmalige Interviews zu unterschiedlichen Zeitpunkten mit ausgewählten Angehörigen (3 Personen) sowie mit Mitarbeitern/-innen verschiedener sozialer Dienste geführt, die an den Care-Arrangements der älteren und alten Menschen beteiligt waren (8 Personen). Teilnehmende Beobachtung war vor allem während der Installation des Hausnotrufs Extra möglich.

Im Rahmen der Studie wurden die beiden vorgestellten sensorgestützten Hausnotrufsysteme an drei Fallbeispielen in verschiedenen sozialen Diensten in Deutschland untersucht: So konnte die im Rahmen eines Praxistests stattfindende Einführung des Hausnotrufs Extra in private Haushalte älterer und alter Menschen durch einen sozialen Dienst, der eine Hausnotrufzentrale betreibt, zur empirischen Datenerhebung begleitet werden. Im zweiten Fallbei-

---

6 | All denjenigen, die bereit zu einem Interview waren oder sich in ihrem Alltag von mir begleiten ließen, sei herzlich gedankt.

spiel konnten bei einem sozialen Dienst, der ein betreubares Wohnen betreibt und dort auch verschiedene Technologien mit anbietet (u. a. den Sensorbasierten Hausnotruf 2), Erhebungen durchgeführt werden. Beim dritten Fallbeispiel wurde je eine der beiden hier vorgestellten Technologien in zwei verschiedenen betreuten Wohnanlagen im Testlauf eingesetzt. Im Rahmen der Untersuchung wurden bei diesem sozialen Dienst ethnografische Gespräche und Interviews geführt.

Die erhobenen Daten wurden in Protokollen und Transkripten verschriftlicht und orientiert an der *Grounded Theory* (vgl. Strauss/Corbin 1996) und der poststrukturalistischen Erweiterung der *Grounded Theory*, der Situationsanalyse nach Adele E. Clarke (vgl. 2012), analysiert.

Das Datenmaterial lässt Aussagen zu verschiedenen Themen zu, wie zum Beispiel zu den Bedeutungen, welche ältere und alte Menschen diesen Technologien für ihre Selbstbestimmung und Selbstständigkeit zumessen (vgl. Depner/Kollewe 2017), oder aber zur Integration dieser Technologien in soziale Beziehungen (vgl. Kollewe 2016). Der vorliegende Artikel fokussiert im Folgenden auf die durch die Technologien entstehenden Informationen und die Kategorisierungen von Menschen und Technologien. Dabei stehen zunächst jene Menschen im Vordergrund des Interesses, welche die Informationen empfangen, die durch die Technologien erstellt werden, das heißt vornehmlich Mitarbeiter/-innen sozialer Dienste und ausgewählte Angehörige. Im Anschluss wird aufgezeigt, wie sich die durch die Technologien vorgenommenen Kategorisierungen des Geschehens in der Wohnung auf den Alltag der Bewohner/-innen, das heißt der älteren und alten Menschen selbst, auswirken können.

3. Der Umgang mit den Informationen der sensorgestützten Hausnotrufe

Durch die Einführung der sensorbasierten Hausnotrufe entstehen eine große Menge Daten und Informationen, zu denen sowohl die Mitarbeiter/-innen der beteiligten sozialen Dienste als auch die Angehörigen in dieser Weise vor Inbetriebnahme der beiden Systeme keinen Zugang hatten. So wird zum Beispiel durch den Hausnotruf Extra sichtbar, ob und wie oft die Haustür geöffnet und geschlossen wurde, wie oft elektrische Geräte, wie beispielsweise die Mikrowelle oder der Fernseher, eingeschaltet wurden oder ob die Tür des Geschirr- oder Kleiderschrankes geöffnet wurde. Beim Sensorbasierten Hausnotruf 2 entstehen Informationen, wie zum Beispiel über den Zeitpunkt des Zubettgehens und des Aufstehens, über Phasen, in denen der Mensch sich nicht so bewegt, dass die Bewegungen vom Bewegungssensor erfasst werden, sowie über den Zeitpunkt des Verlassens der Wohnung und der Rückkehr. Die beteiligten sozialen Dienste – als vornehmliche Empfänger dieser Informationen – mussten mit der Einführung dieser neuen Systeme die Verarbeitung dieser Informationen organisieren. Darüber hinaus galt es, die Bedeutung der eintreffenden Informationen für ihre Arbeit zu bewerten, wie die folgenden Beispiele aufzeigen.

Die Verarbeitung der entstehenden Informationen

Die drei sozialen Dienste, in deren Kontext die Nutzung der beiden sensorgestützten Hausnotrufe untersucht werden konnte, hatten sich für unterschiedliche Wege der Verarbeitung der neuentstehenden Informationen entschieden, je nach Profil und den organisationalen Rahmenbedingungen. Die Informationen, die durch die sensorgestützten Hausnotrufe entstanden, wurden zum Teil durch bereits im sozialen Dienst tätige Mitarbeiter/-innen kontrolliert, wie in den Fallbeispielen, bei denen die sensorgestützten Hausnotrufsysteme noch im Probelauf getestet wurden. Beim dritten Fallbeispiel, bei dem die Technologie Teil eines kostenpflichtigen Angebots eines betreubaren Wohnens war, war eine externe Hausnotrufzentrale mit der Überwachung der Informationen beauftragt.

Das Verarbeiten der Menge an Daten und Informationen

Die mit der Kontrolle der entstehenden Informationen betrauten Mitarbeiter/-innen der sozialen Dienste gaben an, dass diese neue und zusätzliche Aufgabe von ihnen nur bewältigt werden könne, so lange die Haushalte nur weniger Menschen mit den Sensoren ausgestattet seien. Das Bearbeiten der Informationen sei zu zeitaufwändig, als dass es neben den bisherigen Aufgaben erledigt werden könne. Eine Koordinatorin eines betreuten Wohnens sagte, dass die Einführung des Systems bisher für sie »nur Mehrarbeit« bedeutet habe (Beobachtungs- und Gesprächsprotokoll vom 13.10.2014). Sie erklärte, »dass sie nun Informationen bekomme, die sie vorher nicht hatte, es ergebe sich [dadurch] ein Hintergrundinformationsfluss, auf den sie direkter reagiere als auf den Hausnotruf.« (Ebd.) Bevor die Bewohner/-innen des betreuten Wohnens den Hausnotruf Extra hatten, hatte sie zum Teil gar nicht oder erst im Nachhinein über erfolgte Notrufe und damit verbundene Notfalleinsätze erfahren. Nun, da sie über die vom Hausnotruf Extra visualisierten Informationen aus den Haushalten der Menschen im betreuten Wohnen verfügte, ging sie bei auffälligen Meldungen zu den Menschen, um nachzuschauen, ob alles in Ordnung war. Darüber hinaus war sie aufgrund verschiedener Fehlalarme und Einführungsprobleme offensichtlich unsicher, ob sie den gelieferten Informationen trauen konnte (vgl. ebd.).

In der Diskussion um AAL werden immer wieder Befürchtungen geäußert, dass die Einführung assistiver Technologien zu einer Verringerung sozialer Kontakte führen könnte (vgl. Sävenstedt et al. 2006; Manzeschke 2014a; Hochschule Hannover 2015). Dieses Beispiel zeigt jedoch, wie die Nutzung dieser Technologie sogar mehr soziale Begegnungen zur Folge haben kann – zumindest so lange, wie das sensorgestützte Hausnotrufsystem noch neu ist und bis sich neue Umgangsformen mit den Informationen und damit verbunden neue Arbeitspraktiken etabliert haben. Das Beispiel offenbart auch, wie die neu eingeführten Technologien dazu beitragen, Arbeit zu strukturieren und zu verändern (vgl. Heath et al. 2000; Tolar 2010). Darüber hinaus verdeutlicht es, dass die Einführung neuer technischer Systeme häufig zu Mehrarbeit führt, weil neue Aufgaben zu den bisherigen hinzukommen, die in neue Routinen eingebettet werden müssen (vgl. Tolar 2010: 218).

Eine Koordinatorin eines weiteren betreuten Wohnens berichtete darüber, dass vor allem zu Beginn der Entwicklung des Sensorbasierten Hausnotrufs 2 zu viele Informationen geliefert worden seien, wodurch deren Überwachung zu zeitaufwändig gewesen sei:

»Sie [Frau Benz, die Koordinatorin des betreuten Wohnens] erklärt auch, dass es ›früher‹, das heißt bei dem Projekt davor [das auf die Entwicklung des sensorbasierten Hausnotrufsystems abzielte], noch viel mehr Meldungen gegeben habe, da viel mehr Sensoren angebracht gewesen seien. Das seien aber zu viele Meldungen gewesen, deshalb habe man das jetzt reduziert. Auch benötige sie nicht so viele Informationen, es reiche ihr aus zu wissen, ob Bewegung in der Wohnung sei oder nicht und ob die Wohnung verlassen werde.« (Beobachtungs- und Gesprächsprotokoll vom 13.10.2014)

Auch ein weiterer Mitarbeiter dieses sozialen Dienstes teilte die Wahrnehmung, dass durch die sensorgestützten Hausnotrufsysteme sehr viele Informationen oder sogar zu viele Informationen geliefert werden. Dieser Mitarbeiter begleitete und koordinierte die Einführung verschiedener Technologien in die Organisation. Er betonte, dass es nicht interessiere, wann eine Person genau ins Bett gehe oder aufstehe. Vielmehr seien die signifikanten Abweichungen vom eingestellten Normalprofil wichtig. Es brauche deswegen einen »Filter« für die Informationen (Interview Herr Fuß vom 1.12.2014).

Die Interpretation der eintreffenden Daten und Informationen

Neben der Menge der eintreffenden Informationen, die von mehreren befragten Mitarbeitern/-innen beklagt wurde, die mit der Überwachung dieser Informationen beauftragt waren, sahen diese sich darüber hinaus mit der Frage konfrontiert, was denn die eintreffenden Informationen aussagten und für ihre eigene Arbeit bedeuteten.

»Frau Benz [Koordinatorin des betreuten Wohnens] zeigt mir ihr Smartphone, auf dem sich eine Liste mit unterschiedlichen Smileys und verschiedenen Farben befindet. Jeweils zu einem Smiley stehen Kommentare und Uhrzeiten, wie beispielsweise ›6.30 Uhr verlässt das Haus‹ oder ›XY Uhr geht ins Bett‹. Ich bin verwundert über die genauen Angaben, wie beispielsweise ›geht ins Bett‹, und frage danach, ob die Sensoren das erkennen könnten. Sie erklärt mir, dass es einen Bewegungssensor in der Wohnung gebe, der erkenne, ob sich jemand in der Wohnung bewege. Wenn die Person die Wohnung verlasse, werde dies durch einen Sensor an der Tür gemeldet. Und Frau Benz wundert sich dann auch nicht, wenn Frau Reinhard [eine Bewohnerin des betreuten Wohnens] die Wohnung so früh verlässt, weil sie wisse, dass diese den Hasen versorge [der Hase hat in der Halle der Wohnanlage sein Gehege] und deshalb so früh nach unten gehe.« (Beobachtungs- und Gesprächsprotokoll vom 13.10.2014)

In diesem Protokoll wird deutlich, dass die auf dem Smartphone von Frau Benz eintreffenden Nachrichten des Sensorbasierten Hausnotrufs 2 von ihr durch weitere Informationen kontextualisiert werden. Diese zusätzlichen Informationen hat sie durch persönliche Kontakte mit der Bewohnerin Frau Reinhard oder aus anderen Quellen erlangt. Die Kontextinformationen führen dazu, dass Frau Benz die kurzen Nachrichten der App in ihr Bild vom Tagesablauf von Frau Reinhard einordnen kann. Sie entscheidet dann, ob sie sich über die Nachrichten des Sensorbasierten Hausnotrufs 2 »wundert«, diese damit als möglicherweise relevant für ihre Arbeit einordnet und gegebenenfalls bei Frau Reinhard vorbeischaut oder sie anruft. Kontextinformationen sind also unabdingbar für die Einordnung der durch die Technologie gelieferten Informationen, und für die Reaktion der Mitarbeiter/-innen auf die eintreffenden Informationen sind sie oftmals ausschlaggebend.

Auch andere Empfänger/-innen der durch die sensorgestützten Hausnotrufe generierten Nachrichten waren damit beschäftigt, diese Informationen zu deuten und zu interpretieren, wie der folgende Ausschnitt aus einem weiteren Gesprächsprotokoll verdeutlicht:

»Ich frage nach der Standardabweichung beim Hausnotruf-Extra-System, wie die eingestellt sei, weil mir aufgefallen ist, dass die Abweichungen ja teilweise relativ hoch sind. Herr Fröhlich [der Empfänger der Nachrichten des Hausnotrufs Extra in diesem sozialen Dienst] sagt, der Faktor sei 1,5. Abweichungen seien beispielsweise dann besonders hoch, wenn Feiertage seien, weil dann entweder Besuch da sei oder die Leute wegfahren würden. So habe er jetzt [kurz nach Pfingsten] viele Tickets bekommen, nämlich 11 Tickets von 20 Nutzern. Herr Rahmen [ein weiterer Mitarbeiter des sozialen Dienstes, der jedoch nicht mit der Überwachung der Nachrichten betraut war] findet das Ticketsystem sehr rudimentär, da man zu wenige Informationen erhalte. Herr Fröhlich meint, man könne die Tickets schon verschieden einstellen. Er weist darauf hin, was er alles über die Sensoren erfahren kann, dass zum Beispiel seine Mutter [in deren Haushalt sich im Rahmen des Praxistests des Hausnotrufs Extra ebenfalls Sensoren befanden] Plätzchen bäckt, wenn sie so oft die Speisekammertür öffnet.« (Beobachtungs- und Gesprächsprotokoll vom 28.5.2015)

Herr Fröhlich, der Kümmerer dieses sozialen Dienstes, interpretierte also die bei ihm eintreffenden Informationen und suchte nach Erklärungen für die vom Hausnotruf Extra dokumentierten Abweichungen von den Messwerten der letzten sieben beziehungsweise 28 Tage. Mithilfe des Wissens über die jeweilige Person, in deren Haushalt das Monitoringsystem installiert war, beziehungsweise durch Alltagswissen deutete er die Informationen des für die Prävention gedachten Hausnotrufs Extra.

Zusammenfassend lässt sich sagen, dass die Empfänger/-innen der Informationen der sensorgestützten Hausnotrufsysteme beim Betrachten der Informationen mit *sense making* beschäftigt waren. Denn wie Ina Wagner dargestellt hat, sind durch Technologien erhobene Daten nicht automatisch verständliche Informationen (vgl. Wagner 2006). Sie müssen erst interpretiert werden und ihr Kontext muss erschlossen werden, um die Informationen zu sinnhaften Geschichten werden zu lassen (vgl. ebd.: 10). Die Daten über erfolgte Bewegungen, die aus ihrem Entstehenszusammenhang gerissen sind, müssen kontextualisiert werden, um sie verstehbar zu machen – ein Vorgang, der auch im Fall anderer Überwachungssysteme stattfinden muss (siehe zum Beispiel Ball 2002).

Die dargestellten Versuche der Empfänger/-innen der Meldungen der sensorbasierten Hausnotrufsysteme, die eingehenden Informationen zu deuten, zu verstehen und zu bewerten, verweisen auf Ordnungs- und Kategorisierungsarbeiten. Diese werden im Folgenden genauer analysiert.

4. Kategorisierungen von Technologien und Menschen

Die Einführung neuer Technologien, vor allem Informations- und Kommunikationstechnologien, soll Organisationen häufig darin unterstützen, zu ordnen und durch Kategorien und Standards zu sortieren (vgl. Wagner 2006). Im vorliegenden Fall der sensorgestützten Hausnotrufsysteme werden jedoch zunächst erst Daten durch die neu eingeführten Technologien hervorgebracht. Daran anschließend wird diesen Daten durch die jeweilige Technologie selbst als auch durch Menschen eine Kategorie zugewiesen.

Durch Kategorisierungen, die Menschen ständig vornehmen, werden Phänomene voneinander unterscheid- und abgrenzbar sowie bewertet (vgl. Bowker/Star 2000: 2, 6, 10). Geoffrey C. Bowker und Susan Leigh Star, die in ihrem Buch »Sorting things out« die Begriffe ›Kategorie‹ und ›Klassifikation‹ häufig synonym verwenden, verstehen eine Klassifikation als »a spatial, temporal, or spatio-temporal segmentation of the world.« (Ebd.: 10) Im Gegensatz zum Begriff ›Kategorie‹ wird der Begriff ›Klassifikation‹ jedoch häufig eher mit einem ganzen System von Klassen, die in Beziehung zueinander stehen, in Verbindung gebracht (vgl. Unger et al. 2016). Ein Klassifikationssystem basiert auch nach Bowker und Star idealerweise auf konsistenten, einzigartigen Ordnungsprinzipien, das heißt auf exklusiven, klar abgrenzbaren Kategorien, und ist ein umfassendes System. Allerdings werden die wenigsten Klassifikationssysteme all diesen Ansprüchen gerecht (vgl. Bowker/Star 2000: 10f.). Klassifikationen sortieren jedoch nicht nur die soziale Wirklichkeit, sondern bringen diese zugleich mit hervor. Sie sind also performativ, wie zum Beispiel die sozialkonstruktivistische Genderforschung aufgezeigt hat (vgl. Keller 2011: 244, 247). Denn Menschen richten sich in ihrem Verhalten nach diesen Konzepten (vgl. Bowker/Star 2000: 54). Klassifikationen »ordnen nicht – im Sinne einer Repräsentationsperspektive – vorgefundene Wirklichkeit in adäquate Kategorien ein, sondern sie schaffen die Erfahrung dieser Wirklichkeit und ihre Deutung.« (Keller 2011: 244) Damit haben sie Handlungspraktiken zur Folge (vgl. ebd.: 248) und sind machtvoll, wie Michel Foucault in seinen archäologischen Analysen, in denen er sich intensiv mit Klassifikationen beschäftigt hat, immer wieder aufgezeigt hat (vgl. Foucault 1971, 1976). Auseinandersetzungen mit Klassifikationen aus der Wissens- und Techniksoziologie und aus dem Bereich der *Computer Supported Cooperative Work* fokussieren auf aktuelle Klassifikationssysteme und insbesondere auf die Klassifizierungs- und Kategorisierungsarbeiten von Informationstechnologien sowie – eng damit verbunden – auf die Verwendung von Standards in solchen technischen Systemen (vgl. zum Beispiel Suchman 1994; Bowker/Star 2000; Wagner 2006). Denn Standards sind oft die Basis der Klassifizierungsarbeiten und Klassifikationen sind häufig standardisiert (vgl. Bowker/Star 2000: 13).

Wie sensorgestützte Hausnotrufsysteme den von ihnen produzierten Daten eine Kategorie und damit auch eine Relevanz zuweisen, wird im Folgenden aufgezeigt.

Kategorisierungen der sensorgestützten Hausnotrufsysteme

Beide hier untersuchten sensorgestützten Hausnotrufsysteme stellen für die Nutzer/-innen eine Ordnung auch durch die angebotenen Visualisierungen her. Beim *Hausnotruf Extra* geschieht dies, indem die gesammelten Daten den verschiedenen Sensoren in dem jeweiligen Haushalt zugeordnet und die Anzahl der »Sensor-Aktivierungen« am vergangenen Tag, in den letzten sieben und in den letzten 28 Tagen mithilfe von Zahlen und in Form einer Tabelle dargestellt werden. Darüber hinaus werden die zusammengestellten Informationen durch ihre farbliche Markierung (grün, gelb, rot) mit Bedeutung versehen. Grün signalisiert dabei, dass die »Aktivität« dem »gewohnten Verhalten« entspricht, das heißt, die »Sensor-Aktivierung« liegt im Bereich der eingestellten Standardabweichung. Gelb soll darauf verweisen, dass es »höhere oder gerinere Aktivität« als gewohnt gab, und rot zeigt eine »besonders hohe Abweichung der Aktivität vom gewohnten Verhalten« an (vgl. Abb. 3 und 7).

Abbildung 7: Visualisierung und Kategorisierung der gesammelten Daten beim Hausnotruf-Extra-System (anonymisiert).
Scan. Bildbearbeitung: Thomas Bruns, Berlin.

Der *Sensorbasierte Hausnotruf 2* wiederum listet verschiedene Kategorien auf, die den von den Sensoren erhobenen Daten (das heißt die erfassten Bewegungen von Menschen beziehungsweise Gegenständen) zugewiesen werden (Abb. 8). Dabei sind die Kategorien Teil der bildlich-textlichen Nachrichten, welche mithilfe der App dargestellt werden. Die Software kategorisiert vorhandene beziehungsweise nichtvorhandene Bewegungen von Lebewesen oder Dingen (zum Beispiel Wohnungstür) in der Wohnung zum Beispiel als »Wohnung verlassen«, »aufgestanden«, »zuhause«, »Inaktivität« oder »Aktivität (nach Inaktivität)«. Dabei werden die von den Sensoren erhobenen Werte mit dem zuvor eingestellten Profil des Alltags der Person unter Berücksichtigung der eingestellten Toleranzabweichung verglichen und dann bewertet (zum Beispiel in Bezug auf die Frage, ob die Abweichung vom Profil diesen Toleranzwert übersteigt). Dieser Bewertung wird eine Kategorie zugewiesen (»aufgestanden«, »Inaktivität« etc.), die durch Sprache ausgedrückt, in Relation zum eingestellten Profil gesetzt und erneut bewertet wird, wobei diese Bewertung durch ein farblich markiertes Zeichen ausgedrückt wird (als grünes Smiley oder Ausrufezeichen in einem gelben Punkt). Auf der App erscheint dann die Nachricht als textlich-bildliche Kategorisierung, zum Beispiel »Zuhause. Letzte Aktivität vor 3:31 Stunden«, versehen mit einem dicken Ausrufezeichen in einem gelben Punkt.

Abbildung 8: Visualisierung und Kategorisierung der gesammelten Daten beim Sensorbasierten Hausnotruf 2 (anonymisiert).
Foto und Bildbearbeitung: Thomas Bruns, Berlin.

Mit der farblichen Markierung der Daten und Informationen wird – neben Schrift und Symbolen (Smiley, Ausrufezeichen) – in beiden untersuchten sensorgestützten Hausnotrufsystemen auf die Farbgebung von Ampeln rekurriert und damit auf eine etablierte Klassifikation zur Organisation der sozialen Wirklichkeit (vgl. Bowker/Star 2000: 41). Zugleich wird bei der Einstellung der Toleranzabweichung, die diesen Kategorisierungen zugrunde liegt, auf Vorstellungen davon zurückgegriffen, was als abweichend von der Norm gilt und dabei als bedrohlich bewertet wird: entweder, weil eine Erkrankung vorliegen könnte – wie in der Konzeption des Hausnotrufs Extra –, oder ein Notfall, bei dem schnelle Hilfe notwendig sein könnte, um das Leben oder die Gesundheit zu retten – wie beim Sensorbasierten Hausnotruf 2. Dabei basiert die Kategorisierung der Daten beider Systeme auf der unsichtbaren Sortierarbeit der Statistik (vgl. ebd.: 240).

Allerdings sind die Technologien nicht die einzigen, die in diesem soziotechnischen System Klassifikations- und Ordnungsarbeiten durchführen. Denn im Anschluss an die Kategorisierungen der Technologien – die durch die Arbeit von Menschen ermöglicht wurden, welche die Technologien entwickelt haben – kategorisieren die Empfänger/-innen der Nachrichten dieser technologischen Systeme die Klassifikationen der Technologien, wie der folgende Abschnitt zeigt.

Kategorisierungen der Menschen

Für die Kategorisierungen der Menschen sind nicht nur die von den Sensoren erhobenen Daten und das eingestellte Profil sowie die Werte für die Toleranzabweichung relevant. Die Empfänger/-innen der Informationen nutzen für die Beurteilung der Meldungen des jeweiligen sensorgestützten Hausnotrufsystems das Wissen aus ihrer sonstigen Monitoringarbeit. Das heißt, Informationen, die sie über die jeweilige Person zum Beispiel in persönlichen Gesprächen und Besuchen, in Gesprächen mit Angehörigen, durch die Wahrnehmung der Wohnräume etc. erlangt haben. So bewertete beispielsweise Frau Benz, die Koordinatorin eines betreuten Wohnens, in einem Fall die von der Technologie gelieferte Kategorie der Inaktivität als nicht sehr bedeutsam für ihre Monitoringarbeit. Denn sie verfügte über die Information, dass der Mann, aus dessen Haushalt außergewöhnlich lange Zeiten von Inaktivität gemeldet wurden, nach einem Krankenhausaufenthalt viel im Bett lag, um sich zu erholen (vgl. Beobachtungs- und Gesprächsprotokoll vom 13.10.2014). Damit setzte sie der Kategorisierung der Daten durch das sensorbasierte Hausnotrufsystem eine eigene Kategorisierung dieser Daten entgegen. Darüber hinaus griffen Kümmerer aber auch auf ein Alltagswissen beziehungsweise Vorstellungen von einem ›normalen‹ Leben im Alter zurück, um die von der Technologie gelieferten Informationen zu interpretieren, daraus einen Sinn herzustellen und in ihrer Bedeutung für ihre Arbeit zu beurteilen.

Im soziotechnischen System sensorgestützter Hausnotruf erarbeiten also Menschen und Technologie gemeinsam eine Kategorisierung der Situation in der jeweiligen Wohnung, wobei die beteiligten Menschen die Kategorisierungen der Technologie erneut kategorisieren und bewerten, indem sie weiteres, bereits vorhandenes Wissen hinzuziehen oder durch beispielsweise einen Anruf bei dem/-r Bewohner/-in neue Daten erheben, die eine Beurteilung der Situation in der Wohnung ermöglichen sollen. Dabei zeigten sich die beteiligten *careworkers* immer wieder unzufrieden mit den Kategorisierungen der Technologie, wie die Forderung nach einem »Filter« zeigte (siehe oben). Denn Filter ermöglichen eine Selektion und ein »proactive forgetting« (Star/Bowker 2000: 257), wobei gerade die Statistik erlauben soll, nicht alles erinnern zu müssen (vgl. ebd.). Immer wieder erklärten unterschiedliche Nutzer/-innen des Sensorbasierten Hausnotrufs 2, das heißt sowohl berufliche *careworkers* als auch Angehörige, dass sie nicht wissen wollten, *wann* zum Beispiel eine Person aufstehe oder ins Bett gehe, sondern *ob es ihr gut gehe* (vgl. zum Beispiel Interview Herr Fuß vom 1.12.2014). Offensichtlich reicht das grüne Icon nicht aus, das als Teil der sprachlich-textlichen Mitteilung versendet wird, wenn die Sensoren in der Wohnung innerhalb der eingestellten Toleranzzeit Bewegungen registrieren, die zum Beispiel als »aufstehen« kategorisiert werden können, und das signalisieren soll, dass hier kein Grund zur Besorgnis vorliegt. Frau Hermann, die Tochter von Frau Wolle, erklärte zum Beispiel:

»Naja, das war ein bisschen gewöhnungsbedürftig, weil mich das – muss ich ganz ehrlich sagen – nicht interessiert hat, wie lange sie schläft. Mir war es wichtig, ihr geht es gut, ja. Aber wann sie jetzt aufsteht, war für mich wurst. Deswegen, wenn es dann mal klopft [Ton des Smartphones] und ich weiß, es gibt sonst keine Nachrichten, denke ich: ›Guck' ich gar nicht erst drauf.‹« (Interview Frau Hermann vom 15.9.2015, sprachlich geglättet)

Ziel der beteiligten *careworkers* war es also, nicht so viele Informationen zu erhalten, sondern nur einen gefilterten Anteil davon, das heißt, sie forderten eine stärkere Sortier- und Klassifikationsarbeit der Technologie. Darüber hinaus beklagten sie Unsicherheiten bezüglich der von den Technologien gelieferten Informationen, denn offensichtlich waren die Abweichungen von dem jeweiligen, als ›normal‹ angenommenen Profil der überwachten Person aus der Perspektive dieser *careworkers* häufig nicht so bedeutsam. Darauf deutet auch die Aussage einer Koordinatorin eines betreuten Wohnens zu den Visualisierungen der vom Hausnotruf Extra erhobenen Daten hin: »Solange nicht alles rot ist, bin ich beruhigt.« (Koordinatorin eines betreuten Wohnens, Beobachtungs- und Gesprächsprotokoll vom 13.10.2014). Die erwähnte Unsicherheit im Umgang mit den Technologien und den von diesen durchgeführten Kategorisierungen verweist auch darauf, dass Klassifikationen selbst keine Erklärungen sind. Vielmehr müssen sie in Arbeitspraktiken, Narrationen und Organisationsroutinen eingebunden sein (vgl. Bowker/Star 2000: 319; Suchman 1994: 186).

Eine eindeutige Kategorisierung der Abweichungen von einem als ›normal‹ angenommenen Profil des Alltags ist durch die Technologie offensichtlich nicht möglich, das zeigt auch die Notwendigkeit von Anrufen der Hausnotrufzentralen beziehungsweise der Angehörigen im Fall auffälliger Nachrichten. Die Homepage des Herstellers des Sensorbasierten Hausnotrufs 2 verspricht zwar: Die App »informiert Sie nun zu jeder Zeit, ob es Ihren Liebsten gut geht oder nicht.« (Zugriff: 24.11.2016). Allerdings scheint es offensichtlich nicht so einfach zu sein, dieses Versprechen einzuhalten und den Alltag des Menschen mithilfe der Sensoren in solch einer Kategorie zu erfassen. Denn es gestaltet sich schwierig, die Komplexität des Phänomens, das kategorisiert werden soll – nämlich alltägliches Leben eines Menschen –, auf eine einfache Kategorie zu reduzieren (vgl. Suchman 1994: 185). Die Informationen, die von den technischen Systemen geliefert werden, sind selektiv und de-kontextualisiert. Sie müssen gegebenenfalls von den Kümmerern durch zusätzliche Informationen ergänzt und (re-)kontextualisiert werden. Technische Informationen reichen oft nicht aus, um den Zustand einer Person zu beurteilen, vielmehr müssen von den Menschen weitere Informationen hinzugezogen werden, wie auch andere Studien zu verschiedenen Technologien im Gesundheitsbereich aufgezeigt haben (vgl. Manzei 2011; Pols 2012). Nur eine Kombination verschiedener Wissensformen (zum Beispiel Wissen aus dem technischen Monitoring und Erfahrungswissen) ermöglicht es, die Menschen bedarfsgerecht und bedürfnisorientiert zu betreuen (vgl. Manzei 2011: 224).

Die Bewertung der Kategorisierungen der Technologien durch die beteiligten Menschen

Wie bisher aufgezeigt wurde, werden Monitoring- und Kategorisierungsarbeiten als Teil von *carework* auf die jeweilige Technologie und die beteiligten Menschen aufgeteilt. Die Tatsache, dass Menschen mithilfe ihrer Beobachtungen und ihres Wissens eine weit differenziertere Kategorisierungsarbeit leisten können, als die hier untersuchten Technologien, führte jedoch dazu, dass einige der Befragten diesen Systemen keinen Wert zuschrieben. So ließ beispielsweise eine Mitarbeiterin, die damit beauftragt war, die eingehenden Meldungen auf ihrem Dienst-Smartphone zu überprüfen, dieses in ihrem Urlaub auf ihrem Schreibtisch liegen, ohne dass eine andere Person damit beauftragt war, die Nachrichten des Sensorbasierten Hausnotrufs 2 zu überwachen (vgl. Interview Herr Fuß vom 1.12.2014). Darüber hinaus waren in der Feldforschung auch mehrere Aussagen von *careworkers* dahingehend zu vernehmen, dass nicht jede eingehende Nachricht sofort beachtet wurde, sondern besonders im

Fall des Sensorgestützten Hausnotrufs 2 die Vielzahl der eingehenden Nachrichten nur zu wenigen, ausgewählten Zeitpunkten am Tag durchgesehen wurden – auch um eine Störung des (Arbeits-)Alltags zu verhindern (vgl. Beobachtungs- und Gesprächsprotokoll vom 13.10.2014; Interviews mit Frau Hermann vom September 2015 und April 2016). Außerdem gab es während der Feldforschung Hinweise darauf, dass viele Meldungen der untersuchten Technologien ignoriert wurden. Dies geschah vor dem Hintergrund, dass alle Nutzer/-innen der neuen Technologien auch über einen klassischen Hausnotruf verfügten, den sie im Notfall drücken konnten, und sich zumindest in zwei Fallbeispielen die Technologien noch im Test befanden.

Die bisherigen Ausführungen haben aufgezeigt, wie im Fall der beiden sensorgestützten Hausnotrufsysteme die Kategorisierungsarbeiten abliefen und wie sie auf Technologien und Menschen aufgeteilt wurden. Im Folgenden sollen die Kategorisierungen der Technologien genauer analysiert werden, speziell die Kategorie der Aktivität, die von zentraler Bedeutung für das Funktionieren dieser Systeme ist.

5. Die Kategorie Aktivität

Kategorien, Standards und Klassifikationssysteme sind nicht neutral – das zeigen sowohl Michel Foucaults Studien verschiedener historischer Beispiele (vgl. Foucault 1971, 1976) als auch Lucy Suchmans Arbeit über technische Systeme (vgl. Suchman 1994). Kategorien verweisen auf die Werte der Menschen und Institutionen, welche diese definieren (ebd.: 178), und lenken den Blick des Menschen, indem sie eine bestimmte Art der Betrachtung vorgeben und andere mögliche Perspektiven ausklammern (vgl. Bowker/Star 2000: 5). In Anlehnung an Michel Foucault versteht Suchman in Techniken materialisierte Kategorien als Techniken der Disziplinierung und Kontrolle. Suchman fokussiert damit auf Fragen der Macht (vgl. Suchman 1994: 182). Vor diesem Hintergrund versteht sie Kategorien als politisch (vgl. ebd.; siehe dazu auch Bowker/Star 2000: 319). Kategorien und Klassifikationen, die Menschen als auch Informations- und Kommunikationstechnologien vornehmen, sind allerdings zumeist unsichtbar und werden ignoriert (vgl. ebd.). Einmal eingeführte Kategorien und Standards werden zum Teil des Alltags. Erst wenn das Klassifizierungssystem zusammenbricht oder zum Ausgangspunkt von Auseinandersetzungen wird, werden Klassifizierungen offensichtlich (vgl. ebd.: 2 f.). Dies zeigt auch das Eingangsbeispiel von Frau Wolle, deren Tochter meinte, ihre Mutter sei »zu aktiv für das Gerät«. Bevor dieses Beispiel detaillierter analysiert wird, wird jedoch zunächst der Frage nachgegangen, wie die für die beiden untersuchten sensorgestützten Hausnotrufsysteme zentrale Kategorie der Aktivität innerhalb dieser Systeme definiert wird. Dabei wird auch beleuchtet, welche Bedeutung dem

Begriff ›Aktivität‹ in pflegewissenschaftlichen und gerontologischen Debatten, aber auch in der »Aktivgesellschaft« (Lessenich 2003) insgesamt zukommt und in welcher Verbindung diese Konzepte von Aktivität stehen.

Die Konzeption von Aktivität, die den beiden sensorgestützten Hausnotrufsystemen zugrunde liegt, und ihre Bezüge zu pflegewissenschaftlichen Konzepten

Beide untersuchten sensorgestützten Hausnotrufe gehören zu jenen technischen Assistenzsystemen, die unter dem Label Aktivitätsmonitoring bekannt sind und demzufolge Aktivität erfassen sollen. Dem Funktionieren beider Systeme liegt also die Kategorie Aktivität zugrunde. Aus der Analyse des Werbematerials (zum Beispiel Homepage, Flyer), in dem erklärt wird, wie das jeweilige System arbeitet, sowie aus den Visualisierungen der gesammelten und kategorisierten Informationen auf dem Internetportal oder der App lassen sich folgende Verständnisse von Aktivität ableiten:

Beim *Hausnotruf Extra* bezieht sich der Begriff ›Aktivität‹ auf solche Tätigkeiten wie »Wasserkocher benutzt«, »Geschirrschrank benutzt«, »Haustür benutzt« oder »Büro aufgesucht«. Offensichtlich wird hier auf die körperliche Aktivität eines Menschen rekurriert, der sich im Raum bewegt und dabei in Austausch mit materialen Dingen tritt. Das Internetportal des Hausnotrufs Extra wird von der Herstellerfirma bezeichnet als »Das Portal für Aktivitäten des täglichen Lebens« (siehe Abb. 7). Diese Begrifflichkeit suggeriert, dass hier an bedürfnisorientierte Ansätze der Pflegewissenschaft, die in der pflegerischen Praxis breit rezipiert werden, angeknüpft wird (vgl. zum Beispiel Henderson 1966; Juchli 1983; Krohwinkel 1993; für einen Kurzüberblick siehe auch die Einleitung in diesem Band). Schon die amerikanische Pflegewissenschaftlerin Virginia Henderson sprach von 14 Grundbedürfnissen des Menschen (vgl. Henderson 1966). Die Aufgabe der Pflege sah sie darin, Menschen darin zu unterstützen, alltägliche Aktivitäten *(activities)* zu realisieren, wie zum Beispiel sich bewegen, essen und trinken oder kommunizieren. Dieser Ansatz wurde in den folgenden Jahren von verschiedenen pflegewissenschaftlichen Theoretikern/-innen weiterentwickelt, wobei der Begriff ›Aktivität‹ weiterverwendet wurde und wird. Dabei können die Lebensaktivitäten, wie sie seit den 1970er Jahren im Modell von Nancy Roper, Winifred Logan und Alison J. Tierney konzipiert wurden, sich sowohl auf zum Beispiel Atmen und Ausscheiden beziehen, das heißt auf im menschlichen Leben unabdingbare Tätigkeiten. Unter Lebensaktivitäten werden aber beispielsweise auch Sich-sauber-Halten, Sich-Kleiden oder Für-eine-sichere-Umgebung-Sorgen verstanden, das heißt Aktivitäten, die in erster Linie die Lebensqualität verbessern sollen (vgl. Brandenburg/Dorschner 2015: 195 ff.). In der deutschsprachigen Debatte wird in den Modellen von Juchli (Aktivitäten des täglichen Lebens, Juchli 1983) als auch von Monika Krohwinkel (Aktivitäten und existentielle Erfahrungen des Lebens, Krohwinkel 1993), die von Roper, Logan und Tierney beeinflusst sind, der Aktivitätsbegriff weiter mitgeführt. Konzeptionen der »Activities of Daily Living« machen Aktivitäten zu einem »measurable behavior« (Katz 2000: 142). Zusammengefasst heißt dies: Die praxisorientierten Konzepte zu den Aktivitäten des Lebens, die auch im Rahmen der Professionalisierungsbestrebungen der Pflegewissenschaft zu sehen sind, werden zunehmend zu Modellen für die Organisation und Steuerung von Pflege und zur Basis von Ideen des Monitorings. Darüber hinaus dient das Konzept der Aktivität zur Entwicklung von Kennzahlen, die auch für betriebswirtschaftliche Interessen relevant sein können. Der Begriff ›Aktivität‹ des Internetportals zum Hausnotruf Extra scheint sich an Begrifflichkeiten aus weitverbreiteten Pflegekonzepten anzulehnen, auch wenn die in diesem Portal aufgelisteten Aktivitäten nicht denen der Pflegewissenschaftlerinnen entsprechen, die diese Konzepte entwickelt haben.

Beim *Sensorbasierten Hausnotruf 2* wird der Begriff ›Aktivität‹ mit Bewegung gleichgesetzt, das heißt als körperliche Aktivität verstanden. »Inaktivität« soll laut den Informationen auf der Homepage des Herstellers darauf verweisen, dass es »keine Bewegung mehr in der Wohnung gab« (Zugriff 24.11.2016). Darüber hinaus wird in diesem System die Kategorie Inaktivität als Gegenteil von Aktivität genutzt.

Ausgebildeten Pflegekräften, die diese sensorgestützten Hausnotrufsysteme nutzen, dürfte die Kategorie Aktivität aus den bedürfnistheoretischen Pflegeansätzen vertraut sein – auch wenn diese den Begriff ›Aktivität‹ wesentlich breiter verwenden und auch mit anderen Tätigkeiten verbinden. Angehörige hingegen, welche die Informationen der beiden Systeme empfangen, dürften – wenn sie nicht selbst in der beruflichen Pflege arbeiten – damit eine wahrscheinlich neue Kategorie für das Verhalten ihrer Verwandten erhalten. Technik und ihre Visualisierungen können dabei den Blick der Menschen verändern (vgl. Wagner 2006; Sandelowski 2000). Die Kategorie Aktivität beziehungsweise Inaktivität erhält durch die Arbeit der Sensoren und der Software eine neue Relevanz.

In beiden Klassifikationssystemen erscheint Aktivität zunächst einmal positiv konnotiert, Inaktivität hingegen eher negativ, wird doch vorausgesetzt, dass eine außergewöhnliche (und lange) Inaktivität ein Grund zur Sorge sein kann, könnte diese doch auf eine Erkrankung oder auf einen Notfall hinweisen. Beim Sensorbasierten Hausnotruf 2 wird Aktivität mit einem lachenden Smiley in grün markiert, ein Hinweis auf die positive Bewertung von Aktivität, hier verstanden als Bewegung. Eine auffallend lange Inaktivität hingegen wird mit einem gelben Punkt markiert, der mit einem dicken Ausrufezeichen darin versehen ist. In den Codes unserer Gesellschaft verweist dieses Symbol und die Farbe auf eine notwendige Aufmerksamkeit.

Vorstellungen von Aktivität und Bewegung in gerontologischen Theorien und im aktivierenden Sozialstaat

Der Begriff ›Aktivität‹ und die damit verbundene Kategorie stehen jedoch nicht nur mit den genannten pflegewissenschaftlichen Theorien in Verbindung, sondern auch mit dem Begriff *activities* in der gerontologischen Debatte, mit der sich Stephen Katz aus einer an Foucault orientierten Perspektive beschäftigt hat (vgl. Katz 2000). Aktivität, verstanden in einem sehr breiten Sinn, der sowohl physische Bewegung als auch soziale Teilhabe implizieren kann (vgl. ebd.: 136), gewinnt in der Gerontologie verstärkt seit den 1960er Jahren an Bedeutung (vgl. Havighurst 1960). Während in der *Disengagement*-Theorie (vgl. Cumming/Henry 1961) die Rolle alter Menschen in einem Rückzug aus der Gesellschaft konzipiert wird, wird in der Aktivitätstheorie die Bedeutung von Aktivität für ein zufriedenes und erfolgreiches Alter(n) betont.[7] Vor dem Hintergrund der Aktivitätstheorie wurde auch das Leitbild des »aktiven Alterns« (WHO 2002) entwickelt, das sich aktuell sowohl in vielen Bereichen der gerontologischen Theorie und Praxis als auch in der Politik als einflussreich erweist. Die WHO versteht darunter einen »Prozess der Optimierung der Möglichkeiten von Menschen, im zunehmenden Alter ihre Gesundheit zu wahren, am Leben ihrer sozialen Umgebung teilzunehmen und ihre persönliche Sicherheit zu gewährleisten, und derart ihre Lebensqualität zu verbessern.« (Ebd.: 12) Dabei werden explizit auch gebrechliche Menschen mit in dieses Leitbild einbezogen.

Ansätze, welche die Aktivitäten und Ressourcen älterer und alter Menschen hervorheben, haben dazu beigetragen, einem Bild von älteren und alten Menschen, das diese in erster Linie als passiv und defizitär darstellt, ein Altersbild entgegenzusetzen, das auch die Gewinne in der Lebensphase Alter einbezieht sowie die Potentiale älterer und alter Menschen (vgl. zum Beispiel Walker 2002; Kruse 2012, 2013; Kruse/Schmitt 2010). In der aktuellen Debatte um *active ageing* besteht jedoch die Gefahr, dass Aktivität zu stark betont wird – ebenso wie ihre Bedeutung für die Lebenszufriedenheit. Diese Überbetonung kann dazu führen, dass ältere und alte Menschen in erster Linie als Menschen betrachtet werden, die aktiviert werden müssen, und sich zugleich unter Druck fühlen, aktiv sein zu müssen (vgl. zum Beispiel Dyk/Lessenich 2009; Denninger et al. 2014).

Aktivität ist jedoch nicht nur ein Ideal für ein gelungenes Alter, das in einer Vielzahl politischer und wissenschaftlicher Diskurse einen Gegenpool zu negativ konnotierten Erscheinungen wie Abhängigkeit, Einsamkeit und Krankheit repräsentiert (vgl. Katz 2000: 140, 147). Neben der Bedeutung von Aktivität in gerontologischen und pflegewissenschaftlichen theoretischen Ansätzen und

---

7 | Diese Diskurse können dabei anknüpfen an Vorstellungen von einer aktiven Langlebigkeit, die schon seit der Aufklärung verbreitet waren (Katz 2000: 135).

Praxismodellen stellt sie auch eine Norm dar, die im aktivierenden Sozialstaat viele gesellschaftliche Bereiche durchzieht (vgl. Lessenich 2013). Bewegung, verstanden als Konstitutions- und Funktionsprinzip des modernen, flexiblen Kapitalismus (vgl. Fulcher 2007), wird zu einem zentralen Moment: Denn in der Aktivgesellschaft muss der Mensch sich aktiv und eigenverantwortlich um sich selbst kümmern und trägt damit auch zum gesellschaftlichen Wohl bei, zum Beispiel indem er Kosten für die Gesellschaft spart (vgl. Lessenich 2013: 121). Die Unterscheidung zwischen Beweglichen und Unbeweglichen wird dabei zu einer grundlegenden sozialen Unterscheidung und einem Aspekt sozialer Ungleichheit (vgl. ebd.: 126, 139), während »Unbeweglichkeit zum sozialen Makel gerät« (ebd.: 139). Allerdings ist die Aktivgesellschaft auf die Mitwirkung ihrer Mitglieder angewiesen, wie Stephan Lessenich in Anknüpfung an Michel Foucaults Konzept der Gouvernementalität herausstellt. Foucault hatte dabei Regierung als eine Verknüpfung von Praktiken der Macht mit einer Ordnung des Wissens konzipiert. Regierung umfasst somit nicht nur Führung durch andere, sondern auch die Führung des Selbst (vgl. Lessenich 2013: 79). Für die Aktivgesellschaft bedeutet dies: Nur indem das »Wissen von der Notwendigkeit, ja Unabdingbarkeit der Bewegung, von dem persönlichen Ertrag und dem gesellschaftlichen Nutzen aktivischer Lebensführung, in den Subjekten verankert wird« (ebd.: 127), kann sich die Aktivgesellschaft konstituieren.

Ausgehend von dieser Bestandsaufnahme zur Bedeutung von Aktivität in unterschiedlichen pflegewissenschaftlichen und gerontologischen Konzepten sowie im aktivierenden Sozialstaat erscheint es nicht verwunderlich, dass gegenwärtig versucht wird, die Herausforderungen des demografischen Wandels mithilfe des Aktivitätsmonitorings zu lösen. Die sensorgestützten Hausnotrufsysteme knüpfen an diese wissenschaftlichen Konzepte und politischen Diskurse an und basieren dabei auf dem Dualismus von Aktivität/Inaktivität, der durch die Technologien quantifizierbar und damit messbar gemacht werden soll. In beiden Technologien spielt Bewegung als zentrale Kategorie unserer Gesellschaft eine grundlegende Rolle und in beiden Systemen ist die Annahme eingeschrieben, »bodies, to be functional, must be busy bodies.« (Katz 2000: 142).

Vor diesem Hintergrund interessant ist, was zum Beispiel im Sensorbasierten Hausnotruf 2 als Bewegung gilt: Atmen sowie im Bett liegen und lesen werden nicht als Aktivität klassifiziert, sondern als Inaktivität. Beim Hausnotruf Extra wiederum findet ein Vorgang statt, den Stephen Katz in ähnlicher Weise in der Gerontologie vorgefunden hat: »Elements of everyday existence are converted into activities; these activities are classified as scientifically observable facts; these facts in turn become the bases upon which other calculations, correlations, and predictions are constituted.« (ebd.: 140) Auch beim Hausnotruf Extra werden alltägliche Tätigkeiten wie zum Beispiel »Haustür benutzt«, »Geschirrschrank benutzt« etc. als »Aktivitäten« klassifiziert (vgl. Abb. 7) und zu beobachtbaren Fakten gemacht, die wiederum für Berechnungen, Korrelationen und Vorhersagen genutzt werden. Dabei hat die Kategorisierung von alltäglichen Tätigkeiten und Bewegungen als Aktivität beziehungsweise Inaktivität auch konkrete Folgen für die Gestaltung des Lebens im Alter, denn »perceived as real, it has real effect.« (Bowker/Star 2000: 319 in Anlehnung an das Thomas Theorem)

Wie sich die Kategorisierung von alltäglichen Routinen und Praktiken als Aktivität beziehungsweise Inaktivität auf die Gestaltung des alltäglichen Lebens auswirkt und wie ältere und alte Menschen solche Technologien und ihre Kategorisierungsarbeit in ihre Handlungspraktiken integrieren, wird im Folgenden aufgezeigt.

6. Frau Wolle und ihre Aktivitäten

Wie beeinflussen die hier untersuchten Technologien mit den in ihnen eingeschriebenen Vorstellungen von Aktivität beziehungsweise Inaktivität den Alltag älterer und alter Menschen? Um diese Frage beantworten zu können, komme ich auf Frau Wolle zurück, der eingangs erwähnten 87-Jährigen, von der ihre Tochter behauptete, sie sei »zu aktiv« für das Gerät. Am Beispiel dieser Dame, die sich von der Technologie in ihrem Alltag gestört fühlte, kann dieser Frage besonders gut nachgegangen werden. Denn gerade Störungen machen das Funktionieren von Technik und ihre Einbindung in alltägliche Praktiken deutlich (vgl. Hörning 2001: 96).

Frau Wolle war mit 86 Jahren in ein betreubares Wohnen eingezogen, um näher bei ihrer Tochter zu wohnen. Wichtig war für sie, dass es hier ein großes Angebot für ältere und alte Menschen gab, das sie sehr intensiv nutzte. Von Sesselgymnastik bis zu Spielenachmittagen – Frau Wolle nahm an vielen Angeboten teil, sie war also sehr ›aktiv‹ und beteiligte sich sowohl an körperlichen ›Aktivitäten‹ als auch an sozialen.

In mehreren Interviews und Gesprächen, die ich im Zeitraum von über einem Jahr mit ihr geführt habe, artikulierte sie, dass sie sich im Alltag von verschiedenen Technologien, die in ihrer Wohnung installiert und Teil des Angebots des betreubaren Wohnens waren, gestört fühlte. In einem Interview stellt sie die von ihr empfundene Störung und ihre Strategien im Umgang damit folgendermaßen dar:

»Gell und, und einmal [...] da habe ich mich schon um 11 mittags ins Bett gelegt. Hab' aber nicht geschlafen, hab' bloß gelesen und so, dass ich halt bloß lieg', weil ich Angst hatte, dass ich umfalle. Und um vier herum, halb fünf haben sie angerufen: ›Frau Wolle, was ist los? Können wir was machen?‹ Dann sage ich: ›Nein, wieso?‹ ›Ja sie haben sich jetzt vier, fünf Stunden nicht gerührt, nicht bewegt.‹ Und dann hab' ich gesagt: ›Ja, also mir geht es gut‹, hab' ich gesagt, ›das ist nicht so‹. Jetzt haben wir die Spanne, haben wir jetzt ein bisschen weiter gemacht. Dass man, dass, ich sag' mal, jetzt meistens, wenn ich um 12 ins Bett reingehe, zwei, zweieinhalb Stunden, um halb drei, drei ... Dann bin ich nachher hundertprozentig – wenn ich auch gleich einschlafe, gell – dann bin ich hundertprozentig auf. Da stehe ich gleich auf und gehe aufs Klo oder irgendwo und gehe wieder rein, dann merken die das irgendwo.« (Interview Frau Wolle vom 4.4.2016, sprachlich geglättet)

Frau Wolle berichtete in diesem Interview davon, dass sie im Sommer, als es sehr heiß war und sie unter stark schwankendem Blutdruck litt, sich öfter ins Bett legte, um einen Sturz zu verhindern, denn sie war zuvor schon mehrmals gefallen. Diese Praktik des *self carings* – das Liegen im Bett – wurde allerdings vom Sensorbasierten Hausnotruf 2 als eine zu lang andauernde Inaktivität kategorisiert. Deshalb rief die Hausnotrufzentrale bei ihr an, um zu überprüfen, ob möglicherweise eine Notsituation vorliegen könnte. Frau Wolle äußerte in den Gesprächen und Interviews, dass sie es als störend empfand, immer wieder in ihrer Mittagsruhe oder in anderen Arten von Ruhephasen von der Hausnotrufzentrale angerufen zu werden. In dem Sommer passierte dies ihren Angaben nach zum Teil jeden zweiten Tag. Offensichtlich war ihr Alltag nicht so regelmäßig, wie die Annahmen über das Leben älterer und alter Menschen, die dem Sensorbasierten Hausnotruf 2 eingeschrieben sind. Um diese Störungen ihres Alltags zu verhindern, wurden die Einstellungen im Profil verändert. Darüber hinaus hatte Frau Wolle nach einem Jahr der Nutzung die Strategie entwickelt, kurz aufzustehen, wenn sie eigentlich länger im Bett liegen bleiben wollte, um sich dann wieder hinzulegen. Denn die Bewegungssensoren registrierten dann Bewegungen und kategorisierten diese als Aktivität. Frau Wolle konnte anschließend erneut die Toleranzzeit für Inaktivität ausnutzen, um dann wieder im Bett zu ruhen.

Frau Hermann, die Tochter von Frau Wolle, beschrieb den Umgang ihrer Mutter mit dem Sensorbasierten Hausnotruf 2 folgendermaßen:

Frau Hermann: »Wobei ich muss sagen, meine Mutter hat inzwischen ..., trickst da auch ein kleines bisschen. Ähm, wenn sie morgens gerne ein bisschen länger liegen bleibt, einfach weil sie keine Lust hat zum Aufstehen – was man ja auch manchmal hat, ja –, dann steht sie halt morgens auf, macht die Rollläden überall auf. Dann heißt das für das Gerät: ›Hoppla, sie ist aufgestanden‹, und legt sich hinterher wieder ins Bett. (Lachen) [...] Dann ist genügend Bewegung da und dann, weil da muss sie ja, äh, an die Balkontüre oder an die Wohnzimmertür laufen, um die Läden zu betätigen. Und da läuft sie ein paarmal hin und her bis sie alles gemacht hat und das ist einfach Aktivität für das Gerät. Und dann legt sie sich wieder hin. Und das ist ja okay.«

C.K.: »Mhm, mhm. Na, das ist natürlich auch eine Möglichkeit, damit umzugehen. Das heißt, alle haben sich ein bisschen eingewöhnt und jetzt erkannt, wie funktioniert das Gerät, und ...«
Frau Hermann: »Genau, wie kann ich es am besten managen, dass, wenn nichts ist, dass es ganz normal, ohne irgendwelche Störungen läuft.« (Interview Frau Hermann vom 4.4.2016, sprachlich geglättet)

Wie Frau Hermann betonte, hatte Frau Wolle nun eine Möglichkeit gefunden, das Gerät zu »managen«, damit das »Laufen« des Geräts nicht gestört wurde, es aber zugleich auch keine »Störungen« im Alltag von Frau Wolle produzierte. Ihre Strategie bestand darin, Bewegungen, welche von den Sensoren als solche erkannt werden können und die vom Sensorbasierten Hausnotruf 2 als Aktivität kategorisiert werden, intentional zu produzieren. Sie musste also aktiv im Sinne der Technologie und der in ihr eingeschriebenen Vorstellungen von Bewegung, Aktivität und Inaktivität (im Alter) werden. Nur indem sie auf eine bestimmte Weise aktiv wurde, konnte sie ihre Ruhe genießen, denn was Aktivität bedeutet und wie sie gemessen wird, wurde nicht von Frau Wolle selbst definiert, sondern von Technikern/-innen, welche diese Technologie entwickelt haben. Frau Wolle wurde also durch die Technologie tatsächlich ›aktiv‹ – nicht nur in dem Sinne, dass sie sehr viele soziale Kontakte pflegte und an verschiedenen Programmen, die im Quartier angeboten wurden, teilnahm, u. a. an der Sesselgymnastik –, sondern auch im Sinne einer körperlichen Aktivität, die von der Technologie erkannt werden kann. Damit wird in ihrem Fall jenes Argument konterkariert, das immer wieder als Vorteil von sensorgestützten Hausnotrufen ins Feld geführt wird: Diese sollen ohne das aktive Zutun der Menschen, in deren Haushalt die Sensoren installiert sind, funktionieren. Tatsächlich tut das die Technologie in einer Vielzahl von Fällen offensichtlich auch. So fühlten sich zwei andere Nutzer/-innen in diesem Fallbeispiel nicht gestört durch den Sensorbasierten Hausnotruf 2. Frau Wolle jedoch, deren Lebensrhythmus nicht so gleichmäßig war, wie er in der Technologie eingeschriebenen Vorstellungen vom Alltag im Alter nach sein sollte, musste die Technologie an ihr Leben anpassen und sie dazu manipulieren. Dabei wurde sie selbst in gewisser Weise durch die Technologie manipuliert und diszipliniert. Sie entwickelte Handlungspraktiken aus der Nutzung des Sensorbasierten Hausnotrufs 2 heraus und band diese in ihre alltäglichen Routinen ein. An diesem Beispiel lässt sich die performative Kraft von Klassifikationen zeigen, denn »people socialize themselves to the attributes of the category« (Bowker/Star 2000: 230). Anknüpfend an eine von Foucault inspirierte Perspektive, wie sie zum Beispiel Suchman vertritt, kann die Kategorisierung des alltäglichen Tuns von Frau Wolle als Aktivität beziehungsweise Inaktivität als eine Form der Kontrolle und Disziplinierung von Frau Wolle verstanden werden: Frau Wolle wurde durch die Technologie, in der sich das Ideal des aktiven Menschen und eines aktiven Alters in der Aktivgesellschaft materialisiert, aktiviert. Zugleich verdeutlicht das Beispiel, wie Menschen Dinge in ihre Alltagspraktiken integrieren und damit das Funktionieren der Technik mit hervorbringen (vgl. Hörning 2001: 102).

7. ZU (IN-)AKTIV FÜR DAS GERÄT? – ZUSAMMENFASSUNG UND AUSBLICK

Der vorliegende Artikel hat aufgezeigt, wie Care – in diesem spezifischen Beispiel Monitoringarbeit – auf Menschen und Technik verteilt und in einem soziotechnischen System hergestellt wird: Die von der Technik erhobenen, dekontextualisierten Daten, welche in Kategorien eingeordnet werden, werden anschließend von Menschen interpretiert und erneut kategorisiert. Dabei erscheinen die selektiven Daten, welche von den sensorgestützten Hausnotrufsystemen geliefert werden, zunächst einmal als objektiv. Allerdings reicht dieses technische Wissen nicht aus, um die Situation in der Wohnung beurteilen zu können. Vielmehr muss es von den Empfängern/-innen der Nachrichten der sensorgestützten Hausnotrufgeräte mit weiteren Wissensformen (zum Beispiel Alltagswissen, Wissen über die jeweilige Person, das in persönlichen Kontakten etc. gesammelt wurde) verbunden werden. Nur so können sie aus den technischen Informationen einen Sinn herstellen. Aber trotz der Tatsache, dass dieses durch die technische Erhebung als ›objektiv‹ erscheinende Wissen und die von der Technologie vorgenommenen Kategorisierungen nicht genügen, um die Situation in der Wohnung beurteilen zu können, beeinflussen die von der Technik vorgenommenen Kategorisierungen die Alltagsgestaltung älterer und alter Menschen. Sie integrieren die Technologie in ihre Handlungspraktiken und sorgen damit dafür, dass die Technologie funktioniert. Andererseits folgen sie dabei den in der Technologie eingeschriebenen (normativen) Vorstellungen vom Leben im Alter. AAL-Systeme wie die hier präsentierten können dabei zu einer Disziplinierung und Standardisierung des Alltags alter Menschen führen. Sie sind somit keine neutralen Hilfsmittel für ältere und alte Menschen. Vielmehr materialisieren sich in ihnen gesellschaftliche Vorstellungen und Ideale, wie das der Aktivität. Aktivität stellt dabei eine Kategorie dar, welche einerseits Grundlage für das Funktionieren der hier untersuchten Technik ist, andererseits in Diskursen aus Pflegewissenschaft, Gerontologie und um den aktivierenden Sozialstaat von Relevanz ist.

Gerade weil Technologien Menschen ein bestimmtes Verhalten nahelegen und sie damit auch die Lebensphase Alter in der Gesellschaft gestalten – wie das Beispiel von Frau Wolle deutlich gemacht hat –, ist es notwendig, die in den Technologien eingeschriebenen Altersbilder und Vorstellungen vom Alter(n) sichtbar zu machen und zu reflektieren. Denn damit ergibt sich die Möglichkeit, diese Sichtweisen und Bewertungen kritisch zu diskutieren und auch infrage zu stellen. Für eine Debatte darüber, wie die Lebensphase Alter in unserer Gesellschaft in Zukunft ausgestaltet werden kann (und soll), geben solche Reflexionen Anregungen. Denn sollten sich solche Technologien – so, wie es intendiert ist – immer stärker in den Haushalten älterer und alter Menschen verbreiten und damit möglicherweise auch zur sozialen Norm werden, stellt sich möglicherweise für viele nicht nur die Frage, ob sie »zu aktiv« (beziehungsweise inaktiv) für solche Geräte sind. Mit AAL-Technologien verbunden sind auch die Themen Privatheit und der Einfluss solcher teil-autonomer Technik auf die Autonomie älterer und alter Menschen. Darüber hinaus ist zu untersuchen, wie soziale Beziehungen durch solche Technologien mit-konstruiert werden. Damit ergeben sich Desiderate die noch intensiver ethnografisch erforscht werden müssen, um die Alltagspraktiken von älteren und alten Menschen und ihrem sozialen Umfeld mit diesen Technologien erfassen zu können. Andererseits muss stärker (kritisch) darüber reflektiert und diskutiert werden, welche Rolle solchen Technologien in der Herstellung von Unterstützung und Pflege von älteren und alten Menschen in unserer Gesellschaft in Zukunft zukommen kann und soll.

LITERATUR

AAL Deutschland: Homepage, http://www.aal-deutschland.de (Zugriff: 2.10.2013).
Aceros, Juan C./Pols, Jeannette/Domènech, Miquel: Where Is Grandma? Home Telecare, Good Aging and the Domestication of Later Life. In: Technological Forecasting and Social Change (2015/93), S. 102-111.
Akrich, Madeleine: The De-Scription of Technical Objects. In: Bijker, Wiebe E./Law, John (Hg.): Shaping Technology/Building Society. Studies in Sociotechnical Change. Cambridge/London, 1997 (2. Aufl.), S. 205-224.
Ball, Kirstie: Elements of Surveillance: a New Framework and Future Directions. In: Information, Communication and Society (2002/5), S. 573-90 Doi: https://doi.org/10.1080/13691180208538807
Bijker, Wiebe E./Law, John: General Introduction. In: Bijker, Wiebe E./Law, John (Hg.): Shaping Technology/Building Society. Studies in Sociotechnical Change, Cambridge/London, 1997 (2. Aufl.), S. 1-14.
BMBF/VDE (Arbeitsgruppe Bestandsaufnahme der BMBF/VDE-Innovationspartnerschaft) (Hg.): Ambient Assisted Living (AAL). Komponenten, Projekte, Services – Eine Bestandsaufnahme, Berlin, 2011.
Bowker, Geoffrey C./Star, Susan Leigh: Sorting things out. Classification and Its Consequences. Cambridge/London, 2000.

Brandenburg, Hermann/Dorschner, Stephan (Hg.): Pflegewissenschaft 1. Lehr- und Arbeitsbuch zur Einführung in das wissenschaftliche Denken in der Pflege, Bern, 2015 (3., überarb. u. erw. Aufl.).

Clarke, Adele E.: Situationsanalyse. Grounded Theory nach dem Postmodern Turn. Hg. u. mit einem Vorwort v. Reiner Keller. Wiesbaden, 2012.

Claßen, Katrin/Oswald, Frank/Wahl, Hans-Werner/Heusel, Christof/Antfang, Peter/Becker, Clemens: Bewertung neuer Technologien durch Bewohner und Pflegemitarbeiter im institutionellen Kontext. Befunde des Projekts BE-TAGT. In: Zeitschrift für Gerontologie und Geriatrie (2010/43), S. 210-218.

Cumming, Elaine/Henry, William Earl: Growing Old: The Process of Disengagement. New York, 1961.

Denninger, Tina/Dyk, Silke van/Lessenich, Stephan/Richter, Anna: Leben im Ruhestand. Zur Neuverhandlung des Alters in der Aktivgesellschaft. Bielefeld, 2014.

Depner, Anamaria/Kollewe, Carolin: High-Tech und Handtaschen. Gegenstände und ihre Rolle in der Pflege und Unterstützung älterer und alter Menschen. In: Kienitz, Sabine/Endter, Cordula (Hg.): Altern als soziale und kulturelle Praxis. Ordnungen, Beziehungen, Materialitäten. Bielefeld, 2017, S. 301-326. Doi: https://doi.org/10.14361/9783839434116-015

Dyk, Silke van/Lessenich, Stephan: Junge Alte«: Vom Aufstieg und Wandel einer Sozialfigur. In: Dyk, Silke van/Lessenich, Stephan (Hg.); Die jungen Alten. Analysen einer neuen Sozialfigur. Frankfurt a. M., 2009 S. 11-48.

Foucault, Michel: Die Ordnung der Dinge. Eine Archäologie der Humanwissenschaften. Frankfurt a. M., 1971.

Foucault, Michel: Die Geburt der Klinik. Eine Archäologie des ärztlichen Blicks. Frankfurt/Berlin/Wien, 1976.

Fulcher, James: Kapitalismus. Stuttgart, 2007.

Häussling, Roger/Lenzen, Kirsten: Technik. In: Engelhardt, Anina/Kajetzke, Laura (Hg.): Handbuch Wissensgesellschaft. Theorien, Themen und Probleme. Bielefeld, 2010, S. 219-234. Doi: https://doi.org/10.14361/9783839413241-019

Havighurst, Robert J.: Successful Aging. In: The Gerontologist (1960/1), S. 8-13. Doi: https://doi.org/10.1093/geront/1.1.8

Heath, Christian/Knoblauch, Hubert/Luff, Paul: Technology and Social Interaction. The Emergence of ›Workplace Studies‹. In: British Journal of Sociology (2000/51), S. 299-320.

Henderson, Virginia: The Nature of Nursing: A Definition of Its Implications for Practice, Research and Education. New York, 1966.

Hielscher, Volker/Kirchen-Peters, Sabine/Sowinski, Christine: Technologisierung der Pflegearbeit? Wissenschaftlicher Diskurs und Praxisentwicklungen in der stationären und ambulanten Langzeitpflege. In: Pflege & Gesellschaft (2015/1), S. 5-19.

Hochschule Hannover (Hg.): Beratungsleitfaden zu ELSI-Themen in der Beratung zu altersgerechten Assistenzsystemen. o. O., 2015.

Hörning, Karl H.: Experten des Alltags. Die Wiederentdeckung des praktischen Wissens. Weilerswist, 2001.

Hülsken-Giesler, Manfred/Krings, Bettina: Technik und Pflege in einer Gesellschaft des langen Lebens – Einführung in den Schwerpunkt. In: Technikfolgenabschätzung – Theorie und Praxis (2015/24), S. 4-11.

Joyce, Kelly/Loe, Meika (Hg.): Technogenarians. Studying Health and Illness Through an Ageing, Science, and Technology Lens. Malden/Oxford, 2010.

Juchli, Liliane: Krankenpflege. Praxis und Theorie der Gesundheitsförderung und Pflege Kranker. Stuttgart/New York, 1983 (4. Aufl.).

Katz, Stephen: Busy Bodies: Activity, Aging, and the Management of Everday Life. In: Journal of Aging Studies (2000/14), S. 135-152.

Keller, Reiner: Wissenssoziologische Diskursanalyse. Grundlegung eines Forschungsprogramms. Wiesbaden, 2011 (3. Aufl.). Doi: https://doi.org/10.1007/978-3-531-92058-0

Klenk, Jochen/Chiari, Lorenzo/Helbostad, Jorunn L., et al.: Development of a Standard Fall Data Format for Signals from Body-worn Sensors: the FARSEEING Consensus. In: Zeitschrift für Gerontologie und Geriatrie (2013/46), S. 720-726. Doi: https://doi.org/10.1007/s00391-013-0554-0

Kollewe, Carolin: Zwischen ›Unabhängigkeit‹ und ›Helikopter-Kindern‹ – assistive Technologien in Generationenbeziehungen. Vortrag bei der Tagung »Alt und Jung in Salzburg. Dem Generationenwandel auf der Spur«, 18./19.10.2016, Salzburg.

Kramer, Birgit: Dementia Caregivers in Germany and Their Acceptance of New Technologies for Care: The Information Gap. In: Public Policy Aging Report (2014/24), S. 32 ff.

Krohwinkel, Monika: Der Pflegeprozess am Beispiel von Apoplexiekranken. Eine Studie zur Erfassung und Entwicklung ganzheitlich-rehabilitierender Prozesspflege (BMGS-Schriftenreihe 16). Nomos, 1993.

Kruse, Andreas: Active Ageing. Solidarity and Responsability in an Ageing Society. Brüssel, 2012.

Kruse, Andreas: Auf dem Weg zu einer altersfreundlichen Kultur: Potenziale verwirklichen, Verletzlichkeit annehmen. In: Hellgardt, Ernst/Welker, Lorenz (Hg.): Weisheit und Wissenschaft. Festschrift zum 25jährigen Bestehen des Seniorenstudiums an der LMU. München, 2013.

Kruse, Andreas/Schmitt, Eric: Potenziale des Alters im Kontext individueller und gesellschaftlicher Entwicklung. In: Kruse, Andreas (Hg.): Potenziale im Altern: Chancen und Aufgaben für Individuum und Gesellschaft. Heidelberg, 2010, S. 3-29.

Lessenich, Stephan: Der Arme in der Aktivgesellschaft. Zum sozialen Sinn des »Förderns und Forderns«. In: WSI Mitteilungen (2003/56), S. 214-220.

Lessenich, Stephan: Die Neuerfindung des Sozialen. Der Sozialstaat im flexiblen Kapitalismus. Bielefeld, 2013 (3., unveränd. Aufl.).

Manzei, Alexandra: Zur gesellschaftlichen Konstruktion medizinischen Körperwissens. Die elektronische Patientenakte als wirkmächtiges und handlungsrelevantes Steuerungsinstrument in der (Intensiv-)Medizin. In: Keller, Reiner/Meuser, Michael (Hg.): Körperwissen. Wiesbaden, 2011, S. 207-228. Doi: https://doi.org/10.1007/978-3-531-92719-0_10

Manzeschke, Arne: Telemedizin und Ambient Assisted Living aus ethischer Perspektive. In: Bayerisches Ärzteblatt (2014a/9), S. 2 ff.

Manzeschke, Arne: Wohnen und Technik – ethische, soziale und rechtliche Aspekte. In: Kommunalverband für Jugend und Soziales Baden-Württemberg Dezernat Soziales (Hg.): Technik hilft Wohnen. Wie wirken sich technische Hilfen im Alltag aus? Dokumentation der KVJS-Fachtagung auf der Messe Pflege & Reha in Stuttgart, 6.5.2014, Stuttgart, 2014b, S. 6-17.

Meyer, Sibylle/Mollenkopf, Heidrun (Hg.): AAL in der alternden Gesellschaft. Anforderungen, Akzeptanz und Perspektiven. Analyse und Planungshilfe. Berlin/Offenbach, 2010.

Mort, Margaret/Roberts, Celia/Callen, Blanca: Ageing with Telecare: Care or Coercion in Austerity? In: Sociology of Health and Illness (2013/35), S. 799-812. Doi: https://doi.org/10.1111/j.1467-9566.2012.01530.x

Oesterreich, Detlef/Schulze, Eva: Vom Nutzen intelligenter Technik im Alter – Akzeptanz von Assistenzsystemen für Gesundheit und Sicherheit. In: ARCHIV für Wissenschaft und Praxis der sozialen Arbeit (2011/3), S. 40-50.

Pols, Jeannette: Telecare. What Patients Care About. In: Mol, Annemarie/Moser, Ingunn/Pols, Jeannette (Hg.): Care in Practice: On Tinkering in Clinics, Homes and Farms. Bielefeld, 2010, S. 171-194.

Pols, Jeannette: Care at a Distance: On the Closeness of Technology. Amsterdam, 2012.

Procter, Rob/Greenhalgh, Trisha/Wherton, Joe/Sugarhood, Paul/Rouncefield, Mark/Hinder, Sue: The Day-to-Day Co-Production of Ageing in Place. In: Computer Supported Cooperative Work (2014/23), S. 245-267. Doi: https://doi.org/10.1007/s10606-014-9202-5

Procter, Rob/Wherton, Joe/Greenhalgh, Trish/Sugarhood, Paul/Rouncefield, Mark/Hinder, Sue: Telecare Call Centre Work and Ageing in Place. In: Computer Supported Cooperative Work (2016/25), S. 79-105. Doi: https://doi.org/10.1007/s10606-015-9242-5

Rammert, Werner: Technik, Handeln und Sozialstruktur. Eine Einführung in die Soziologie der Technik (= Technical University Technology Studies Working Papers, 3/2006). Online verfügbar unter: https://www.ts.tu-berlin. de/fileadmin/fg226/TUTS/TUTS_WP_3_2006.pdf (Zugriff: 2.12.2016).

Remmers, Hartmut: Environments for Ageing, Assistive Technology and Self-determination: Ethical Perspectives. In: Informatics for Health & Social Care (2010/35), S. 200-210. Doi: https://doi.org/10.3109/17538157.2010.528649

Sävenstedt, Stefan/Sandman, Per-Olof/Zingmark, Karin: The Duality in Using Information and Communication Technology in Elder Care. In: Journal of Advanced Nursing (2006/56), S. 17-25. Doi: https://doi.org/10.1111/j.1365-2648.2006.03975.x

Sandelowski, Margaret: Devices and Desires: Gender, Technology and American Nursing. Chapel Hill, 2000.

Schillmeier, Michael/Domènech, Miquel: New Technologies and Emerging Spaces of Care. London/New York, 2010.

Schulz-Schaeffer, Ingo: Technik. In: Baur, Nina/Korte, Hermann/Löw, Martina/Schroer, Markus (Hg.): Handbuch Soziologie, Wiesbaden, 2008, S. 445-463. Doi: https://doi.org/10.1007/978-3-531-91974-4_23

Strauss, Anselm/Corbin, Juliet: Grounded Theory. Grundlagen qualitativer Sozialforschung. Weinheim, 1996.

Suchman, Lucy: Do Categories Have Politics? The Language/Action Perspective Reconsidered. In: Computer Supported Cooperative Work (1994/2), S. 177-190.

Tolar, Marianne: Computer und Pflege. Eine widersprüchliche Beziehung. In: Kreutzer, Susanne (Hg.): Transformationen pflegerischen Handelns. Göttingen, 2010, S. 215-229.

Unger, Hella von/Odukoya, Dennis/Scott, Penelope: Kategorisierung als diskursive Praktik: Die Erfindung der »Ausländer-Tuberkulose«. In: Bosančić, Saša/Keller, Reiner (Hg.): Perspektiven wissenssoziologischer Diskursforschung. Theorie und Praxis der Diskursforschung. Wiesbaden, 2016, S. 157-176. Doi: https://doi.org/10.1007/978-3-658-13610-9_9

Wagner, Ina: Informationstechnik im Krankenhaus – eine ethische Perspektive. In: Hebig, Britta/Büssing, André (Hg.): Informations- und Kommunikationstechnologien im Krankenhaus. Grundlagen, Umsetzung, Chancen und Risiken. Stuttgart/New York, 2006, S. 185-198.

Walker, Alan: A Strategy for Active Ageing. In: International Social Security Review (2002/55), S. 121-140. Doi: https://doi.org/10.1111/1468-246X.00118

Weber, Karsten/Frommeld, Debora/Manzeschke, Arne/Fangerau, Heiner (Hg.): Technisierung des Alltags. Beitrag für ein gutes Leben? Stuttgart, 2015.

Wessig, Kirsten: Telemonitoring und Ambient Assisted Living. Anforderungen und Visionen. In: Arnold Picot/Günter Braun (Hg.): Telemonitoring in Gesundheits- und Sozialsystemen: Eine eHealth-Lösung mit Zukunft, Heidelberg, 2011, S. 69-82. Doi: https://doi.org/10.1007/978-3-642-15633-5_6

WHO (World Health Organisation) (Hg.): Aktiv Altern. Rahmenbedingungen und Vorschläge für politisches Handeln. Genf, 2002.

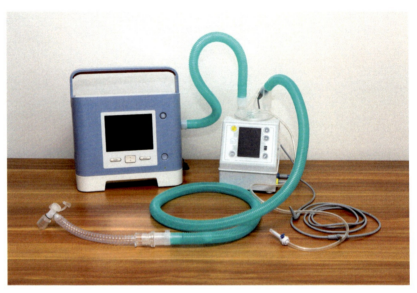

Heimbeatmungsgerät (invasive Beatmung). 2016. Kunststoff, Metall.
Foto: Thomas Bruns, Berlin.

Objektfeature Heimbeatmungsgerät
Gleich drei *Dinge* auf einmal?

Beatmungsgeräte, auch Ventilatoren genannt, finden sich einerseits im Krankenhaus auf der Intensivstation zur Sicherung einer zentralen Lebensfunktion. Andererseits haben sie längst Einzug in den häuslichen Bereich gehalten. Hier sind sie ein Mittel zur Aufrechterhaltung des Lebens und der Lebensqualität. Viele Aspekte treffen im Heimbeatmungsgerät aufeinander. Drei Dinge erweisen sich dabei als besonders wichtig: Abhängigkeit, denn häufig müssen die Menschen ständig an dem Gerät angeschlossen sein, sowie Selbstbestimmung, weil dieses Gerät ein Leben zuhause möglich macht. Mit diesem Gerät ist jedoch auch eine – alle Beteiligten fordernde – Alltagsorganisation verbunden. Dies gilt besonders dann, wenn beispielsweise ein beatmeter Mensch eine Spazierfahrt mit dem Rollstuhl unternehmen möchte. Auch von der Materialität her gesehen weisen Heimbeatmungsgeräte Besonderheiten auf: Anders als im Krankenhaus sind sie kompakter und handlicher. Es gibt Geräte sowohl für die invasive Beatmung (siehe Foto) als auch für die nichtinvasive Beatmung. In der invasiven Beatmung wird über eine Kanüle durch ein künstlich angelegtes Loch unterhalb des Kehlkopfes (= Tracheostoma) Luft durch das Gerät hineingepumpt und abgesaugt. In der nichtinvasiven Beatmung dagegen erfolgt die Luftzufuhr nicht über eine künstliche Körperöffnung, sondern über eine Atemmaske. Diese kann entweder nur die Nase oder die Nase und den Mund bedecken. Die Bedienung eines Heimbeatmungsgerätes erfordert Wissen und damit geschultes Pflegepersonal und Angehörige.

André Heitmann-Möller

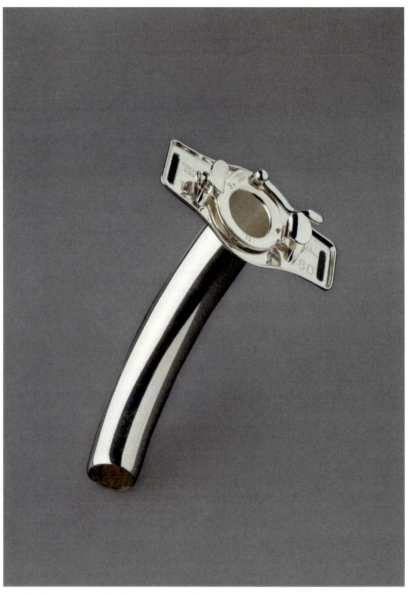

Trachealkanüle. 2016. Silber.   Foto: Thomas Bruns, Berlin.

Objektfeature Trachealkanüle
Wissen, wie es geht

Die Trachealkanüle bildet in manchen Situationen eine lebensnotwendige Vorrichtung zur Offenhaltung der Atemwege. Sie wird entweder aufgrund einer maschinellen Beatmung notwendig oder in Folge einer operativen Entfernung von Tumoren im Kopf-Hals-Bereich. Das hier vorgestellte Exemplar stellt eine gegenwärtig immer noch genutzte und gewissermaßen ›klassische‹ Version einer Trachealkanüle dar, die beispielsweise nicht im Kontext der maschinellen Beatmung genutzt werden kann. Sie besteht aus Silber und nicht aus dem heute häufig verwendeten Kunststoff. Dieses Exemplar wird von vorne durch ein künstlich angelegtes Loch (= Tracheostoma) in die Luftröhre (= Trachea) eingeführt. Vorne an den Seiten befinden sich zwei Flügel. An diesen kann mit einem Bändchen aus elastischem Stoff, das um den Hals gelegt wird, die Kanüle befestigt werden. Ihre stabile Position ist dabei von großer Bedeutung: Eine ungünstig veränderte Lage der Kanüle kann zu unangenehmen Reizungen, Entzündungen und Schmerzen an Haut und Luftröhre führen.

Mit dem Setzen einer Trachealkanüle allein ist es nie getan. Ihre Pflege – entweder durch eine Pflegeperson, Angehörige oder den betroffenen Menschen selbst – ist material- und organisationsaufwändig. Vor allen Dingen ist das Wissen über den sachgerechten Umgang mit Trachealkanülen eine unabdingbare Voraussetzung. Denn eine inkompetente Manipulation dieses Dings an einem Menschen kann zu den erwähnten Beschwerden führen. Erschwerend kommt hinzu, dass die Kanülenträger/-innen neue Kommunikationsmethoden erlernen müssen. Daher handelt es sich bei diesem Pflegeding um ein Objekt, das die ganze Person und deren Umfeld fordert.

André Heitmann-Möller

Pflegebett und Agency

Eine Untersuchung aus der Perspektive
der Akteur-Netzwerk-Theorie von Bruno Latour

André Heitmann-Möller, Hartmut Remmers[1]

1. EINLEITUNG

Spätestens mit den beschleunigten technischen Ausrüstungen des Berufsfelds Pflege etwa seit den 1950er Jahren, insbesondere im klinischen Bereich und dort im engen Arbeitszusammenhang mit der Hochleistungsmedizin, wurde deutlich, dass den dinglichen Voraussetzungen pflegerischen Handelns eine wachsende Bedeutung zukommt. Dinge dringen zunehmend in die Welt der Pflege ein und prägen sie, stellte Sandelowski (vgl. 2003: 185) fest. Eine in anderen Disziplinen bereits etablierte, die historische, kulturwissenschaftliche Perspektive durch den sogenannten *material turn* belebende Objektforschung[2] hat zumindest die deutsche Pflegewissenschaft mit Ausnahme von Atzl (vgl. 2011) noch nicht erreicht. Im internationalen Forschungskontext wird inzwischen Fragen einer materialen Kultur der Pflege wachsende Aufmerksamkeit geschenkt (vgl. zum Beispiel Smith 2006; Cuesta/Sandelowski 2005).

Im deutschen Kontext dagegen sind Studien etwa zu Bedeutung und Einflüssen teilweise hochtechnisierter Gegenstände wie etwa Betten, zahlreiche vitale Überwachungs- und Unterstützungsapparate vor allem in der Intensivpflege beziehungsweise -medizin oder auch neue Informationssysteme wie Computer eher rar bis auf wenige Ausnahmen (wie zum Beispiel Manzei 2011; Lindemann 2002). Zu nennen ist in diesem Zusammenhang auch eine Untersuchung von Heinlein (vgl. 2003), die sich explizit mit Fragen einer Materialität der Pflegepraxis beschäftigt. Um den Stellenwert von Dingen im Hand-

---

1 | Für die kritische Durchsicht unseres Manuskripts bedanken wir uns bei Roland Simon und Carolin Kollewe.
2 | Wir verweisen in diesem Zusammenhang unter vielen anderen auf Serres (1998), Pickering (2007), Galison (2003).

lungsfeld professioneller Pflege deutlich machen zu können, greift Heinlein zu analytischen Zwecken auf neuere soziologische Theoreme wie die Akteur-Netzwerk-Theorie (ANT) Bruno Latours zurück, die für uns im Folgenden auch eine wichtige Rolle spielt. Die dabei eingenommene Perspektive erlaubt es, Pflege als eine material geprägte Herstellungs- und Veränderungspraxis von Autonomie und Bedürftigkeit differenziert darzustellen (vgl. ebd.: 151). Dabei wurde ebenso deutlich, dass angesichts einer bestimmten dinglich-materialen Beschaffenheit der Pflege, beispielsweise durch einen Lifter, Vorstellungen einer/-s autonomen Kundin/-en etwa in der Altenpflege ad absurdum geführt werden.

Fürs Erste zeigt sich damit, dass Latours ANT als eine Inspirationsquelle zur besseren Erforschung wechselseitiger Einflüsse und Abhängigkeiten zwischen Menschen und der sie umgebenden Dingwelt geeignet zu sein scheint. (Vgl. Latour 2014a: 77) Wir werden sehen, dass in modernen, komplexen Handlungszusammenhängen, wie etwa im Berufsfeld Pflege, Menschen nicht als singuläre Akteure[3] fungieren, dass sie sich nicht in einem lediglich eindimensionalen Verhältnis technischer Gegenstände bedienen, sondern dass Objekte ihrerseits eine gewisse Handlungsmächtigkeit als Quelle und Träger von Handlungen besitzen. In wenigen neueren pflegewissenschaftlichen Untersuchungen hat sich diese durch Arbeiten Latours beeinflusste Perspektive als analytisch fruchtbar erwiesen, so beispielsweise in den Interviewstudien von Manz (vgl. 2015) und Booth (vgl. 2013), ohne indessen einzelnen Schlussfolgerungen dieser Arbeiten zustimmen zu müssen, als auch in der Beschäftigung mit der Euthanasiepraxis in der NS-Psychiatrie durch Foth (vgl. 2013).

Bei der Beschäftigung mit Dingen in der Pflege spielt, auch im historischen Entwicklungsvergleich, unbezweifelbar die Tatsache eine entscheidende Rolle, dass jene in der Pflege eingesetzten Dinge mehr und mehr technisch komplexe, funktionell immer schwerer handhabbare Artefakte darstellen. Trends zur Automatisierung gehen über in Trends zur Autonomisierung. Wie in anderen gesellschaftlichen Praxisfeldern, so erscheinen auch diese Entwicklungen einer zunehmenden Technisierung pflegerischer Arbeitsprozesse als unaufhaltsam. Dagegen werden allerdings theoretisch gestützte Vorbehalte geltend gemacht. Sie entzünden sich u. a. an einem einseitigen, ausschließlich der betriebswirtschaftlichen Effizienzsteigerung dienenden Muster der Rationalisierung (vgl. Hülsken-Giesler/Krings 2015: 7; Remmers 2015: 17). Es wird die Gefahr gesehen, dass mit Beschreiten dieses Rationalisierungspfades elementare Eigenschaften professionellen Pflegehandelns, die in seiner Subjektivierung bestehen, marginalisiert werden. Völlig offen ist, in welcher Weise sich ein weiterer Schub der Entwicklung technischer Artefakte, etwa in Gestalt autonomer Assis-

---

[3] | Die in diesem Text benutzte Bezeichnung »Akteur«, wenn er sich auf einen menschlichen Akteur bezieht, schließt weibliche Akteurinnen mit ein.

tenzsysteme wie Service- und Emotionsroboter, im Handlungsfeld Pflege auswirken wird (vgl. Hülsken-Giesler/Bleses 2015: 3; jüngst: Hülsken-Giesler et al. 2016). Insgesamt wird davon ausgegangen, dass wachsende technologische Schubkräfte die Arbeitsprozesse in der stationären und auch in der ambulanten Langzeitpflege weitreichend verändern werden (vgl. Hielscher et al. 2015: 16).

Das Interesse unserer Untersuchung besteht darin, den analytischen Blick auf die Dinge, ihre Bedeutung und ihre Wirkungen in der Pflege zu schärfen. Dabei geht es darum, Aspekte einer sogenannten Agency, also einer Art Handlungsträgerschaft von Dingen, am Beispiel des mittlerweile in der Regel elektrisch motorisierten Pflegebetts im Rückgriff auf Latours ANT herauszuarbeiten. Denn wie zukünftig nicht nur automatisierte Hilfsmittel, sondern auch autonom agierende Artefakte, wie beispielsweise Assistenzsysteme, das berufliche Handeln in der Pflege beeinflussen werden, bleibt zum gegenwärtigen Zeitpunkt noch offen. Stattdessen scheint es uns erforderlich zu sein, theoriegeleitete analytische Ansätze zu erproben, mit deren Hilfe pflegerisches Handeln als soziomateriale Praxis differenziert beschrieben werden kann. Damit sollen auch in einem interdisziplinär geöffneten wissenschaftlichen Diskurs Wege aufgezeigt werden, wie zukünftig innovative Technologien in der Pflege untersucht und beurteilt werden können.

2. Theoretischer Hintergrund

2.1 Das Originäre pflegerischen Handelns – pflegetheoretische Positionen

Die konzeptionellen Anfänge pflegewissenschaftlicher Theoriebildung vor allem im angloamerikanischen Raum waren von dem Interesse geleitet, die Rationalität professionellen Handelns im Berufsfeld Pflege im Sinne verallgemeinerungsfähiger Gesetzmäßigkeit von Handlungen in Abhängigkeit von situativ variierenden Aufgaben zu begründen. In der einen oder anderen Weise boten sich dabei systemtheoretische Paradigmen an. Sie bildeten einen Rahmen, innerhalb dessen sich die berufliche Praxis in Begriffen zweckrationalen Handelns explizieren lassen sollte. Besteht das Ziel professionellen Handelns, jenseits des puren Überlebens hilfebedürftiger Personen, in der Bewältigung eines Leidens entweder durch Anpassung der Person oder durch Substitution verlorengegangener Kompetenzen, so bemisst sich die Rationalität professionellen Handelns letztlich an der instrumentellen Verfügung über Naturprozesse auf der Basis eines über invariante Gesetzmäßigkeiten aufgeklärten Professionswissens. Dies ist gewissermaßen der nomothetische Kern der meisten Pflegetheorien angloamerikanischer Provenienz, welchem, cum grano salis, ein technischer Begriff pflegerischen Handelns im Sinne der zweckrationalen Wahl geeigneter Mittel in Abhängigkeit von sich wandelnden Zielen korrespondiert (vgl. Remmers 2000: 141 ff.).

Die theoretischen Selbstmissverständnisse zahlreicher, insbesondere einseitig verhaltenswissenschaftlicher Fundierungsversuche der Pflege (beispielsweise bei King 1981) bestehen u. a. darin, aus empirisch-deskriptiven Gesetzmäßigkeiten präskriptive Regeln etwa der Verhaltenssteuerung abzuleiten. Einem theoretisch elaborierten Verständnis zufolge hat sich Professionalität vielmehr am Maßstab einer reflektierenden Urteilskraft auszuweisen. Sie lässt sich in zwei unterschiedlichen, aber praktisch aufeinander angewiesenen Wissensbeziehungsweise Kompetenzdimensionen explizieren: zum einen als *reflektierende Aneignung* eines wissenschaftlichen Tatsachen- und Verfügungswissens im Bewusstsein jeweils singulärer, einem konkreten Individuum zuzuschreibender Leidenszustände; zum anderen, daran anschließend, als Fähigkeit der Beurteilung dessen, was konkret auch im Wahrnehmungs- und Bewusstseinshorizont des leidenden Individuums der Fall ist und was in einem Akt gegenseitiger Verständigung (Prinzip der Perspektivenverschränkung) als sinnvoll anzustrebendes Ziel bei möglicherweise alternativen Prozeduren gelten kann. Das professionell zu lösende Problem lautet daher, in handlungstheoretischen Begriffen gefasst: Wie lässt sich Ansprüchen der Autonomie von Hilfebedürftigen sowohl im Horizont eines gesetzeswissenschaftlichen, in ›technische‹ Empfehlungen übersetzbaren Verfügungswissens als auch im Interpretations- und Bedürfnishorizont von Betroffenen genügen?

Zahlreiche Pflegetheorien kranken nicht nur an einem grundlagentheoretischen Monismus (vgl. Moers/Schaeffer 2011: 48 f.). Auch der hohe Abstraktionsgrad von gesetzesförmigen Aussagen erlaubt es nicht pflegerisches Handeln als ein mit jeweils konkreten ›Fällen‹ von Personen konfrontiertes Handeln zu explizieren (vgl. McEwen 2011: 70). Als kritikwürdig erweisen sich selbst auf Grundlage qualitativer Forschungsergebnisse erhobene präskriptive Theorieansprüche (vgl. Moers/Uzarewicz 2012: 136 ff.). Besonders hervorzuheben ist auch, dass in der angloamerikanischen Tradition der Theoriebildung der spezifische Gegenstandsbezug beziehungsweise die Gegenstandsförmigkeit der Pflege völlig diffus bleibt. Dazu gehört zum einen jener spezifische, unvermeidbare Körper- beziehungsweise Leibbezug, dem lediglich in phänomenologisch-hermeneutisch inspirierten Theorieentwürfen wie dem Benners und Wrubels (vgl. 1997) oder Parses (vgl. 1987) Rechnung getragen wird. Zurecht wird deswegen Pflege auch als ein ›Berührungsberuf‹ klassifiziert (vgl. Green 2013: 250). Zum anderen wurde in der pflegewissenschaftlichen Theoriebildung jene dingliche Welt technisch inzwischen hochkomplexer Hilfsmittel und Instrumente noch nicht hinreichend gewürdigt. Auszugehen ist von einer immer rascheren und stärkeren technischen Mediatisierung professionellen Handelns, welche analytisch zukünftig in ganzer Breite zu erfassen ist.

In den letzten Jahren wurden Versuche unternommen, die auf ein zu enges Rationalitätskonzept des pflegerischen Handelns beschränkten theoretischen Grundlagen zu erweitern: Neben einer Akzentuierung des kommunikativen Paradigmas wurde der Tatsache Rechnung getragen, dass sich professionelles Handeln nicht allein im Horizont eines für alle Akteure gleich gültigen, wissenschaftlich geprüften Wissens begründen lässt, sondern dass, etwa im Anschluss an Michael Polanyi, situatives Urteilen in starkem Maße auf implizitem Wissen *(tacit knowledge)* beruht (vgl. Friesacher 2008: 239). Aus diesem Grunde zeichnet sich professionelles Handeln ebenso durch eine erfahrungsbasierte Kunstfertigkeit oder Könnerschaft aus (vgl. ebd.: 264), die immer auch Restunsicherheiten birgt, weshalb beispielsweise Diagnosen einen stark probabilistischen Charakter haben. Pflegerisches wie auch ärztliches Handeln sind aus verschiedenen (phänomenalen und strukturellen) Gründen durch Ungewissheit und, angesichts der Kontingenz von persönlichen Entwicklungsverläufen, durch Diffusität gekennzeichnet (vgl. Remmers 2014: 9; Remmers 2011: 28 f.). An diesen Grundtatsachen scheitern häufig Ansprüche der Formalisierbarkeit und Standardisierbarkeit (vgl. Friesacher 2015: 213).

Eine grundlegende, angesichts demografischer sowie epidemiologischer Entwicklungen (beispielsweise sich ausweitende hirnorganische Veränderungen im Alter wie Demenz) in Zukunft immer gewichtigere Herausforderung besteht darin zu klären, über welche kommunikativen Ausdrucksmedien sich Zugänge zu Menschen beispielsweise mit verschiedenen Einschränkungen der Alltagskompetenz erschließen und stabilisieren lassen (vgl. Hülsken-Giesler 2008: 94 ff.). Von jeher zeichnete sich praktische pflegerische Kompetenz jenseits des verbalsprachlichen Mediums durch hermeneutisches Verstehen mimisch-gestischer Ausdrucksgebärden aus. Es handelt sich gewissermaßen um vorbewusste, verbalsprachlich schwer kommunizierbare Fähigkeiten der Wahrnehmung, die bis zu einem spontanen atmosphärischen Spüren reichen (vgl. etwa Schmitz 1992; daran anschließend: Uzarewicz/Uzarewicz 2005). Einübung und spontane Aktualisierung solcher Fähigkeiten setzen zwingend eine Körpernähe zur gepflegten Person voraus (vgl. Maul 2013: 13, im Anschluss an Hülsken-Giesler 2008; Remmers 2000). Das Überschreiten der Grenzen körperlicher Intimität wird, sofern es persönliche Zustimmung erfährt, als berufliches Merkmal gesellschaftlich akzeptiert und auch erwartet (vgl. Green 2013: 250). Denn in den meisten Fällen tritt die Tatsache der Pflegebedürftigkeit eines Menschen offen als ein zu lösendes Problem erst dann hervor, wenn sich alle Beteiligten von der Lage dieses Menschen auch affizieren lassen. Erst damit ist eine Grundlage geschaffen, (professionelle) Hilfe in den Bereichen körperlicher Verrichtungen, in der sozialen Dimension persönlicher Beziehungen, leiblicher Gegenwart und menschlicher Teilhabe sowie in einer psychischen Dimension der emotionalen Unterstützung und Balancearbeit zu suchen beziehungsweise zu leisten (vgl. Remmers 2014: 9; Büscher/Dorin 2014: 34).

Ein schwerwiegendes Problem für das Selbstverständnis pflegerischen Handelns ergibt sich aus sich ausweitenden Bestrebungen, auf der Grundlage informationstechnisch kommunizierbarer Sachverhalte ein möglichst hochformalisiertes und in dieser Weise technisch automatisiertes System intervenierenden Handelns entwickeln zu können (vgl. Hülsken-Giesler 2008: 81). Damit ergeben sich mehrere Fragen: In welchem Ausmaß und bis zu welchem Grad können technische Artefakte, deren Funktionalität sich aus der Tatsache ergibt, dass ihre Konstruktionsprinzipien auf *Situationsinvarianzen* ausgerichtet sind (siehe hierzu ausführlich Grunwald 2013), der Individualität und Personalität pflegebedürftiger Menschen gerecht werden? Inwieweit beziehungsweise unter welchen Bedingungen konterkariert oder verzerrt der Einsatz technischer Artefakte in der Pflege einen verstehenden Zugang zu jenen Menschen? Inwieweit beziehungsweise in welchem Ausmaße sind verwendete technische Artefakte aufgrund ihrer Funktionseigenschaften geeignet, stark auf ökonomische Rationalisierung ausgerichtete Pflegesysteme zu stabilisieren oder sogar zu forcieren (siehe hierzu ausführlich Hülsken-Giesler 2008)? Es stellt sich sogar die Frage, inwieweit lediglich zur Unterstützung der Pflege eingesetzte technische Artefakte eine Eigendynamik und Selbstläufigkeit im Sinne einer handlungstragenden Rolle entfalten, welche mit den eigentlichen pflegerischen Handlungszielen unvereinbar sind. Ein Beispiel wäre die von Manzei (vgl. 2011) untersuchte digitale Patientenakte und deren Auswirkungen. Auch auf Seiten des Pflegepersonals rufen technisch induzierte Rationalisierungstendenzen Probleme hervor, die bewältigt werden müssen. Dazu gehören nicht nur Probleme der Handhabbarkeit, sondern auch zahlreiche innerseelische Konflikte, persönlichen Belangen und Anliegen anbefohlener Menschen nicht mehr hinreichend genügen zu können (vgl. Remmers 2010: 58).

Doch bislang sind in Bezug auf die Ausführungen zum Originären des pflegerischen Handelns die Interaktion von Mensch und Ding beziehungsweise von Mensch und Technik noch nicht in der Praxis untersucht worden. Dabei stellt sich die Frage, wie diese Interaktion beschrieben werden kann. Eine Möglichkeit besteht in der Anwendung der ANT in der Lesart Bruno Latours.[4] Im folgenden Abschnitt werden zu diesem Zweck die im Zusammenhang mit der ›Agency‹ relevanten Begriffe skizziert und diese Perspektivenwahl kritisch gewürdigt.

---

4 | An dieser Stelle sei bereits darauf hingewiesen, dass es in der Forschung unterschiedliche ›Lesarten‹ der ANT gibt, so beispielsweise die von Annemarie Mol oder von John Law. Der Unterschied zwischen beiden Letztgenannten und Latour besteht darin, dass Latour viele Aspekte der ANT in verhältnismäßig systematischer Weise expliziert hat.

2.2 Die ANT Bruno Latours als soziologische Inspirationsquelle

In der soziologischen Tradition fielen lange Zeit unter die Kategorie des Akteurs fast ausschließlich menschliche Entitäten. Mit dieser handlungstheoretischen Tradition bricht Latour durch Einführung des sogenannten Symmetrieprinzips, welches besagt, dass unter der Kategorie des Akteurs ebenso nichtmenschliche Entitäten zu fassen sind (vgl. Latour 1996: 370; dazu Elder-Vass 2008: 468 f.). Verzichtet wird damit ausdrücklich auf eine essentialistische Zuschreibung von Akteurmerkmalen (vgl. Raithelhuber 2012: 137). Latour zufolge führen nicht nur Menschen, sondern auch materiale Dinge Handlungen aus. Zu diesen nichtmenschlichen Akteuren können beispielsweise Tiere, Naturphänomene, Werkzeuge und technische Artefakte, aber auch materiale Strukturen wie Kanalisationen gehören (vgl. Sayes 2014: 136 ff.). Latour spricht bei den nichtmenschlichen Entitäten auch von sogenannten nichtsozialen Akteuren, insofern sie nicht der sozialen Welt der Menschen zugerechnet werden (vgl. Latour 2014a: 62). Doch was bedeutet der Begriff des Akteurs?

Akteure
Nach Latour gilt jede Entität (sei es ein Mensch oder ein Ding), welche eine Wirkung hervorruft, als Akteur (vgl. ebd.: 69 ff.). Wirkung ist dadurch definiert, dass ein Unterschied erzeugt wird (vgl. ebd.). Ruft ein Mensch oder ein Ding einen Unterschied in einer Situation hervor, so agieren sie jeweils als Akteure. Für Latour ist es fast ausgeschlossen, dass ein Akteur für sich Autor/-in einer Handlung sein kann, sondern allein in Verbindung mit einem anderen Akteur entsteht Agency, um gemeinsam bei einem dritten Akteur eine Zustandsveränderung zu bewirken (vgl. ebd.: 129). Dies wird an dem klassischen Beispiel des Zusammenwirkens eines Gewehrs mit einem Menschen sichtbar (vgl. Latour 1994: 31). Das Gewehr bildet keinen neutralen Gegenstand, sondern tritt in Beziehung zum Menschen, der dieses Gewehr in die Hand nimmt. Es bildet sich hierdurch ein sogenannter hybrider Akteur – der ›Waffenmensch‹ (Knappett/Malafouris 2008: xi). Durch diese Beziehung ergeben sich Handlungsmöglichkeiten, die ohne das Zusammenkommen von ›Waffe‹ und ›Mensch‹ nicht hätten realisiert werden können (vgl. Latour 1994: 32). Unterschiedliche Handlungsmöglichkeiten bestehen darin, entweder einen anderen Menschen zu töten oder auf eine Zielscheibe aus Pappe zu schießen.

Akteur-Netzwerk
Eine solchermaßen in einer Handlung hergestellte Verbindung von Akteuren, die sich durch unterschiedliche Entitäten auszeichnen, bezeichnet Latour auch als Assoziation oder als Verknüpfung (vgl. Latour 2014a: 434). Dabei ergibt sich aus der analytischen Beschreibung dieser Assoziation beziehungsweise Verknüpfung zwischen den als vollwertige Akteure aufgefassten Entitä-

ten (Menschen und Dinge) ein Akteur-Netzwerk in unterschiedlicher Größe (vgl. ebd.: 223). Jener Hybrid des ›Waffenmenschen‹ bildet beispielsweise ein verhältnismäßig kleines Netzwerk. Des Weiteren treffen wir bei Latour auf ein dynamisches Verständnis von Akteur-Netzwerken, insofern sie Handlungsverläufe darstellen. Es wäre deshalb unangemessen, Netzwerke als eine bloß technische Metapher zu begreifen (vgl. Latour 1996: 383). Als Akteur-Netzwerk ist vielmehr eine wissenschaftlich dokumentierte Bewegung (beziehungsweise Verrichtung) mehrerer miteinander zusammenwirkender, jedoch heterogener Akteure zu verstehen (vgl. Latour 2014a: 92 ff.). Nach Maßgabe einer »empirischen Metaphysik«, als welche Laux (2011: 283 f., 288) den Status der ANT von Latour charakterisiert, richtet sich das Interesse ausschließlich auf Aspekte der Handlungsperformanz beziehungsweise auf prozessuale Aspekte.

Agency

Der Begriff Agency wird in den Sozialwissenschaften bislang fast ausnahmslos als Handlungsmächtigkeit eines Individuums beschrieben (vgl. Helfferich 2012: 9 f.). Gegenüber diesem Verständnis einer lediglich einzelnen Menschen zuzusprechenden Fähigkeit zum Handeln grenzt sich Latour ab. Für ihn ist Agency relational fundiert und hat insoweit konstitutive Bedeutung für die ANT (vgl. Raithelhuber 2012: 137 ff.). Handlungsmächtigkeit ist nicht die Fähigkeit vereinzelter Agenten, sondern gewissermaßen das Resultat eines Zusammenwirkens verschiedener, und wie wir bereits sahen: heterogener Akteure. Ausdrücklich spricht Latour dabei auch nichtmenschlichen Entitäten Agency zu. In der ANT wird Agency auch als Handlungsträgerschaft definiert (vgl. Niewöhner et al. 2012: 39), welche sich auf alle an einer Handlung beteiligten (menschlichen und nichtmenschlichen) Akteure verteilt (vgl. Latour 2014a: 77). Insbesondere dadurch, dass in das dynamische Geflecht Handelnder nichtmenschliche, also dingliche Entitäten eingebunden sind, ergibt sich eine relative Stabilität der auf diese Weise hergestellten sozialen Konstellationen (vgl. ebd.: 62 ff.). Von einer *relativen* Stabilität ist deswegen die Rede, weil trotz dinglicher, auf ein bestimmtes funktionales (wiederholbares) Reaktionsverhalten programmierter Akteure ein Potential zum Scheitern bestehen bleibt (vgl. ebd.: 21).

Rekonstruierbarkeit von Agency

Den theoretischen Begründungszusammenhang einer verteilten Agency vor Augen stellt sich die Frage, wie sich Figurationen von Agency (vgl. Latour 2014a: 92 ff.), insbesondere nichtmenschlicher Akteure, erschließen lassen. Auf den ersten Blick scheinen Möglichkeiten der Exploration von Handlungszusammenhängen in der Weise gegeben zu sein, ihre Wirkungen mit den Augen beteiligter menschlicher Akteure durchsichtig zu machen. Aus ihrer Perspektive können Rückschlüsse gezogen werden darauf, welche Aufgaben und

Funktionen an dingliche Akteure delegiert wurden. Durch Delegation von Handlungsfähigkeiten an nichtmenschliche Akteure können bekanntlich menschliche Anstrengungen verringert werden (vgl. Latour 2009: 234 f.). Delegation impliziert wiederum verhaltenssteuernde Handlungserfordernisse, die als Präskriptionen verstanden werden (vgl. ebd.). Zusammen ergeben die Delegation und die Präskription ein Handlungsprogramm, welches Ziele, Handlungsschritte und Intentionen umfasst (vgl. Latour 1994: 31 ff.). Diese müssen jedoch, so lautet die Forderung Latours (vgl. 2006: 566 ff.), durch die Akteure erklärt werden, nicht im Vorhinein durch die Forscher.

Kritische Würdigung
Gegenüber Latours Konzeption einer ANT sind etliche kritische Einwände erhoben worden. Aus techniksoziologischer Sicht bestehen Vorbehalte bezüglich seines Handlungsverständnisses, welches als schwach bezeichnet wird (vgl. Rammert/Schulz-Schaeffer 2002: 28). Die Kritik zielt auf ein mangelndes analytisches »Auflösungsvermögen« (ebd.: 59), insofern das Handlungsverständnis alle Phänomene umfasst und dadurch eine begrifflich beschreibbare Unterscheidung der durch die Akteure hervorgerufenen Wirkungen unmöglich gemacht wird (vgl. Schulz-Schaeffer 2007: 437). Auch Reichertz (vgl. 2014) setzt kritisch am Handlungsverständnis Latours und dem sich daraus ergebenden Akteurbegriff der ANT an. Ihm zufolge läuft ein zu eng gefasstes Verständnis von Handlungen darauf hinaus, sie nur mehr als wirkungsvolle Aktionen, gemessen an den durch sie erzeugten Unterschieden, explizieren zu können (vgl. ebd.: 100). Beklagt wird der Verlust einer Subjektdimension menschlicher Akteure, deren Handeln lediglich in einer Dimension der Verursachung von Wirkungen bei anderen Akteuren relevant erscheine. In dem Maße, in dem Latour der Sphäre des Handelns das Sinnhafte entziehe, in dem Maße könne er Dingen eine eigene Handlungsmächtigkeit zuschreiben. So sehr menschliches Handeln auch in dichte Netzwerke mit komplizierten Wirkmechanismen eingebunden sein möge, so seien sie doch nicht nur Akteure im Latour'schen Sinne, sondern würden eine »leiblich-geistig Einheit« bilden (ebd.: 116). Aus diesem Grunde müsse menschliches Handeln auch im Horizont einer sinnhaft aufgebauten sozialen Lebenswelt von Menschen verstanden werden (vgl. ebd.).

Weitere kritische Vorbehalte richten sich gegen das Symmetrieprinzip der ANT und ihre häufigen begrifflichen Unschärfen. Einer der Einwände lautet, dass durch eine begriffliche Überdehnung sowie Zuschreibung des Akteurstatus zu nichtmenschlichen Entitäten gewissermaßen eine symmetrische Glättung der Unterschiede zwischen menschlicher und nichtmenschlicher Agency vorgenommen wird. Diese Zuschreibungen scheinen – so lautet der Einwand von Kipnis (vgl. 2015: 49) – auf einem anthropomorphen Trugschluss zu beruhen. Fälschlicherweise würden menschliche Eigenschaften auf nichtmenschliche Akteure übertragen (vgl. ebd.). Beklagt wird ein Mangel inhaltlicher Spezifizierungen jener die ANT konstituierenden Begrifflichkeit, die deshalb gewissermaßen Leerformelcharakter hat (vgl. Schulz-Schaeffer 2007: 473 f.). Sie erlaubt zwar eine Beschreibung der Wirklichkeit. Mit ihr kann jedoch der Modus der diese Wirklichkeit verändernden Wirkungen nicht expliziert werden (vgl. ebd.).

Heuristische Aspekte
Gegenüber verschiedenen kritischen Einwänden hat Latour mehrfach darauf hingewiesen, dass mit Begriffen wie Akteur und Agency eine analytische Perspektive eröffnet werden sollte, um ein umfassendes Bild komplexer Handlungsverflechtungen und Wirkungszusammenhänge gewinnen zu können (vgl. Latour 2014a: 130). Mit der ANT verbindet sich insoweit eher ein heuristischer Anspruch, den Blick gewissermaßen für komplizierte dingliche Verkettungen sozialen Handelns zu schärfen, als eine geschlossene und in sich konsistente Theorie zu sein (vgl. Mol 2010: 253; Latour 2006: 566 ff.). Latours ANT erhebe, so die Auffassung von Sayes (vgl. 2014: 142), keine Ansprüche darauf, allgemeingültige und substantielle Aussagen über Untersuchungsobjekte machen zu können. Die Behauptung, dass nichtmenschliche Entitäten als Akteure über Agency verfügen, könne nicht im strengen Sinne als eine theoretische Aussage verstanden werden. Sie solle vielmehr Fragestellungen und analytische Einstellungen von Forschern/-innen leiten.

Ein wesentliches Anliegen der ANT kommt hier hinzu, insofern sie eine größere Offenheit für bessere analytische Erfassung und unterschiedliche Erklärung der Realität bewirken solle (vgl. Latour 2016: 95). Man könnte auch sagen, dass Forscher/-innen, um eine ihrem Forschungsgegenstand, das heißt sozialen Handlungszusammenhängen, angemessene Forschungsperspektive entwickeln zu können, in eine bestimmte Verbindung mit ihrem Forschungsgegenstand treten müssen. Das aus der Position des/-r distanzierten Forschers/-in gewonnene, scheinbar objektive Wissen erweise sich als unzureichend für die Erklärung einer Praxis, wenn die Rückverfolgbarkeit dieses Wissens auf verschiedenen Akteurebenen nicht gewährleistet werden kann (vgl. ebd.: 114 ff.). Dabei geht es darum, Hinweise oder ›Spuren‹ zu finden, wie dieses Wissen gewonnen beziehungsweise hergestellt worden ist (vgl. Latour 2014a: 61). Auch für Elder-Vass (vgl. 2008: 466) verbindet sich mit der ANT eher ein heuristischer Ansatz, Wissenschaftler/-innen bei der ›Spurensuche‹ zu unterstützen.

Man kann abschließend sagen, dass hinsichtlich des Anspruchs, gesellschaftliche beziehungsweise berufliche Praxis erklären zu können, mit der ANT eine epistemische sowie eine explanatorische Position eingenommen wird, die mit den nomothetischen Ansprüchen älterer angloamerikanischer Pflegetheorien schwer vereinbar ist. Handlungstheoretisch verkürzend gehen diese Theorien ja zumeist davon aus, dass sich pflegerisches Handeln am Leitfaden quasitechnischer Regeln in einer rationalen Weise steuern lasse, ohne dass die beruflichen Akteure begründen könnten, wie sie zu ihren Regeln gekommen seien. Verkannt wird dabei, dass berufliche Akteure in ihrer (reflektierten) Praxis über Quellen der Erschließung eines für sie maßgebenden Wissens verfügen, das mit einem aus wissenschaftlich-methodischer Objektivierung gewonnenen Wissen zumeist inkommensurabel ist. Mit der ANT wird dagegen eine epistemische Perspektive eröffnet, die für die berufliche Handlungsforschung – insbesondere mit Blick auf Phänomene einer dinglich-materialen Mediatisierung – von großer Bedeutung ist und für die Folgendes gilt: »Beobachter und Teilnehmer operieren auf der gleichen ›Ebene‹, sitzen ›im selben Boot‹.« (Latour 2014a: 61, zit. n. Laux 2011: 281).

3. Fragestellungen und Objektauswahl

Pflegerisches Handeln, ob im beruflichen oder informellen Kontext, umfasst ein komplexes Geflecht von kommunikativen Anteilen, impliziten Wissensbeständen sowie Kompetenzen mimisch-gestischen Ausdrucksverstehens. Insofern kann von einer Kunstfertigkeit pflegerischen Handelns gesprochen werden, dessen Anlässe Pflegebedürftigkeit sind, allerdings unter Bedingungen einer zunehmenden ökonomischen und technischen Rationalisierung beruflichen Handelns. Ausgehend von diesem Theorem einer technischen Rationalisierung stellt sich im Anschluss an Latour die Frage nach der tatsächlichen Agency der Dinge in der Pflege und ihrem Stellenwert in der Pflege. Dabei gingen wir in der Osnabrücker Teilstudie des Forschungsprojekts ›Die Pflege der Dinge‹ von folgender Fragestellung aus: Wie zeigt sich eine Agency der Dinge in der Pflege? Welche Bedeutungen schreiben die professionellen Pflegepersonen ihren Arbeitsgegenständen, den sogenannten Pflegedingen, zu?

Angesichts der kaum mehr überschaubaren Vielzahl gegenständlicher Hilfsmittel in der Pflege wurde exemplarisch das Pflegebett herangezogen. Begründet wird dies damit, dass es eine zentrale Rolle für das pflegerische Handeln spielt. Die empirischen Untersuchungen haben uns in dieser Annahme bestärkt. Das Pflegebett bildet den Ausgangspunkt für viele pflegerische Aktivitäten, wie zum Beispiel die Körperpflege. Seine Funktionalität unterstützt den Transfer einer/-s Patientin/-en in den Rollstuhl.

Geschichtlich bedeutsam ist, dass sich die Konstruktion des Pflegebetts als Metallgestell mit zwei oder drei verstellbaren Segmenten bis auf den Anfang des 20. Jahrhunderts als »Gatch-Bett« zurückverfolgen lässt (vgl. zum Beispiel Gatch 1909). Diese Grundform hat sich im Verlaufe des vergangenen Jahrhunderts erhalten (vgl. Juchli 1973: 58; Fröhlich et al. 2012: 218), wobei bereits in den 1970er Jahren elektrisch motorisierte Pflegebetten ältere langsam ersetzten und auch in Krankenpflegelehrbüchern thematisiert wurden (vgl. zum Beispiel

Juchli 1973: 59). In unserer Untersuchung wird sowohl auf elektrisch motorisierte als auch auf nichtmotorisierte Pflegebetten Bezug genommen.

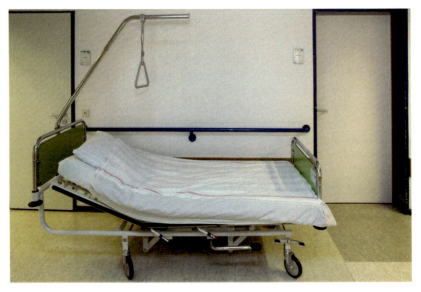

Abbildung 1: Höhenverstellbares Pflegebett. 2016. Metall, Kunststoffe.
Foto: Thomas Bruns, Berlin.

4. Untersuchung

Im Zentrum der Untersuchung stand die Analyse der Agency beziehungsweise Handlungsträgerschaft von Objekten der Pflege aus einer dezidiert pflegewissenschaftlichen Perspektive. Zu diesem Zweck wurden in der Zeit von Oktober 2014 bis Dezember 2015 verschiedene Einrichtungen der stationären Krankenpflege, der ambulanten Intensivpflege und der ›konventionellen‹ ambulanten Pflege aufgesucht und untersucht. Als Forschungsinstrumente dienten teilnehmende Beobachtungen der Arbeit von professionell Pflegenden sowie teilstrukturierte qualitative Interviews. Die thematische Konstruktion des Interviewleitfadens zielte vor allem auf zu beschreibende Charakteristika der in einer Pflegesituation beziehungsweise Pflegehandlung verwendeten ›Dinge‹, technische Objekte und Hilfsmittel, ihren Stellenwert, ihre Funktionen in und ihr Einfluss auf die pflegerische Arbeit sowie auf Arten und Modalitäten der Handhabung dieser ›Dinge‹ im Vollzug pflegerischer Handlungen. Der Zugang zu den jeweiligen Pflegesettings erfolgte in der Regel über die Leitungsebene der Einrichtungen. Gemäß Votum der Ethikkommission der Universität Osnabrück wurde das mündliche und schriftliche Einverständnis der zu befragenden Pflegepersonen sowie der in die Beobachtung einbezogenen Patienten/-innen eingeholt. Letzteres erfolgte wegen des besonderen Vertrauensverhältnisses durch Pflegepersonen oder ihre Vorgesetzten. Allen Beteiligten wurde zugesichert, dass die Beobachtungen jederzeit auf eigenen Wunsch hin unterbrochen oder abgebrochen werden könnten. Aus diesem Grund ließen sich nicht immer alle Aspekte des pflegerischen Handelns erfassen. An die Beobachtungen schlossen sich regelmäßig Interviews mit den Pflegepersonen an, die teilgenommen haben. Alle erhobenen Daten wurden anonymisiert.

Die Auswertung der durch die teilnehmenden Beobachtungen und Interviews gewonnenen Daten erfolgte mittels der strukturierenden Inhaltsanalyse nach Kuckartz (vgl. 2014). Die meisten der induktiv aus dem Material gebildeten Kategorien erlaubten es, das Datenmaterial übersichtlich zu ordnen und die dem Pflegebett durch das Pflegepersonal zugeschriebenen Bedeutungen herauszuarbeiten. Als sensibilisierendes – offen gehaltenes – Konzept zur Unterstützung der Datenauswertung wurde dabei auf die induktiv entwickelten Analysefoci zurückgegriffen.[5] Sie dienten im Falle der vorliegenden Untersuchung dazu, wichtige Aspekte im Zusammenhang mit der exemplarischen Beobachtungssequenz und den Bedeutungszuschreibungen der Pflegepersonen hervorzuheben.

5. Ergebnisse

5.1 Situationsmerkmale der exemplarischen Beobachtung

Im Zentrum einer als exemplarisch anzusehenden Beobachtungssituation stand der abgebrochene Versuch einer Körperwaschung bei einer 60-jährigen Patientin. Sie war an einem fortgeschrittenen Lungenkarzinom erkrankt und wies eine ausgeprägte Luftnot mit Angstzuständen auf. Das Zimmer war mit zwei Patientinnen belegt. Die luftnötige Patientin befand sich im Bett des Zimmers gegenüber der Eingangstür; das Bett der zweiten Patientin stand in der Nähe des Fensters. Während der Beobachtungssituation hielt sich diese Patientin im Badezimmer auf, welches direkt dem Patientenzimmer angegliedert war.

---

5 | Eine kompakte Beschreibung der Analysefoci ist der Einleitung zu diesem Band zu entnehmen.

5.2 Zur Materialität und Beschaffenheit des Pflegeobjekts

Das Pflegebett bestand aus einem auf vier Rollen (Rädern) aufgesetztem Metallgestell, das in drei Segmente aufgeteilt war (Gatch-Bett). Auf diesem Metallgestell befanden sich eine mit weißfarbiger Bettwäsche bezogene Matratze, eine Decke sowie ein Kissen. Jeweils am Kopf- und Fußende des Betts war zwischen den seitlichen Metallstangen ein Holzbrett montiert, wodurch ein Gegenhalt gegen nichtbeabsichtigte längsseitige Bewegungen des Körpers eines/-r Patienten/-in geschaffen ist. Am Kopfende befand sich ein sogenannter ›Bettgalgen‹, ausgestattet mit einem durch Riemen verbundenen Griff in Form eines Triangels aus Kunststoff mit Griffleisten. Bei diesem Bett handelte es sich um ein mit einem Elektromotor ausgestattetes Pflegebett, dessen Segmente dadurch ohne menschliche Kraftanstrengung verstellt werden konnten. Die Steuerung erfolgte entweder über eine an eine Fernbedienung elektronischer Geräte erinnernde Handsteuerung, die sowohl von der Patientin als auch der Pflegerin bedient werden konnte. Am Fußende befand sich unterhalb der Auflagefläche des Bettgestells eine hervorziehbare ›Schublade‹, in die ebenso eine elektronische Bettsteuerung eingelassen war.

5.3 Datenauswertung

Das Datenmaterial mit inhaltlichem Bezug zum Pflegebett wurde gemäß der strukturierenden Inhaltsanalyse nach Kuckartz (vgl. ebd.) kategorial geordnet. Die Kategorien wurden in einem ersten Auswertungsdurchgang deduktiv, in weiteren Auswertungsdurchgängen induktiv gebildet.[6] Dabei kam es darauf an, sogenannte »Delegationen« (Latour 1994:31ff), das heißt an das Pflegebett adressierte Aufgaben und Funktionen, herauszustellen. Besonderes Augenmerk richtete sich auch auf Interviewsequenzen, die die Relativität dieser material vermittelten Stabilität hervorheben. In diesem Fall ging es um Situationsbeschreibungen, in denen das Pflegebett nicht den Handlungserfordernissen der Menschen entsprach beziehungsweise nicht in ihrem Sinne funktionierte.

Die Auswertung unseres Datenmaterials erfolgt im Folgenden aus der Perspektive gemeinsam auf induktivem Wege gewonnener Analysefoci sowie in Verbindung mit einem bereits explizierten Vorverständnis von Agency als eine auf Dinge und Menschen verteilte Handlungsträgerschaft. Fokussiert werden dabei Themen wie ›(Un-)Sicherheit‹ und ›Abhängigkeit‹, in denen sich eher problematische Wirkungen des materialen Objekts ›Pflegebett‹ in den beobachteten Pflegesituationen und Handlungen spiegeln. Welche Bedeutungszuschreibungen die befragten Pflegepersonen im Hinblick auf die Handlungs-

---

6 | In dem Abschnitt zu den Bedeutungszuschreibungen der menschlichen Akteure werden die Kategorien zur besseren Lesbarkeit jeweils in kursiver Schriftart hervorgehoben.

trägerschaft materialer Objekte vornehmen, erscheint thematisch vielfältig zu sein. Als Arbeitsgegenstand der Pflege scheint das Pflegebett ›Nähe‹ und ›Distanz‹ zu vermitteln und ›Selbstbestimmung‹ zu ermöglichen. Thematisiert wird auch ›Verselbstständigung‹ als Effekt eines Pflegebetts, der potentiell wiederum in Verbindung mit ›(Un-)Sicherheit‹ gesehen werden kann. Themen wie ›Individualität‹, ›Normalität‹ und ›Standardisierung‹ schließlich verweisen auf ein Spannungsverhältnis zwischen den im Bett befindlichen Menschen und der Materialität und Bauart des Pflegebetts. Hierzu nachfolgender Auszug aus einem Beobachtungsprotokoll (onkologische Station eines Krankenhauses):

»Wir betreten zuerst das Zimmer 2. Auf dem ausgefahrenen Tisch des Nachtschrankes der Patientin im ersten Bett steht eine mit Wasser gefüllte Waschschale. Dem Wasser ist anscheinend aufgrund der Schaumentwicklung von der Pflegerin vorher eine Waschlotion zugefügt worden. Die Pflegerin weist mir einen Sessel in einer Ecke des Zimmers zu (›Sie können sich ja da hinsetzen.‹). Der Waschlappen und zwei Handtücher werden währenddessen von der Pflegerin von einem Hocker, der sich auf der anderen Bettseite befindet, genommen und auf dem Tisch des Nachtschranks abgelegt. Die Sauerstoffsonde wird von der Pflegerin nach einer Ankündigung (›Die Sauerstoffsonde machen wir einmal kurz ab.‹) aus der Nase der Patientin entfernt. Danach wird das Hemd ausgezogen. Dies erfolgt durch Überziehen des Hemdes vom Rücken beginnend über den Kopf. Anschließend legt die Pflegerin über die Brüste der Patientin ein Handtuch. Die Pflegerin kündigt der Patientin an, den Rücken zu waschen. Die Patientin sitzt währenddessen im Bett, ohne an das hochgefahrene Kopfteil angelehnt zu sein. Sie beugt sich nicht weit vor. Sie will dabei nur noch die Sauerstoffsonde haben, welche ihr umgehend von der Pflegerin gegeben wird. Die Pflegerin wäscht rasch mit dem inzwischen in die Schale eingetunkten Waschlappen den Rücken der Patientin und trocknet diesen wieder ab. Während dieser Aktion verschlechtert sich die Atmung der Patientin. Die Pflegerin unterbricht die Waschung und zieht der Patientin ihr Hemd wieder an. Sie sagt zu der Patientin anschließend, dass jetzt erstmal nicht weitergemacht werden wird. Die Patientin ist sehr erschöpft und kurzatmig. Daraufhin bietet die Pflegerin der Patientin eine Inhalation mit dem Inhalationsgerät an. Die Patientin bejaht dieses Angebot und lehnt sich zurück, während die Pflegerin das Inhalationsgerät vorbereitet. Sie öffnet den oberen Bereich des Gerätes und gibt ein Inhalationspräparat ein. Nachdem sie dieses durch Drehbewegungen verschlossen hat, stellt sie die Druckluft an. Durch den weißen transparenten Schlauch, der an dem sich an der Wand befindenden Adapter angeschlossen ist, wird die Druckluft in das Inhalationsgerät geleitet. Es entsteht ein Nebel, der aus dem Mundstück des Inhalationsgerätes aufsteigt. Die Patientin nimmt in dankbarer Geste und – so scheint es mir – mit dem Ausdruck der Erleichterung das Mundstück des Inhalationsgerätes in den Mund. Während die Patientin inhaliert, misst die Pflegerin nach einer kurzen Ankündigung ihr den Puls. Danach kontrolliert sie, indem sie die Bettdecke anhebt, beide Fersen der Patientin, da die Patientin nach ihren Angaben aufgrund der Atemnot nur für kurze Zeit auf der Seite liegen kann.

Die Interaktion der Pflegerin mit der luftnötigen Patientin wird kurz unterbrochen: Die mit einem Bademantel bekleidete zweite Patientin hat die Badezimmertür geöffnet und verlässt dieses in Richtung ihres Betts an der Fensterseite des Zimmers. Sie führt mit der Pflegerin ein kurzes Gespräch.
Die Patientin im ersten Bett versucht währenddessen die Bettbedienung zur Einstellung des Betts zu nutzen. Dies gelingt ihr nicht und wird auch schnell von der Pflegerin bemerkt, welche das Kopfteil mithilfe der Bettbedienung höherstellt. Die Patientin signalisiert ihr starkes Unwohlsein ›»Meine Luft‹). Die Pflegerin antwortete darauf: ›Dann hol ich Ihnen eine Spritze.‹«(Beobachtungsprotokoll vom 28.1.2015, Abschnitte 3, 5)

5.4 Nachzeichnung der beobachteten Situation

Einführend sei gesagt, dass verschiedenste Objekte neben dem Pflegebett mit in die Interaktionen zwischen der Pflegerin und der Patientin eingebunden gewesen sind. Nahezu jede Handlung der Pflegerin an der Patientin ist mit einem materialen Objekt verbunden. Die Performanz ihres Handelns schließt daher mehrere Pflegedinge ein. Allerdings bildete das Pflegebett einen zentralen pflegerischen Bezugspunkt der Pflegerin als Akteur Das hochgestellte Kopfteil signalisiert die an das Pflegebett delegierte Tätigkeit, zur Milderung anhaltender Luftnot der Patientin beizutragen. Eine Luftnot äußert sich u. a. durch eine erhöhte Atemfrequenz, flachere Atemzüge und Todesangst. Um die Ausnutzung des eingeatmeten Luftvolumens zu erhöhen, setzen sich betroffene Menschen auf. In der medizinischen Fachsprache wird auch von Orthopnoe gesprochen, welche bei der schwersten Form der Atemnot in Erscheinung tritt. Dies war auch bei der Patientin der Fall. Das Pflegebett unterstützte die aufgerichtete Körperhaltung und übernahm damit im Sinne einer Delegation eine Aufgabe, die andernfalls von der Pflegerin hätte ausgeführt werden müssen beziehungsweise die Hinzuziehung weiterer Dinge zur Unterstützung des Oberkörpers erforderlich gemacht hätte. Ein weiteres handlungstragendes Pflegeding bildete der Nachtschrank, auf dessen ausgefahrenem Tisch die Utensilien für die Körperpflege (Waschschale, Waschlotion, Waschhandschuhe und Trockentücher) positioniert gewesen sind. Das Pflegebett und der Nachtschrank mitsamt den Utensilien bildeten dabei das materiale Arrangement, in dem die Pflegerin handelte.

In diesem Arrangement sollte nun die Körperpflege, genauer die Waschung des Oberkörpers durch die Pflegerin, stattfinden. Die Vorbereitungen hierzu erforderten die Trennung der Patientin von der Sauerstoffsonde, welche sich vorher in ihrer Nase befunden hatte. Beide instrumentellen Voraussetzungen – das hochgestellte Kopfteil des Pflegebetts und die Sauerstoffsonde – dienten dazu, die krankheitsbedingte Atemnot zu lindern und der Patientin ein Gefühl von Sicherheit zu geben. Diese für den Außenstehenden kurz erscheinende Unterbrechung der zusätzlichen Sauerstoffversorgung durch die Pflegerin war notwendig, um die Patientin entkleiden und ihren Rücken waschen zu können, erforderte jedoch eine Änderung der Ziele pflegerischen Handelns: Die Priorität der Körperpflege der Patientin trat hinter die Dringlichkeit zu ergreifender Maßnahmen bei sich akut verschlechternder Atmungssituation zurück. Damit bildeten die Waschutensilien keinen Bestandteil der Handlung mehr, vielmehr musste ein anderes Objekt in das ›Akteur-Netzwerk‹ zwecks Stabilisierung der pflegerischen Versorgung und Herstellung eines Gefühls von Sicherheit eingebunden (das heißt assoziiert) werden. Bei diesem Objekt handelte es sich um ein Inhalationsgerät, welches wiederum an ein größeres Versorgungssystem angeschlossen gewesen ist.

Zu erwähnen ist ein weiterer Aspekt in diesem Zusammenhang: Nachdem das Angebot der Inhalation durch die Pflegerin erfolgt war, lehnte sich die Patientin dem Vernehmen nach erschöpft an das hochgestellte Kopfteil des Pflegebetts. Ihr Zurücksinken ist leiblich-körperlicher Ausdruck einer Erschöpfung. Hinsichtlich dieser Beobachtung kann daher gesagt werden, dass durch eine spezifische Verbindung der tätigen Pflegerin, der Positionierung des Kopfteiles des Pflegebetts und der Funktionen des Inhalationssystems, dessen Dampf quasi eine lindernde Wirkung anzeigte, ein Unterschied der Gesamtsituation bewirkt werden konnte. Das Resultat war eine kurzzeitig stabilisierte pflegerische Handlungssituation, die es der Pflegerin ermöglichte, den körperlichen Zustand der Patientin unter Kontrolle zu halten. Im Gesamtgeschehen erwies sich das Pflegebett, gewissermaßen ein ›Hauptaufenthaltsort‹ der Patientin, als das Substantielle. Die dauerhaft aufrechte Sitzposition der Patientin, aufgezwungen durch das Symptom der Atemnot, war indessen mit (Aus-)Wirkungen auf ihren Körper verbunden. Diese bestanden im Risiko von Druckgeschwüren an ihren auf dem Bett aufliegenden Körperarealen.

Kurze Zeit später, die Pflegerin musste ihre Aufmerksamkeit kurz der anderen Patientin widmen, wurde die Stabilität der Handlungssituation empfindlich gestört. Das motorisierte Pflegebett verfügte zwar über eine Bettbedienung, die der Patientin eine halbwegs autonome Einstellung des Kopfteils ermöglichen sollte. Dies gelang ihr jedoch nicht und erforderte das rasche Eingreifen der Pflegerin, welche das Kopfteil mittels elektronischer Bettbedienung höherstellte. Allerdings konnte dadurch keine Verbesserung erreicht werden. Vielmehr trat durch die Atemnot eine existentielle Notlage ein, welche eine Umsteuerung des Handlungsverlaufs auf die Einbindung weiterer Pflegedinge, das heißt einer Spritze und des darin enthaltenen Medikaments, erforderlich machte. Damit musste zur Stabilisierung der Situation die Handlungsträgerschaft an andere Dinge übergehen. Zugleich hebt die durch die Tumorerkrankung hervorgerufene Atemnot den leibkörperlichen Aspekt hervor: Die durch die Konstruktion und Manipulierbarkeit des Pflegebetts erhöhte Lage des Oberkörpers reichte nicht mehr aus, das leibliche Empfinden der Patientin zu verbessern. Andere Pflegedinge, die in das biologische System ihres Körpers eingreifen und damit relevant für ihr leibliches Empfinden gewesen sind, mussten in die Handlung eingebunden werden.

Zusammenfassend lässt sich sagen: Dem Pflegebett wurden in der Situation extremer Atemnot und existentieller Angst der Patientin Funktionen der Linderung und eines dadurch herzustellenden Gefühls der ›Sicherheit‹ zugeschrieben. Diese materialen Funktionen konnten nicht vollständig erfüllt werden. Der Aspekt der ›Unsicherheit‹ wurde sichtbar. Interessant ist hier die Reaktion der Pflegerin auf die Angst der Patientin: Der sofortige Abbruch der Körperpflege ist als Unterbrechung einer Krankenhausroutine zu begreifen. Weniger durch die rasche Einbindung des Inhalationsgerätes als vielmehr durch die händische Messung des Pulses erfolgten weiterhin Berührungen, durch welche in dieser Situation der spezifische Körper-Leibbezug der Pflege aufrechterhalten wurde. Nicht vergessen werden darf die Zusicherung der Pflegerin am Ende des Beobachtungsausschnitts, eine Spritze zu holen, die besser gegen die Atemnot helfen sollte. Es fällt ferner auf, dass Aspekte der ›Abhängigkeit‹ und der ›Sicherheit‹ nicht voneinander getrennt werden können. Deutlich zeigt sich dies an der elektronischen Bettsteuerung beziehungsweise Bettbedienung. Diese mit Selbstbestimmung und Selbstständigkeit assoziierten Funktionen werden nutzlos bei versiegender Kraft und Konzentrationsfähigkeit der Patientin.[7]

5.5 Bedeutungszuschreibungen der menschlichen Akteure

Bereits in den Ausführungen zur Datenauswertung hatten wir darauf hingewiesen, dass sich auf kategorialer Ebene zahlreiche Bedeutungen finden, die dem Pflegebett seitens der interviewten Pflegerinnen zugeschrieben werden. Aus Perspektive der ANT, von der wir uns in unserer Problemstellung haben leiten lassen, stellt sich die Frage, gemäß welcher Kriterien die interviewten Pflegepersonen das Pflegebett als ein originäres Pflegeding klassifizieren und welche Funktionen sie diesem Ding im Sinne einer Handlungsträgerschaft zuschreiben. Exemplarisch werden von einer Pflegerin einer *stroke unit* (das heißt einer Therapie- und Überwachungsstation für Schlaganfallpatienten/-innen) zwei Kriterien benannt: *Ermöglichung der Pflegearbeit* und *Gewährleistung körpernaher* Tätigkeit. Dazu folgender Interviewausschnitt:

»Okay. Also, ich hatte für mich selber überlegt, dass ich finde, alle Dinge oder Gegenstände, die ich benötige, wenn ich an oder mit dem Patienten arbeite, oder die halt auch der Patient vielleicht auch später alleine benützen kann, also zum Beispiel das Bett, wenn der noch relativ mobil ist, dann benutzen die das auch noch selber. Aber ich wür-

---

7 | Hier sei auf den Beitrag von Lucia Artner und Daniela Böhringer in diesem Band verwiesen, in dem ebenfalls die Thematik der Abhängigkeit u. a. mit zur Sprache kommt.

de das auch für mich persönlich selber auch als Pflegegegenstand bezeichnen.« (Interview vom 25.11.2014 mit einer Pflegerin aus einer *stroke unit*, Abschnitt 26, sprachlich geglättet)

Für die Pflegerin bildete das Pflegebett eine örtlich bestimmte Voraussetzung, um am Menschen in einem wiederum positional flexibel bestimmten Verhältnis arbeiten zu können. In der Beobachtungssequenz umfasste dies zum Beispiel die Körperwäsche, die Kontrolle des Hautzustands und die Pulszählung. Pflegearbeit ›am Bett‹ stellt fast ausnahmslos ›Nähe‹ her. Das Bett stellt gewissermaßen eine Plattform für viele Tätigkeiten in der Pflege dar, die tendenziell mit Körperkontakt verbunden sind. Häufig sind diese Kontakte jedoch durch Handschuhe ›vermittelt‹, was wiederum eine gewisse ›Distanz‹ erzeugt.

Beobachtungen in verschiedenen Settings zeigen, dass die technische Funktionalität des Pflegebetts sich nicht nur auf seine Bedienbarkeit durch professionelle Pflegepersonen beschränkt. Auch durch pflegebedürftige Menschen selbst lässt es sich zumindest potentiell autonom zur Unterstützung ihrer Lebensaktivitäten nutzen. Zwei bereits benannte ›Delegationen‹ werden durch das Zitat unterstrichen: flexible Positionierung als Ermöglichung des körpernahen Arbeitens am Menschen; selbstständige Positionseinstellungen durch die sich im Bett befindlichen Menschen je nach persönlichen Bedürfnissen und Komfortwünschen. Es zeigte sich allerdings in Bezug zu diesem Personenkreis, dass diese ›Delegationen‹ abhängig sind von bestimmten Fähigkeiten.

Welche Agency beziehungsweise Handlungsträgerschaft speziell einem technisch auf die Versorgung von Menschen mit einem akuten Schlaganfall ausgerichteten Pflegebett *(stroke unit)* zugeschrieben wird, zeigt folgender Interviewausschnitt:

»Ja also, es beeinflusst auf jeden Fall meine Handlung in dem Sinne: zum Beispiel ein schwerbetroffener Patient, der in einem normalen Patientenbett liegt und jetzt nicht bei uns in so einem *Stroke*-Bett. Da ist allein morgens die Grundpflege erschwert. Also man muss immer das Bett erstmal hochpumpen. Gut, das find ich noch nicht so schlimm. Aber dann allein mit dem rückenschonenden Arbeiten. Geht nicht so einfach. Und dann hat man halt auch bei den *Stroke*-Betten die Möglichkeit, halt das Fußteil ganz nach oben zu machen. Finde ich halt bei den ..., bei den alten Betten kann man das auch manuell machen. Finde ich aber bisschen schwieriger einzustellen, und so habe ich dann manchmal auch die Möglichkeit, die irgendwie besser zu lagern nach der Körperpflege oder auch während der Körperpflege. Und auch danach, wenn ich die dann lagere zum Essen oder so. Das ist halt bei den normalen Betten, finde ich nicht so schön. Man kann halt nur das Kopfteil hochstellen und dann liegt man meistens ein bisschen unbequem im Bett zum Essen. Wenn man halt Patienten hat, die Bettruhe haben und nicht mobilisiert werden dürfen und nicht mobilisiert werden können und solche Dinge, dann find ich das halt immer ein bisschen schade. Und auch, das ist ja quasi nur ein Knopfdruck. Also ich drücke einen Knopf und der Patient, das Bett stellt sich automatisch so ein. Das ist schon sehr einfach. Das ist natürlich bei den alten unmotorisierten Betten ein bisschen schwieriger und auch manchmal gar nicht so in der Form möglich. Also das beeinflusst dann schon beim Lagern des Patienten.« (Interview vom 25.11.2014, Abschnitt 64)

Die Versorgung eines schwerbetroffenen Patienten fand aus der Sicht der Pflegerin in einem herkömmlichen Patientenbett unter erschwerten Bedingungen statt. Subsumieren lässt sich dieses Phänomen unter die Kategorien *Mehrarbeit* und *Bauart/Konstruktion*. Fehlen bei einer älteren Version eines Pflegebetts (gemessen am *Stroke*-Bett als hochtechnisierte Variante eines Pflegebetts) bestimmte Eigenschaften, so geht dies mit körperlicher Mehrarbeit für die Pflegenden einher. Als Beispiel bezieht sich die Pflegerin auf die morgendliche Grundpflege. Für sie ist das rückenschonende Arbeiten, welches einen Standard in der pflegerischen Arbeit darstellt, mit diesen älteren Betten nicht einfach gewesen, obwohl diese über eine Pumpfunktion und damit zumindest einfachere mechanische Verstellbarkeit verfügten. Im weiteren Verlauf verglich sie die Möglichkeit des Hochstellens des Fußteils am *Stroke*-Bett mit der gleichen Funktion bei der herkömmlichen beziehungsweise älteren Variante des Pflegebetts. Bei Letzterem musste dieses auf manuellem Wege eingestellt werden, wobei dies jedoch einen höheren Kraftaufwand bedeuten würde. Das heißt, dass bestimmte Varianten des Pflegebetts die körperliche Arbeit für die Pflegenden erschweren oder erleichtern können. Im Vergleich mit dem *Stroke*-Bett erfordern herkömmliche Pflegebetten größere Kraftanstrengungen. Gegenwärtigen Standards der Pflegearbeit kann deswegen möglicherweise nicht mehr optimal entsprochen werden.

Im weiteren Gesprächsverlauf werden Probleme der *(In-)Kompatibilität* von Mensch und Ding thematisiert, das heißt Fragen der Vereinbarkeit von ›Individualität‹, ›Normalität‹ und ›Standardisierung‹. Nach Angaben der interviewten Pflegeperson waren Möglichkeiten einer optimalen Positionierung einer/-s Patientin/-en zur Körperpflege oder auch zur Nahrungsaufnahme bei *Stroke*-Betten besser gegeben als bei herkömmlichen Betten, bei denen nur das Kopfteil hochgestellt werden konnte. Es handelt sich dabei also um eine Inkompatibilität des herkömmlichen (!) Pflegebetts, das heißt seiner durch eine bestimmte Bauweise standardisierten Funktionalität mit den je individuellen, sehr plastischen Bedarfen und Bedürfnissen betroffener Menschen.

Unter mehreren Aspekten lässt sich der Anteil von modernen vollmotorisierten Pflegebetten an der Agency von pflegerischen Handlungen verdeutlichen. Zum einen gehört die *Funktionsvielfalt der Pflegedinge* dazu. Dadurch kann das Möglichkeitsspektrum pflegerischer Interventionen erweitert werden. Beim modernen *Stroke*-Bett kommt ein *einfaches Handling* mittels eines Knopfdruckes hinzu. Durch automatische Einstellungen wird pflegerisches Handeln gleichsam mitgetragen. Dadurch werden gleichzeitig neue Normalitätsstandards eingeführt, basierend auf neuen Formen der ›Delegation‹, welche händische Einstellungen einzelner Bettsegmente durch Betätigen von Hebeln überflüssig machen. Allerdings gibt es widersprüchliche Einschätzungen von Pflegepersonen, und zwar in Abhängigkeit vom Setting, das offensichtlich den technisch-funktionellen Standard dort verwendeter Pflegebetten bestimmt. Den Einfluss eines motorisierten Pflegebetts auf die Arbeit in der ambulanten Pflege, die nicht auf einen sehr kurz getakteten medizinischen Versorgungsablauf abgestimmt ist, macht nachstehender Interviewausschnitt deutlich:

»Na ja, erstmal ist es ein Zeitaufwand, ein mehrminütiger Zeitaufwand, der da entsteht. Weil du da auch mehrere Griffe und Handhabungen hast, alleine schon bis so ein Bett hochgefahren ist, das dauert länger. Das dauert länger, als wenn du einen Menschen aus einem normalen Bett herausnimmst. Zeit, Zeitfaktor spielt eine wichtige Rolle. Gesundheit für den, der pflegt, ist sehr wichtig. Ne, also ein Pflegebett ist halt auch für uns gut, indem wir rückenschonend arbeiten können, im Bett halt auch gut bewegen können den Patienten, überall rankommen, auch gucken können, wo es wichtig ist zu gucken. Ja, das ist ein Gegenstand, den wir tagtäglich in der ambulanten Pflege eigentlich auch dann brauchen und mit dem wir auch tagtäglich umgehen, der ja auch unsere Maßnahmen bestimmt. Ne? Also das auch. Auf jeden Fall wird in der Pflegedokumentation der Zeitaufwand, die Zeitangaben, große Pflege 20 Minuten. Der niedersächsische Pflegekatalog ist mit einem Pflegebett mit einem bettlägerigen Menschen ja gar nicht einzuhalten, die Zeit. Also einen erhöhten Zeitaufwand erfordert. Ne?« (Interview vom 2.12.2015, Abschnitt 44)

Bezüglich des *Zeitaufwandes* für den Transfer eines Menschen aus dem Bett zum Beispiel in den Rollstuhl ergibt sich ein paradoxes Bild: Bei einem normalen Bett scheint der Arbeitsaufwand für Positionsverlagerungen von Patienten/-innen geringer zu sein als bei einem speziellen Pflegebett, das zunächst einmal mechanisch hochgefahren werden muss. Allerdings sind auch gewisse vorgegebene *Zeitlimits* in der ambulanten Pflege nicht zu übersehen.

Hieraus ergibt sich ein Spannungsverhältnis: Die konstruktiven Voraussetzungen eines modernen Pflegebetts zielen auf eine Erleichterung der Pflegearbeit (zum Beispiel Rückenschonung), auf eine Optimierung von Lagerungsmöglichkeiten (Verbesserung oder Beschleunigung des therapeutischen Erfolgs) und auf eine selbstständige Erfüllung von Komfortwünschen von Patienten/-innen, laufen dabei aber institutionell standardisierten Vorgaben, zum Beispiel in Form des niedersächsischen Leistungskomplexkatalogs, entgegen, in engbegrenzter Zeit möglichst viele pflegerische Verrichtungen zu vollziehen. Das moderne, vor allem motorisierte Pflegebett erfüllt viele delegierte Aufgaben, die Pflegepersonen unterstützen, aber ›zeitintensiv‹ sind.

Höchst prekäre Situationen entstehen, wenn das Pflegebett sich im Widerspruch zu den Erwartungen der Pflegepersonen ›verhält‹, wie nachstehende Episode zeigt:

»Ja. Also das passiert immer mal also. Wo war noch das, wo man irgendwie? Letztens zum Beispiel ein Elektrobett: Das war dann defekt. Dann wollte ich das Kopfteil hochmachen. Aber nur ein kleines Stückchen. Und als ich den Knopf losgelassen habe (lacht), ist das leider, das Kopfteil, von (lacht) alleine hochgegangen. Und das war auch noch ausgerechnet ein Patient, der nur dreißig Grad hochgelagert werden durfte und nicht höher. Weil er halt auch eine EVD[8] liegen hatte und halt vom Druck her, also vom Gehirndruck nicht so hochdurfte. Deswegen sollte das nicht so hoch. Und ich hatte dann auch wohl auf Stopp gedrückt. Also wieder draufgedrückt. Dann hat es auch wohl aufgehört. Aber jedes Mal, wenn ich den wieder losgelassen hab, ist der wieder hochgegangen.« (Interview vom 25.11.2014, Abschnitt 98)
»Ich hatte auch erst gedacht, vielleicht irgendwie dass der Strom leer ist. Aber nein. Also dann hatte ich den noch mal wieder ausgestellt, das Bett komplett ausgestellt, nochmal angemacht. Es hat leider nicht funktioniert. Ich hatte dann natürlich mir direkt Hilfe geholt und den Patienten dann in ein anderes, ähm, Pflegebett umgelagert. Aber das war halt schon so eine Situation, wo ich gedacht habe: Na ja, also das ist ein bisschen kontraproduktiv.« (Interview vom 25.11.2014, Abschnitt 98, sprachlich geglättet)

Hier wird (Un-)Sicherheit‹ thematisiert, da ein Pflegeding eine *fehler- oder mangelhafte Funktionalität* aufweist. Das *Stroke*-Bett gehorchte gewissermaßen nicht den Befehlen der Pflegerin. Erwartungen wurden nicht erfüllt. Es handelte sich um eine Verselbstständigung des Pflegedings. Das Bett ›boykottierte‹ quasi durch sein ›selbstständiges‹ Handeln die Anstrengungen der Pflegerin, die therapeutisch geforderte Oberkörperhochlagerung richtig einzustellen. Zwischen beiden bestand gewissermaßen ein Konflikt. Auch durch weitere Manipulationen (»Knopfdrücken«) konnte das Oberteil nicht mehr umgestellt werden, sondern fuhr stetig höher. Durch diese maschinelle Verselbstständigung des Pflegedings wurde aus der Sicht der Pflegerin der Patient, dem ein Drainagekatheter (EVD) im Liquorraum des Gehirns gelegt war, in Gefahr gebracht. Diese Situation stand im Widerspruch zu den Anforderungen an eine sach- und fachgerechte Pflege, den es zu lösen galt. Erst durch das Ausschalten und Austauschen des Betts konnte die therapeutisch erforderliche Patientenlagerung sichergestellt werden. Zu diesem Zweck wurden ein neues Pflegebett, kollegiale Unterstützung und damit neue Akteure in das Akteur-Netzwerk zur Stabilisierung der Situation eingebunden.

---

8 | Externe Ventrikeldrainage (EVD): Es handelt sich um ein Schlauchsystem, welches in die Hirnventrikel (mit Liquor gefüllten Hohlräume des Gehirns) eingeführt wird, um einen Überdruck durch Flüssigkeitsüberschüsse im Schädel zu vermeiden.

6. Interpretation und Zusammenfassung

Was lässt sich auf der Grundlage unserer Ergebnisse zur Agency des Pflegebetts im gesamten Pflegearrangement sagen? Der handlungstragende Anteil des Pflegebetts bestand einerseits in der Unterstützung der Atemfunktion der Patientin in einer gesundheitlichen Krisensituation, andererseits in einer Ermöglichung von Pflegearbeit unter vollem, sowohl auf das Bett als auch auf die Patientin gerichteten Einsatz des Körpers. Die Materialität und eingeschriebenen Funktionen des Pflegebetts erlaubten der Pflegerin, die Oberkörperhochlagerung zu stabilisieren, ohne andere Pflegedinge wie zum Beispiel Kissen zur Aufrechterhaltung der Lagerung einbinden zu müssen. Diese Funktion beziehungsweise Aufgabe wurde dem Verständnis der ANT nach vom Pflegebett übernommen. Aufgrund einer unzureichenden Lösung des Atemnotproblems und einer dadurch gegebenen Instabilität mussten andere Artefakte einbezogen werden. In diesem unterschiedliche (menschliche, nichtmenschliche) Akteure einbindenden Netzwerk verfügte allein die Pflegerin über ein komplettes, durch vielfältige, hochgradig variante Erfahrungen differenziertes Handlungsprogramm, das es ihr erlaubte, intuitiv zu entscheiden, weitere dingliche Akteure beizuziehen. Insofern kann – in Übereinstimmung mit Latour – von einer »Agency des Pflegebetts« nur als Teil der Agency eines umfassenden Arrangements von Dingen und Menschen gesprochen werden.

Schwieriger allerdings dürfte es sein, von einer Agency jener zentral in das Pflegearrangement einbezogenen Patientin zu sprechen. Etwas vereinfacht gesagt, besteht die Handlungsträgerschaft des Pflegebetts im Aufrichten des Oberkörpers der Patientin und im stabilen Aufrechterhalten dieser Position. Der Entlastungseffekt ist aber ein doppelseitiger beziehungsweise er ist als ein direkt-indirekter zu charakterisieren: Vom Bett wird eine Aufgabe übernommen, die eine originär pflegerische ist (Unterstützung und Aufrichtung der von Atemnot geplagten Patientin), insofern die Pflegeperson stellvertretend für die Patientin eine Handlung übernimmt, zu der diese aufgrund einer höchst lebensbedrohlichen Krise des Leib-Körpers nicht mehr in der Lage ist. Ob aus diesem Grunde die Agency der Patientin als eine nur mehr passivische bezeichnet werden darf, obwohl sie der – allerdings sehr unwahrscheinlichen – Möglichkeit nach sich hätte auch entgegenstellen oder nicht mitmachen können, sei dahingestellt.

Unsere Ausführungen zur Agency des Pflegebetts beruhen primär auf einem Ausschnitt aus einem Beobachtungsprotokoll des Forschers. Agency erschließt sich zureichend aber nur unter Hinzunahme von Bedeutungszuschreibungen seitens menschlicher Akteure Auf dieser Analyseebene wurde dem Pflegebett primär ein ermöglichender Charakter zugesprochen. Es versetzte die interviewten Pflegepersonen in die Lage, fachgerecht arbeiten zu können. Alle an dem Gesamtarbeitsprozess Beteiligten bilden eine Einheit gewissermaßen untereinander interagierender körperlicher Substanzen, wobei aus phänomenologischer Sicht der Leib-Körper eine entscheidende Differenz des Beteiligtseins am Arrangement von Pflegeperson, Patient/-in und Pflegebett darstellt.

Ein weiteres wichtiges Kriterium einer Agency des Pflegebetts ist deren materiale Beschaffenheit: Ältere, weniger technisierte Versionen des Pflegebetts erfordern im Vergleich mit technisch weiterentwickelten Pflegebetten einen höheren körperlichen Arbeitsaufwand. Auch sind die älteren Versionen weniger mit therapeutischen Erfordernissen der Lagerung und Positionierung des Körpers einer/-s Patientin/-en kompatibel. Pflegebetten mit einem höheren Technisierungsgrad und dadurch vermehrter Funktionen wird daher eine erwünschte höhere Agency zugesprochen. Dadurch wird zugleich der eher passivische Werkzeugcharakter des Pflegebetts aufgehoben.

Allerdings zeichnet sich der Werkzeugcharakter des Pflegebetts durch gewisse Ambivalenzen aus. Auf der einen Seite haben wir es mit hochtechnisierten Handlungsprogrammen bei akutem Schlaganfall mit entsprechenden materialen Anforderungen an das Versorgungsarrangement zu tun. Von der akuten Schlaganfallversorgung in *stroke units* unterscheidet sich das Handlungsfeld der ambulanten Pflege deutlich. Auch hier ist der Einsatz eines modernen, motorisierten Pflegebetts von existentieller Bedeutung im Sinne der Aufrechterhaltung von Arbeitsfähigkeit. Gleichzeitig erfordert die Bedienung des motorisierten Pflegebetts einen Zeitaufwand, der mit dem zeitökonomischen Regime beaufsichtigender Instanzen unvereinbar ist. Insgesamt werden damit also Konfliktlinien einer zeitökonomischen, zudem sozialrechtlich unterstützten Standardisierung pflegerischen Handelns deutlich.

Ebenso deutlich wird, dass die potentielle Agency des Pflegebetts im ambulanten Pflegebereich eingeschränkt wird durch ein sich immer weiter ausdehnendes und intensivierendes Zeitregime pflegerischen Handelns. Nicht verkannt werden sollte auch eine Tendenz der ›Verselbstständigung‹ von Artefakten in eine nichterwünschte Richtung. Verselbstständigungen können Krisen im Sinne gestiegener Fremd- und Selbstgefährdungen – auch schwerkranker Patienten/-innen – hervorrufen. Dies zu vermeiden, stellt eine der größten gegenwärtigen Herausforderungen dar.

Zusammenfassend lässt sich sagen: Die zentrale Bedeutung des Pflegebetts besteht darin, dass es zugleich als Ort und Werkzeug pflegerisches Handeln von einer materialen Seite aus ermöglicht. Es bildet einen der wichtigsten Bestandteile jenes dinglichen und menschlichen Arrangements, durch welches pflegerische Arbeitsprozesse charakterisiert sind. Es hebt aber in seiner material gegebenen Widerständigkeit die irreduzible Kontingenz[9] jener Situati-

---

9 | Zum theoretischen Begründungszusammenhang von ›Kontingenz‹ in Abgrenzung beispielsweise von systemtheoretischen Annahmen vgl. Latour 1996.

onen, in denen informelle oder beruflich organisierte Pflege in Anspruch genommen wird, nicht auf.

7. Fazit und Ausblick

Der heuristische Ansatz der ANT in der Lesart von Bruno Latour hat für den grundlagentheoretischen Diskurs ebenso wie für ein zukünftiges Forschungsprogramm der Pflegewissenschaft inspirierende Bedeutung: Zum einen ermutigt er, die nichtmenschlichen Entitäten beziehungsweise Akteure als handlungstragende Bestandteile professioneller Pflege in den Blick zu nehmen. Insofern ist zu vermuten, dass bei einer wachsenden und sich vertiefenden Technisierung der pflegerischen Versorgung irreversible Phänomene der Kontingenz in pflegerischen Handlungssituationen durch Dinge oder Artefakte zwar aufgefangen, jedoch gänzlich nicht aufgehoben werden können. Zum anderen ist zu vermuten, dass durch den heuristischen Ansatz der ANT, zum Beispiel durch das Bestreben, die Arrangements von Dingen und Menschen in ihrer fortwährenden Dynamik zu erschließen, zugleich das Originäre der Pflege als Profession, nämlich der Fallbezug als eine dynamische Arbeitsbeziehung, eine *praktisch* stärker akzentuierte Bedeutung erlangt. Wir vermuten daher, dass auf diesem Wege auch die Kritik am präskriptiven Anspruch zahlreicher angloamerikanischer Pflegetheorien und dem daraus abgeleiteten technisch-reduktionistischen Handlungsverständnis substantiiert werden kann.

Dabei gilt es auch, die Grenzen der Latour'schen Lesart der ANT deutlich zu machen und anzuerkennen. Häufig sind Latours Argumentationen gedanklich schwer nachzuvollziehen. Seine Begrifflichkeiten sind weitgefasst, teils akrobatisch, teils esoterisch, und werden in seinen Schriften nicht konsistent verwendet. Die Tatsache, dass sich Themen und theoretische Interessen Latours sehr häufig wandeln (vgl. zum Beispiel Latour 2014b), ist wiederum Ausdruck einer starken wissenschaftlichen Regsamkeit und produktiven Fantasie. Insofern ist momentan von einer Unabgeschlossenheit seines Theoriegebäudes auszugehen. Gleichwohl halten wir analytische Anschlüsse an heuristische Implikationen seiner ANT für lohnenswert. Dies gilt insbesondere für Forschungsarbeiten, deren Erkenntnisinteresse zukünftig darauf gerichtet sein sollte, welche Bedeutung professionelle Pflegepersonen jenen immer stärker und tiefer in das pflegerische Interventionsgeschehen eindringenden technischen Artefakten zuschreiben. Die Akzeptanz, die Wirksamkeit und am Ende der pflegerisch-therapeutische Erfolg sind ja keineswegs etwas dem bloßen ›Ding‹ und seinen Merkmalen zu attestierendes Substantielles. Der in gewisser Weise ›umwälzende‹ Charakter der Latour'schen ANT scheint gerade darin zu bestehen, dass er – durchaus in einem der Hegel'schen dialektischen Philosophie nachempfundenen Impetus – den Anspruch erhebt, alles Substantielle müsse sich in Kategorien eines lebendigen, insofern prozessierenden Subjekts fassen und damit auch empirisch bestimmen lassen. Der Witz der erkenntnistheoretischen Konsequenzen Latours besteht genau darin, auch der geschaffenen Welt der Dinge quasi Subjekteigenschaften, freilich nur unter Bedingungen eines *Arrangements* menschlicher und nichtmenschlicher Entitäten, zuzusprechen. Und genau daraus ergeben sich epistemische Perspektiven auf eine dingliche Welt vermittels der durch sie gestifteten oder auch konterkarierten menschlichen Beziehungen, welche letztlich an die Deutungen menschlicher Akteure gebunden bleiben. Man kann darin eine – epistemologisch gewiss auch anfechtbare – Restgröße nominalistischer Traditionen erblicken, welche gleichwohl, wie gesagt, von heuristischem Wert ist und kaum mehr bekräftigt wird als durch jenen uns immer wieder begegnenden Ausspruch, dass dieses oder jenes Ding »etwas mit uns macht«.

Literatur

Atzl, Isabel (Hg.): Who Cares? Geschichte und Alltag der Krankenpflege. Frankfurt a. M., 2011.

Benner, Patrica/Wrubel, Judith: Pflege, Stress und Bewältigung – Gelebte Erfahrung von Gesundheit und Krankheit. Bern, 1997.

Booth, Richard G.: Nurses' Learning and Conceptualization of Technology Used in Practice. Electronic Thesis and Dissertation Repository. Paper 1725. London/Ontario, 2013.

Büscher, Andreas/Dorin, Lena: Praxiswissen Gerontologie und Geriatrie kompakt. Berlin/Boston, 2014.

Cuesta, Carmen de la/Sandelowski, Margarete: Tenerlos En La Casa: The Material World and Craft of Family Caregiving for Relatives with Dementia. In: Journal of Transcultural Nursing (2005/3), S. 218-225.

Elder-Vass, Dave: Searching for Realism, Structure and Agency in Actor Network Theory. In: The British Journal of Sociology (2008/3), S. 455-473.

Foth, Thomas: Caring and Killing: Nursing and Psychiatric Practice in Germany. 1931-1943. Osnabrück/Göttingen, 2013.

Friesacher, Heiner: Theorie und Praxis pflegerischen Handelns. Begründung und Entwurf einer kritischen Theorie der Pflegewissenschaft. Osnabrück/Göttingen, 2008.

Friesacher, Heiner: Wider die Abwertung der eigentlichen Pflege. In: Intensiv (2015/4), S. 200-214.

Fröhlich, Andreas/Jochum, Simone/Nies, Christoph S./Marks, Anke/Nydahl, Peter/Portsteffen, Andreas: Artikel »Wach sein und Schlafen«. In: Schewior-Popp, Susanne/Sitzmann, Franz/Ullrich, Lothar (Hg.): Thiemes Pflege. Stuttgart/New York, 2012, S. 218-224.

Galison, Peter: Materielle Kultur, Theoretische Kultur und Delokalisierung. In: Schramm, Helmar (Hg.): Kunstkammer, Laboratorium, Bühne. Schauplätze des Wissens im 17. Jahrhundert. Berlin/New York, 2003, S. 501-520.

Gatch, Willis D.: The sitting posture; its postoperative and other uses: with a description of a bed for holding a patient in this position. In: Annals of Surgery (1909/3), S. 410-415.

Green, Catherine: Philosophic Reflections on the Meaning of Touch in Nurse-patient Interactions. In: Nursing Philosophy (2013/14) S. 242-253. Doi: https://doi.org/10.1111/nup.12006

Grunwald, Armin: Technik. In: Ders. (Hg.): Handbuch Technikethik. Stuttgart, 2013, S. 13-17.

Heinlein, Michael: Pflege in Aktion. Zur Materialität alltäglicher Pflegepraxis. München/Mehring, 2003.

Helfferich, Cornelia: Einleitung. Von roten Heringen, Gräben und Brücken. Versuche einer Kartierung von Agency-Konzepten. In: Bethmann, Stephanie/Helfferich, Cornelia/Hoffmann, Heiko/Niermann, Debora (Hg.): Agency. Qualitative Rekonstruktion und gesellschaftstheoretische Bezüge von Handlungsmächtigkeit. Weinheim/Basel, 2012.

Hielscher, Volker/Kirchen-Peters, Sabine/Sowinski, Christine: Technologisierung der Pflegearbeit? Wissenschaftlicher Diskurs und Praxisentwicklungen in der stationären und ambulanten Langzeitpflege. In: Pflege & Gesellschaft (2015/1), S. 5-19.

Hülsken-Giesler, Manfred: Der Zugang zum Anderen. Zur theoretischen Rekonstruktion von Professionalisierungsstrategien pflegerischen Handelns im Spannungsfeld von Mimesis und Maschinenlogik. Osnabrück/Göttingen, 2008.

Ders./Bleses, Helma M.: Schwerpunkt: Neue Technologien in der Pflege. In: Pflege & Gesellschaft (2015/1), S. 3 f.

Hülsken-Giesler, Manfred/Krings, Johanna: Technik und Pflege in einer Gesellschaft des langen Lebens. Einführung in den Schwerpunkt. In: Technikfolgenabschätzung. Theorie und Praxis (2015/2), S. 4-11.

Hülsken-Giesler, Manfred/Remmers, Hartmut/Depner, Dominik/Erbschwendtner, Sabine/Heitmann-Möller, André/Koppenburger, Anne: Autonome Assistenzsysteme in der Pflege: Potenziale und Grenzen aus pflegewissenschaftlicher Sicht (PflegeRobot). Gutachten für den Deutschen Bundestag. Vorgelegt dem Büro für Technikfolgen-Abschätzung beim Deutschen Bundestag (TAB). Unveröffentlichtes Manuskript. Vallendar, 2016.

Juchli, Liliane: Allgemeine und spezielle Krankenpflege – ein Lehr- und Lernbuch. Stuttgart, 1973.

King, Imogene M.: A Theory for Nursing. Systems, Concepts, Process. Albany, 1981.

Kipnis, Andrew B.: Agency Between Humanism and Posthumanism. In: HAU. Journal of Ethnographic Theory (2015/2), S. 43-58.

Knappett, Carl/Malafouris, Lambros: Material and Nonhuman Agency: An Introduction. In: Malafouris, Lambros (Hg.): Material Agency. Towards a Non-Antropocentric Approach. New York, 2008, S. ix-xix.

Kuckartz, Udo: Qualitative Inhaltsanalyse. Methoden, Praxis, Computerunterstützung. Weinheim/Basel, 2014.

Latour, Bruno: On Technical Mediation. In: Philosophy, Sociology, Genealogy (1994/2), S. 29-64.

Latour, Bruno: On Actor-Network Theory. A Few Clarifications Plus More than a Few Complications. In: Soziale Welt (1996/4), S. 369-381.

Latour, Bruno: Über den Rückruf der ANT. In: Belliger, Andréa/Krieger, David J. (Hg.): ANThology. Ein einführendes Handbuch zur ANT. Bielefeld, 2006, S. 561-572.

Latour, Bruno: From Realpolitik to Dingpolitik or How to Make Things Public. In: Candlin, Fiona/Guins, Raiford (Hg.): The Object Reader. London/New York, 2009, S. 153-164.

Latour, Bruno: Eine neue Soziologie für eine neue Gesellschaft. Frankfurt a. M., 2014a [2007].

Latour, Bruno: Existenzweisen. Berlin, 2014b.

Latour, Bruno: How Better to Register the Agency of Things. In: Matheson, Mark (Hg.): The Tanner Lectures on Human Values. Band 34. Salt Lake City, 2016, S. 79-117.

Laux, Henning: Latours Akteure. Ein Beitrag zur Neuvermessung der Handlungstheorie. In: Lüdtke, Nico/Matsuzaki, Hironori (Hg.): Akteur – Individuum – Subjekt. Wiesbaden, 2011, S. 275-300. Doi: https://doi.org/10.1007/978-3-531-93463-1_13

Lindemann, Gesa: Die Grenzen des Sozialen. Zur soziotechnischen Konstruktion von Leben und Tod in der Intensivmedizin. München, 2002.

Manz, Ulrike: Ein anderer Blick auf die Dinge? Von Pflegehilfsmitteln« zu Partizipanden des Tuns«. In: Pflege & Gesellschaft (2015/3), S. 213-226.

Manzei, Alexandra: Zur gesellschaftlichen Konstruktion medizinischen Körperwissens. Die elektronische Patientenakte als wirkmächtiges und handlungsrelevantes Steuerungsinstrument in der (Intensiv-)Medizin. In: Keller, Reiner/Meuser, Michael (Hg.): Körperwissen. Wiesbaden, 2011, 207-228. Doi: https://doi.org/10.1007/978-3-531-92719-0_10

Maul, Stefan: Konstitutionen intensivpflegerischen Handelns. Prozesse der Erkenntnis im Kontext der Arbeit mit komatösen Patienten. Lengerich, 2013.

McEwen, Melanie: Theory Development: Structuring Conceptual Relationships in Nursing. In: McEwen, Melanie/Wills, Evelyn M. (Hg.): Theoretical Basis for Nursing. Philadelphia, 2011, S. 68-75.

Mol, Annemarie: Actor-Network Theory: Sensitive Terms and Enduring Tensions. In: Kölner Zeitschrift für Soziologie und Sozialpsychologie (2010/1), S. 253-269.
Moers, Martin/Schaeffer, Doris: Pflegetheorien. In: Schaeffer, Doris/Wingenfeld, Klaus (Hg.): Handbuch Pflegewissenschaft. Weinheim, 2011, S. 37-66.
Moers, Martin/Uzarewicz, Charlotte: Leiblichkeit in Pflegetheorien. Eine Relektüre. In: Pflege & Gesellschaft (2012/2), S. 135-148.
Niewöhner, Jörg/Sørensen, Estrid/Beck, Stefan: Einleitung. Science and Technology Studies aus sozial- und kulturanthropologischer Perspektive. In: Beck, Stefan/Niewöhner, Jörg/Sørensen, Estrid (Hg.): Science and Technology Studies. Eine sozialanthropologische Einführung. Bielefeld, 2012, S. 9-48.
Parse, Rosemarie Rizzo: Nursing Science. Major Paradigms, Theories and Critiques. Philadelphia, 1987.
Pickering, Andrew: Kybernetik und neue Ontologien. Berlin, 2007.
Raithelhuber, Eberhard: Ein relationales Verständnis von Agency. Sozialtheoretische Überlegungen und Konsequenzen für empirische Analysen. In: Bethmann, Stephanie/Helfferich, Cornelia/Hoffmann, Heiko/Niermann, Debora (Hg.): Agency. Qualitative Rekonstruktionen und gesellschaftstheoretische Bezüge von Handlungsmächtigkeit. Weinheim/Basel, 2012, S. 122-153.
Rammert, Werner/Schulz-Schaeffer, Ingo: Technik und Handeln: Wenn soziales Handeln sich auf menschliches Verhalten und technische Ablaufe verteilt. In: Rammert, Werner/Schulz-Schaeffer, Ingo (Hg.): Können Maschinen handeln? Soziologische Beiträge zum Verhältnis von Mensch und Technik. Frankfurt a. M./New York, 2002, S. 11-64.
Reichertz, Jo: Von Menschen und Dingen. Wer handelt hier eigentlich? In: Poferl, Angelika/Schröer, Norbert (Hg.): Wer oder was handelt? Wiesbaden, 2014, S. 95-120. Doi: https://doi.org/10.1007/978-3-658-02521-2_6
Remmers, Hartmut: Pflegerisches Handeln. Wissenschafts- und Ethikdiskurse zur Konturierung der Pflegewissenschaft. Bern, 2000.
Remmers, Hartmut: Transformationen pflegerischen Handelns. Entwurf einer theoretischen Erklärungsskizze. In: Kreutzer, Susanne (Hg.): Transformationen pflegerischen Handelns. Osnabrück/Göttingen, 2010, S. 33-66.
Remmers, Hartmut: Pflegewissenschaft als transdisziplinäres Konstrukt. Wissenschaftssystematische Überlegungen. Eine Einleitung. In: Remmers, Hartmut (Hg.): Pflegewissenschaft im interdisziplinären Dialog. Osnabrück/Göttingen, 2011, S. 7-47.
Remmers, Hartmut: Pflegewissenschaft. Disziplinarität und Transdisziplinarität. In: Pflege & Gesellschaft (2014/1), S. 5-17.

Remmers, Hartmut: Natürlichkeit und Künstlichkeit. Zur Analyse und Bewertung von Technik in der Pflege des Menschen. In: Technikfolgenabschätzung. Theorie und Praxis (2015/2), S. 11-20.

Sandelowski, Margarete: Taking Things Seriously. Studying the Material Culture of Nursing. In: Latimer, Joanna (Hg.): Advanced Qualitative Research for Nursing. Oxford, 2003. S. 185-210.

Sayes, Edwin: Actor-Network Theory and Methodology. Just What Does It Mean to Say that Nonhumans Have Agency? In: Social Studies of Science (2014/1), S. 134-149.

Schmitz, Hermann: Leib und Gefühl. Paderborn, 1992.

Schulz-Schaeffer, Ingo: Zugeschriebene Handlungen. Ein Beitrag zur Theorie sozialen Handelns. Weilerswist, 2007, S. 433-520.

Serres, Michel (Hg.): Elemente einer Geschichte der Wissenschaften. Frankfurt a. M., 1998.

Smith, Nancy K.: Nutrire: Nurture, Nursing. A Material Culture Analysis of Invalid/Infant Feeders and the Aesthetics and Caring of Nursing. Boca Raton, 2006.

Uzarewicz, Charlotte/Uzarewicz, Michael: Das Weite suchen: Einführung in eine phänomenologische Anthropologie für Pflege. Stuttgart, 2005.

Einmalhandschuhe in Spenderboxen in einem Badezimmer eines Pflegeheimbewohners. Einmalhandschuhe. 2016. Vinyl.   Foto: Thomas Bruns, Berlin.

Objektfeature Einmalhandschuh
Hygiene versus Körperkontakt?

Von Abwischen bis Zähneputzen – bei fast allen pflegerischen Handlungen kommen heutzutage Einmalhandschuhe zum Einsatz. Aus Gründen der Hautverträglichkeit werden oft Modelle aus Vinyl benutzt. Der einzelne Einmalhandschuh erscheint wie ein ›flüchtiges Ding‹, wird er doch in der Regel nach einmaligem Tragen aus hygienischen Gründen entsorgt. Die Allgegenwärtigkeit von Einmalhandschuhen bei pflegerischen Tätigkeiten war zu Beginn ihrer Einführung durchaus anders: Einige ehemalige Pflegekräfte berichteten, dass sie das Tragen von Einmalhandschuhen ablehnten. Einmalhandschuhe galten als Zeichen für die moderne »Wegwerfgesellschaft«. Zudem hieß es, dass durch sie die Beziehung zwischen Pflegenden und denjenigen, die sie pflegen, erschwerten, da sie den (Körper-)Kontakt zwischen ihnen beeinflussten. Aktuell wird in einigen pflegerischen Kontexten, zum Beispiel anthroposophischen, das Tragen von Einmalhandschuhen aus ähnlichen Gründen möglichst minimiert. Am Einmalhandschuh zeigt sich sehr deutlich, wie sich wandelnde Vorgaben in der Pflege (zum Beispiel von Hygiene und Antisepsis) in Dingen materialisieren können – aber auch, wie ihre stoffliche Beschaffenheit mit bestimmten Vorstellungen in der Pflege (zum Beispiel über Körperkontakt, Berührung, Sinnlichkeit, Wohlbefinden) kollidieren kann.

Lucia Artner

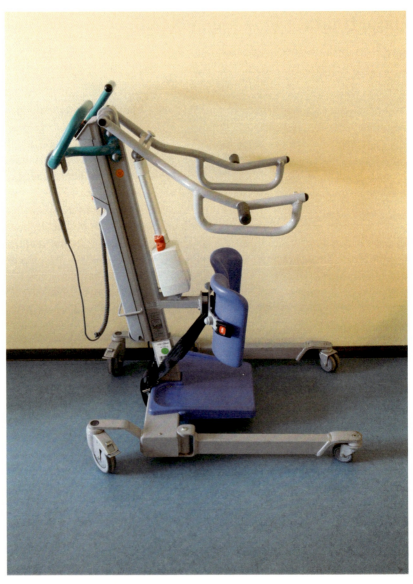

Steh- und Aufrichtehilfe in einem Bewohnerzimmer in einem Pflegeheim. 2016. Diverse Materialien (u. a. Metall und Kunststoff). Foto: Thomas Bruns, Berlin.

Objektfeature Lifter
Eine Quelle von (Un-)Sicherheit

Neben vielen anderen Tätigkeiten zählen zur Pflege das Heben, Stützen oder Tragen von Personen mit Pflegebedarf. So schrieb der Mediziner Johann Friedrich Dieffenbach 1832: »Einen Kranken gehörig warten und pflegen, in Leiden und Noth ihm hülfreich zur Seite stehen, ihn heben und tragen, ihn betten und erquicken, das ist ein edler Beruf, aber ein schweres Geschäft.« Wo früher »wenigstens drei Personen« benötigt wurden, können heute technische Steh- und Aufrichtehilfen, wie zum Beispiel ein Lifter, eingesetzt werden. Eine Person, die mit einem Gurt an zwei Greifarme gebunden wird, kann so aus dem Sitzen zum Stehen gebracht werden, wenn eine Pflegeperson entsprechende Schaltelemente bedient.

Seit einigen Dekaden wächst die Bedeutung von Liftern vor allem für die Altenpflege: Pflegende setzten sie dort für das Heben und Tragen ein.

Mit Liftern werden verschiedene Vorstellungen in der Pflege verbunden: Sie gelten als wichtiges Mittel, um Pflegenden ein rückenschonendes Arbeiten zu ermöglichen als auch die Mobilität bewegungseingeschränkter Menschen zu verbessern. Zudem wird mit ihnen Sicherheit assoziiert: Von ihrer materialen Beschaffenheit sind Lifter so konstruiert, dass sie belastbar sind und – laut Hersteller – einen sicheren Transfer ermöglichen sollen. Dennoch zeigen sich auf Seiten der Pflegenden als auch der Menschen mit Pflegebedarf Ängste und Unsicherheiten. Auch deshalb wird u.a. diskutiert, ob sein Einsatz immer sinnvoll sei.

Lucia Artner

Die Veralltäglichung grenzwertiger Arbeit durch Pflegedinge

Lucia Artner, Daniela Böhringer

> »Dirt offends against order. Eliminating it is not a negative movement, but a positive effort to organize the environment.«
> MARY DOUGLAS 2002: 2

1. Einleitung: Pflege als besondere Form von Arbeit

Dreck beziehungsweise das, was als schmutzig wahrgenommen wird, stellt Mary Douglas zufolge eines der zentralen Klassifikationsschemata von Kultur dar. Entlang dieser kann Ordnung hergestellt und die Grenzen zwischen richtig und falsch in einer ›zivilisierten‹ Gemeinschaft können gezogen werden. Die oben zitierte Prämisse, der zufolge das, was als schmutzig wahrgenommen wird, die soziale Ordnung einer Gesellschaft bedrohen kann, verweist auf den voraussetzungsreichen Charakter von sozialer Ordnung selbst: Als Sinn generierende und gestaltende Form, in der in einer Kultur[1] das Alltagsleben organisiert wird, muss sie kontinuierlich erzeugt und aufrechterhalten werden. Um ihrem Zusammenleben eine geordnete Form zu geben, müssen Menschen ihre physische und soziale Umwelt organisieren, müssen sie schöpferisch tätig werden.[2] Unter diesem Gesichtspunkt stellt sich Pflege als eine besondere Form

---

1 | Unter Kultur wird das subsumiert, was Raymond Williams einer offenen Lesart folgend als »whole way of life« bezeichnet hat: »We use the word culture in these two senses: to mean a whole way of life – the common meanings; to mean the arts and learning – the special processes of discovery and creative effort. Some writers reserve the word for one or other of these senses; I insist on both, and on the significance of their conjunction.« (Williams 1989: 4) Kultur bilde sich in erster Linie über die Erfahrungen der Menschen und wird somit als etwas Prozesshaftes definiert.
2 | Diese Perspektive auf den kontinuierlichen Hervorbringungscharakter eines geordneten Alltagslebens wird heutzutage in unterschiedlichen Disziplinen betont. Vor al-

von Arbeit in einer Gesellschaft dar: Denn soziale Ordnung muss in der Pflege unter spezifischen Bedingungen hergestellt werden.

Einem offenen Verständnis folgend, werden im vorliegenden Beitrag unter Pflege fürsorgende und versorgende Tätigkeiten subsumiert, mit denen auf das physische und psychische Wohl eines Menschen abgezielt werden kann. Pflege kann sehr unterschiedliche Gestalt annehmen, stationär, ambulant oder zuhause erfolgen. Sie wird geleistet als formale, versicherungspflichtige oder als irreguläre, prekäre Beschäftigung und/oder in Form eines familialen Arrangements, zwischen den Generationen, innerhalb von Freundschaften, Nachbarschaften oder Gemeinden etc. (vgl. Scheiwe/Krawietz 2014; Artner/Schröer 2013). Pflege umfasst verschiedene Tätigkeiten an den Grenzen zwischen Medizin, Sorge- und Emotionsarbeit (vgl. Toerien/Kitzinger 2007; Hochschild 1983; Friesacher 2011). Neben verbalen Handlungen kann dies unzählige Handgriffe und zu hantierende Dinge beziehungsweise materiale Gegenstände beinhalten.

Darüber hinaus wird in der Pflege eine weitere Form von ›Arbeit‹ geleistet: Hierbei handelt es sich um die vielfältigen, in der Regel nebenbei verlaufenden Prozesse der *Normalisierung gesellschaftlicher Grenzfälle*, die die tägliche Pflege begleiten: Als Arbeit am und mit dem Körper der Gepflegten (und der Pflegenden) agiert die Pflege oftmals an den Grenzen dessen, was als kulturell angemessen gilt,[3] beispielsweise hinsichtlich der Einhaltung körperlicher Nähe und Distanz, von Diskretion oder der Wahrung der Intimsphäre. Einen solchen Grenzfall stellt in der Pflege die Organisation von unterstützter Ausscheidung dar: Menschen mit Pflegebedarf, die in ihrer Bewegung eingeschränkt sind, benötigen oftmals Hilfe in der Verrichtung körperlicher Tätigkeiten wie der Defäkation. Vor allem in der Altenpflege ist der Umgang mit körperlichen Ausscheidungen etwas Alltägliches, Gewöhnliches, etwas, das zu den tagtäglichen Tätigkeiten zählt.

Wenn in vorliegendem Beitrag also von Pflege als *Arbeit* die Rede ist, rekurriert dies auf die ethnomethodologische Prämisse, der zufolge (soziales) Handeln immer eine Form von Arbeit darstellt:

»[A]ll activities, not merely those that attract some kind of monetary reward, involve ›work‹ – they are all effortful accomplishments, often seen but unnoticed – and following Wittgenstein, elusive objects of inquiry precisely because they are always in front of our eyes [...]. For the ethnomethodologist there is no domain of human practice that is exempt from this. Human action and interaction does not just tumble from the sky ready formed. Instead, even the most mundane of actions have to be produced *some-*

---

lem in der Kulturanthropologie und der Soziologie wurde dies bereits vor einigen Dekaden herausgearbeitet, vgl. hierzu u. a. die klassischen Ausführungen von Arnold Gehlen (1983) oder Harold Garfinkel (1967).

3 | Der vorliegende Beitrag fokussiert hier auf Deutschland.

how, somewhere, somewhen. This is a job of work.« (Rouncefield/Tolmie 2011: xviii f. [Hervorh. i. Orig.])

Der Beitrag nimmt einen Teilausschnitt dieser Form von Arbeit in der Pflege in den Blick und zeigt am Beispiel des Objekttypus Toilettenstuhl, wie sehr kulturelle Vorstellungen von und Umgangsweisen mit Exkrementen als einer besonderen Form von Dreck die tägliche Pflegearbeit durchdringen können.[4] Es wird gezeigt, wie soziale Ordnung in Grenzbereichen der Pflege hergestellt beziehungsweise wie in der Pflege das zum Normalfall werden kann, was ›normalerweise‹ (außerhalb der Pflege) als ein Grenzfall gilt. Bevor im dritten Teil kulturell gewachsene Umgangsweisen mit Schmutz beziehungsweise Fäkalien und die ›Normalisierungsstrategien‹ der Pflegearbeit im alltäglichen Umgang mit Exkrementen skizziert werden, müssen zunächst die theoretischen und methodologischen Implikationen der Perspektive auf soziale Ordnung expliziert werden.

2. DIE SOZIALE ORDNUNG DER PFLEGE / DINGE

Warum sollte man sich in Bezug auf Pflege mit Ausscheidungen beschäftigen? Wie eingangs bereits angedeutet, stellt die Thematik der *unterstützten Ausscheidung* einen gesellschaftlichen Grenzfall dar – und zwar einen besonders eklatanten, berührt er doch fundamentale Kategorien, anhand derer soziale Ordnung selbst (re-)produziert wird. Dieser Grenzfall zwischenmenschlichen Zusammenlebens ist historisch gewachsen und auch gegenwärtig sehr aktuell – und wird es sehr wahrscheinlich immer sein. Er ist schon deshalb besonders interessant, weil es sich dabei um einen sensiblen und delikaten Bereich handelt, in dem – wie Mary Douglas betont – die soziale Ordnung bedroht werden kann.

Aber was genau meint Ordnung hier? Der Begriff »soziale Ordnung« bezieht sich auf zwei Ebenen: Soziale Ordnung wird zum einen definiert im Hin-

---

4 | Die diesem Beitrag zugrunde liegende Studie zur Organisation von Ausscheidung mit und durch Dinge wie einem Toilettenstuhl erfolgte im Rahmen des Forschungsprojektes »Die soziale Ordnung der Pflege-Dinge«, in dem untersucht wurde, welche Bedeutung Dinge in der (sozialen) Konstruktion von Pflege und insbesondere der sozialen Ordnung in der Pflege haben können. Dieses Projekt wurde als Teilprojekt des vom Bundesministerium für Bildung und Forschung finanzierten Verbundprojektes »Die Pflege der Dinge – Die Bedeutung von Objekten in Geschichte und gegenwärtiger Praxis der Pflege« (Fördernummer 01UO1317C) im Zeitraum von Februar 2014 bis Januar 2017 am Institut für Sozial- und Organisationspädagogik von Lucia Artner und Wolfgang Schröer und ab Juni 2016 mit Daniela Böhringer durchgeführt.

blick auf die eingangs erwähnte kontinuierliche Arbeit an der Herstellung und Aufrechterhaltung des geordneten Charakters des alltäglichen, ›gewöhnlichen‹ Lebens. Die zweite Ebene des hier vorliegenden Verständnisses sozialer Ordnung bezieht sich auf die Frage nach Deutungshoheit und (wechsel- oder einseitiger) Einflussnahmen in der Herstellung sozialer Wirklichkeit. Hier wird der Blick gerichtet auf soziale Beziehungen und Hierarchien zwischen den Beteiligten.

In der Beforschung sozialer Sachverhalte – wie die unterstützte Ausscheidung in der Pflege – impliziert dies, das »methodische Arsenal zu ergründen, das Gesellschaftsmitglieder bei der Produktion sozialer Sachverhalte einsetzen« (Wolff 2015: o. S.). Dazu gilt es, eine Heuristik anzuwenden, die als *Doing*-Perspektive bezeichnet werden kann (vgl. Sacks 1984). Mit dieser wird das scheinbar Normale, Banale, Ordinäre vor dem Hintergrund der Prämisse eines »doing being ordinary« (ebd.) analysiert. Wie es in der Einleitung zu diesem Beitrag bereits betont wurde, bedeutet dies, jegliches soziales Handeln als »a job of work« (Rouncefield/Tolmie 2011: xix f.) zu verstehen.

In der Organisation beziehungsweise Durchführung unterstützter Ausscheidung in der Pflege zeigt sich dies bereits in der Analyse von Praxisanleitungen zur Pflege: In vielen Anleitungen wird betont, wie hochanspruchsvoll es ist, Grenzüberschreitungen in der Pflege (wie den Umgang mit unterstützter Ausscheidung) zu ›normalisieren‹ (vgl. Krey 2003; Pernlochner-Kügler 2004; Ringel 2014). Das bedeutet, Formen des Umgangs zu entwickeln, in denen die Beteiligten interagieren können, obwohl – vor allem im Falle des Stuhlgangs – in die Intimsphäre eingedrungen werden muss, um Unterstützung überhaupt zu ermöglichen. An diesen Stellen tritt die besondere Form von ›Arbeit‹ in der Pflege am deutlichsten zutage: Gerade dann, wenn die Ordnung am stärksten bedroht werden kann, wird ersichtlich, wie voraussetzungsreich ein ›geordneter‹ Ablauf eigentlich ist. Dazu gehört vor allem, dass dieser Ablauf mit ausschließlich dafür vorgesehenen Objekten und Räumen und kulturell gewachsenen Vorstellungen in Verbindung steht. Der Objekttyp des Toilettenstuhles, um den es in diesem Beitrag gehen soll, vermag dies besonders gut zu exemplifizieren. Bevor im vierten Teil dieses Beitrages die Ergebnisse der Untersuchung der besonderen Rolle des Toilettenstuhles, die dieser darin einnehmen kann, dargestellt werden, müssen zunächst die erwähnten kulturell reglementierten Umgangsweisen mit Ausscheidungen näher skizziert werden.

3. Die DIRTY WORK der Pflege

3.1 Schmutz macht Ordnung?
Über den soziokulturellen Umgang mit Fäkalien

Wie bereits erwähnt, sagt die Art, wie Fäkalien als einer besonders delikaten Form von Schmutz begegnet wird, viel darüber aus, wie soziale Ordnungen hergestellt werden. Die eingangs zitierte Prämisse von Mary Douglas impliziert im Umkehrschluss, dass das, was in einer Gesellschaft den Stellenwert von Schmutz erhält, sozial konstruiert, und die Definition dessen, was schmutzig ist, zutiefst kontextabhängig ist. Geest folgt Douglas in dieser Argumentation und postuliert: »Excretions of the body are the most strongly felt matters out of place and, therefore, the most informative pointers of cultural boundaries and identity construction.« (Geest 2007a: 81) Die Unterscheidung zwischen Schmutz und Sauberkeit ist eine der basalen Differenzierungen, durch die ein Mensch in einer Kultur sozialisiert wird (vgl. ebd.).

Seit dem Aufkommen der bürgerlichen Moderne finden sich grundlegende normative Vorstellungen, denen zufolge Fäkalien eine Privatsache, ja eine genuin ›solitäre‹ Angelegenheit sind. Im Zuge des sogenannten Zivilisationsprozesses (vgl. Elias 1976) wurde Schmutz und vor allem körperlicher Schmutz zunehmend aus der Öffentlichkeit verbannt und tabuisiert – man sieht ihn nicht und redet nicht darüber (vgl. Geest 2007b). Dieser Umgang war jedoch nicht immer so ausgestaltet, sondern ist historisch gewachsen. Genauso wie Kultur als etwas Dynamisches, nicht eindeutig Abgrenzbares zu verstehen ist, verschieben sich auch die Grenzen dessen, was im Umgang mit Fäkalien kulturell angemessen ist, kontinuierlich. Der Stellenwert von Schmutz ist einem kontingenten kulturellen Wandel unterlegen.

So steht die heutige Tabuisierung beispielsweise konträr zu Vorstellungen westeuropäischer Kulturen in der Antike, in denen Exkremente und die Defäkation nicht zu derart starken Störungen der sozialen Ordnung führten, wie dies heute der Fall ist (vgl. Bourke 1992). Sie wurden weniger aus der Öffentlichkeit verbannt und als reine Privatangelegenheit betrachtet, was sich zum Beispiel anhand der öffentlichen Latrinen in antiken römischen Städten verdeutlichen lässt. Hier saßen die Menschen gemeinsam auf dem Abort, der damit noch kein ›stilles Örtchen‹ war. Ganz im Gegenteil handelte es sich um eine sehr gesellige Örtlichkeit, in denen sich Frauen wie Männer trafen, Nachbarn ihren Tratsch austauschten oder Händler ihre Geschäfte (während ihres eigenen Geschäftes) abwickelten (vgl. ebd.; Faber 1994; Werner 2011). Die Kommunikation über Urin und Kot wurde mit der bürgerlichen Moderne sukzessive aus der Öffentlichkeit verbannt und zu denjenigen privaten (körperlichen) Aktivitäten gezählt, die vom Individuum allein und hinter verschlossenen Türen durchgeführt wurden (vgl. Sandvoll et al. 2015). In der Öffentlichkeit sind die zu verschließenden

Türen bis heute zudem streng nach einer Logik binärer Geschlechtlichkeit getrennt (vgl. Möllring 2003). Konnte die Ausscheidung nicht in einem eigens dafür konzipierten Raum erfolgen, der erst in die Wohnhäuser (Etagentoiletten) und später in die Wohnräume Einzug hielt, so wurde das dafür benötigte Mobiliar beispielsweise in Form des Nachtstuhls so entworfen, dass es im Gegensatz etwa zur Antike den eigentlichen Zweck nicht sofort verriet.

Wie sehr der Umgang und die Ausdeutung von Schmutz historisch gewachsen ist und mit sich wandelnden kulturellen Wertvorstellungen in Verbindung steht (vgl. Lea 2001), zeigt sich auch und vor allem darin, wie tief dies in die kleinsten Bereiche einer Gesellschaft hineinwirken kann: So werden beispielsweise innerhalb eines jeden beruflichen Arbeitsfeldes je eigene professionsabhängige Standards von Ordnung und Unordnung in Bezug auf Schmutz festgelegt. Nicht zuletzt werden damit Distinktionsmöglichkeiten eines Berufsfeldes gegenüber anderen eröffnet, was sich besonders deutlich im Hinblick auf Pflegeberufe zeigt (vgl. Lawler 1991; Dongen 2001).

3.2 Pflege und Schmutz: dreckige Körper – dreckige Arbeit?

Es sind vor allem die Auseinandersetzungen mit intimen und ekelbesetzten Körperverrichtungen, wie der Defäkation, und der weiter oben dargelegte prekäre kulturelle Stellenwert von Schmutz, die die Grundlage dafür bilden, dass Pflegearbeit auch als *dirty work* diskutiert wird (vgl. McMurray 2012).[5] In der Pflege, in der es nicht nur um das seelische, sondern vor allem auch um das körperliche Wohlergehen geht, werden Körper per definitionem in besonderem Maße ins Zentrum gerückt: Es kommt zu machtvollen Berührungen und zu Überschreitungen von ›normalen‹ körperlichen Distanzen, die außerhalb von Krankenhäusern oder Pflegeheimen der Intimitätswahrung dienen (vgl. Twigg 2000). Der Umgang mit den Körpern von Gepflegten als zentrales Element pflegerischer Arbeit hat deshalb große Auswirkungen auf die soziale Ordnung innerhalb eines Pflegesettings (vgl. Stewart 2005). Die berufsbedingte, professionelle Berührung intimer Körperstellen kann gleichsam eine Manifestation von ungleichen Machtverhältnissen vergegenwärtigen – einige Menschen haben dann (mehr) Recht, andere zu berühren: Pflegende können die Menschen, die sie pflegen, an manchen Stellen anfassen – dies wird von ihnen zuweilen

---

5 | Dies hat grundlegende Auswirkungen auf den Status Pflegender, da der (berufliche) Umgang mit Exkrementen Auswirkungen haben kann auf den sozialen Status einer Person (vgl. Dongen 2001). Das Ansehen eines Berufes wird demnach auch beeinflusst von den generell wirkmächtigen Differenzierungsweisen durch Schmutz in einer Gesellschaft: »In these ways we begin to conceive of the importance of dirt and dirty work in terms of characteristics that define, divide and stigmatise – dividing practices separating in-groups (clean-us) from out-groups (dirty-them).« (McMurray 2012: 128)

auch erwartet (vgl. Green 2013). Umgekehrt ist es undenkbar, unangemessen und kann Sanktionen zur Folge haben (vgl. ebd.).⁶

Angesichts der Zuschreibungen von Pflege als *dirty body work* stellt sich die Frage, wie mit kulturellen Vorstellungen von Schmutz und schmutzigen Körpern in der konkreten, tagtäglichen Pflege umgegangen wird (vgl. dazu ausführlicher Artner/Atzl 2016). In der Folge des oben erwähnten Wandels der bürgerlichen Moderne, im Zuge dessen sich die Vorstellung einer selbstverantworteten und zunehmend in die Privatheit verschobenen Ausscheidung durchsetzte, stören all jene Personen die soziale Ordnung, welche diese Situation nicht mehr allein und somit ›inadäquat‹ für eine Gesellschaft lösen können (vgl. Lea 2001). Körper, ihre Öffnungen und das, was sie ausscheiden, werden zu einer Quelle von Ambivalenz (vgl. Stewart 2005: 588). In Anlehnung an grundlegende Prämissen von Erving Goffman (vgl. 1975) kann man davon ausgehen, dass Körper nicht nur wegen der ›Bedrohlichkeit‹ von Schmutz sauber sein müssen, sondern weil nur saubere Körper auch ›soziale Körper‹ sein können beziehungsweise auf eine Mitgliedschaft in der Gesellschaft hoffen dürften: Denn in jeder (sozialen) Situation herrschen normative Erwartungen an Körper und ihre Funktionen und ein Abweichen von entsprechenden Normen kann zu Peinlichkeits- oder Schamgefühlen führen (vgl. Dreßke 2008). Diese Affekte geben einen besonders starken Hinweis darauf, dass es sich (nicht mehr) um ›normale‹ soziale Situationen handelt, sondern die Grenzen dessen, was als ›Normalfall‹ (noch) hingenommen werden kann, überschritten wurden. Dies betrifft auch die Pflege.

Im Bereich der Pflege herrscht somit das Risiko, dass Menschen mit Pflegebedarf ihr Gesicht verlieren können, wenn es zu Grenzüberschreitungen beispielsweise bei der Organisation von Ausscheidungen kommt.⁷ Die hier entworfene Perspektive liefert für sich genommen schon viele Hinweise darauf, wie sich soziale Ordnungen des Ausscheidens verändern, je nachdem, wer mit der Bearbeitung dieser Ordnung professionell befasst ist und für wen diese Ordnung möglicherweise ein Problem darstellt.⁸ Bisherige Forschungsarbeiten über den kulturhistorisch gewachsenen Umgang mit Ausscheidungen (ob

---

6 | Sowohl der Umgang mit Schmutz als auch die Ansicht, dass Sorge als genuin weibliche eine vermeintlich ›simple‹ Tätigkeit am und mit dem menschlichen Körper darstellt, sind Gründe, warum Pflegeberufe gesellschaftlich nach wie vor so wenig Anerkennung erfahren (vgl. Simpson et al. 2012; Sandvoll et al. 2015).

7 | In der kultur- und sozialwissenschaftlichen Pflegeforschung wird entsprechend diskutiert, dass Pflegeeinrichtungen in Anlehnung an Goffman (vgl. 1973) als totale Institutionen zu bezeichnen sind, in denen das soziale Selbst Angriffen ausgesetzt wird (vgl. Koch-Straube 2003; Amrhein 2005).

8 | Was dies beispielsweise für das Reinigungspersonal bedeutet, die sich berufsmäßig ebenfalls mit Ausscheidungen anderer Menschen konfrontiert sehen, ist eine ande-

nun als solitäre Angelegenheit oder in Form einer unterstützten Verrichtung wie zum Beispiel in Pflegefällen) fokussieren zwar mehr oder weniger auf soziale Praktiken und symbolische Bedeutungen des Stuhlgangs (vgl. für den Bereich der Pflege: Randers 2000; Dreßke 2008; Hangl 2015). Abgesehen von den Exkrementen wurde in den bisherigen Studien jedoch äußerst selten die materiale Seite der sozialen Ordnung von Ausscheidungen beziehungsweise die zentralen Objekte zur Bewältigung eines ›geordneten Geschäftes‹ in den Blick genommen. Objekte und materielle Kultur gelten vielfach (noch) als Spiegel soziokultureller Umstände.

Wenn Dinge mehrdeutiger Natur sind und potentiell vielseitige Affekte auslösen können, spitzt sich die Frage nach der Rolle von Dingen in der sozialen Ordnung von Ausscheidung in der Pflege weiter zu. Hier sind deutlich detailliertere Untersuchungen vonnöten, die genauer analysieren, wie soziale Ordnungen in Situationen unterstützter Ausscheidung hergestellt werden. Das Ausscheiden steht kulturhistorisch mit sich wandelnden Vorstellungen in Verbindung – auch im Hinblick darauf, wie die dafür vorgesehenen Objekte und Räume auszusehen haben. Bislang fehlt es an fundierten theoretischen und empirischen Zugängen zu der konkreten, situativen *objektbezogenen* Herstellung sozialer Ordnung von Ausscheidung in der Pflege. Diesem Desiderat wurde mit einer Studie zur Nutzung des Toilettenstuhles in der Pflege begegnet. Im Folgenden sollen die zentralen Ergebnisse vorgestellt werden.

4. Über die soziale Ordnung des Stuhlgangs

Wie die bisherigen Forschungsarbeiten zum Umgang mit Exkrementen als einer Form von Schmutz verdeutlicht haben, handelt es sich bei der unterstützten Ausscheidung in der Pflege um einen besonders sensiblen und delikaten Bereich zwischenmenschlicher Interaktionen. Im Hinblick auf medizinische Kontexte haben Studien gezeigt, wie die Normalisierung von delikaten Situationen (zum Beispiel bei Behandlungen des Intimbereichs) durch bestimmte soziale Praktiken[9] erfolgt. Darunter zählen Versuche des sich Wegdrehens oder des Distanz schaffenden ›professionellen Blicks‹ (vgl. Emerson 1970; Bergstrom et al. 1992; Ashforth/Kreiner 2002). Im Vergleich dazu wurde in der Toilettenstuhlstudie ein Zugang gewählt, der dezidiert von den Objekten ausgeht. Wie bereits erwähnt, sind die meisten Forschungsarbeiten über den Umgang mit Ausscheidungen auffallend objektlos. Die Frage, welche Rolle dabei die Objekte

---

re Frage und kann aus Platzmangel leider nicht eingehender erörtert werden (vgl. dazu Anderson 2000 oder Aguiar/Herod 2006).

9 | Hier werden soziale Praktiken im Sinne von Andreas Reckwitz (vgl. 2003) weitgefasst und generell als routinisierte Handlungen verstanden.

spielen, bildet ein Desiderat. Der vorliegende Artikel will dazu beitragen, diese Forschungslücke zu füllen. Hierfür wurden beispielhafte Untersuchungen im Bereich der stationären Altenpflege in den Blick genommen: Es erfolgten wiederholte Besuche von Pflegeheimen, während derer teilnehmende Beobachtungen in verschiedenen Bereichen (Tagespflege und Wohngruppen) durchgeführt und Pflegekräfte bei ihrer Arbeit begleitet wurden. Während der teilnehmenden Beobachtungen wurden ausführliche Feldnotizen, Beobachtungsprotokolle und Bildmaterial erstellt (Fotografien, Videoaufzeichnungen). Ergänzend wurden teilstrukturierte, narrative Interviews mit Pflegekräften durchgeführt, die in den verschiedenen Bereichen tätig sind und unterschiedlich lange Berufserfahrungen haben. Wesentliches Ziel war es, über die beobachteten Situationen von Toilettenstuhleinsätzen hinaus etwas über die alltäglichen Abläufe, Beziehungen sowie die generelle Arbeitsorganisation zu erfahren. Ergänzend wurden historische und zeitgenössische pflegerische Konzepte und Debatten durch Lektüren von Lehrbüchern, Praxisanleitungen etc. in den Blick genommen und einer Dokumentenanalyse unterzogen.

4.1 Objekttheoretische Implikationen zur Analyse des Toilettenstuhles

Die Untersuchung des ›Objekttypus‹ des Toilettenstuhles orientierte sich an Ansätzen der Ethnomethodologie und der nahverwandten *Workplace Studies*[10] (vgl. Garfinkel 1986; Heath et al. 2000; Böhringer/Wolff 2010) sowie der *Material Culture Studies* (vgl. Hahn 2015). Es wurde das situative Zusammenspiel von Menschen und Dingen mit Blick auf die Objekte analytisch ›aufgeschlossen‹: Streng orientiert an den sequentiellen Verläufen des Geschehens wurde in der Analyse gefragt, was wie (mit wem oder was) gemacht und dabei wie gedeutet wird. Im Fokus stand dabei die erwähnte Frage nach dem *doing ordinary*, der Herstellung von Gewöhnlichkeit beziehungsweise der Normalisierung von Grenzfällen.

Objekte werden im vorliegenden Beitrag als *potentielle ›Schlüssel‹ für mögliche Handlungen* in soziomateriellen Beziehungsgefügen und als Teil dieser untersucht. Diesem Verständnis zufolge muss sich die Potentialität der Dinge, in (menschlichem) Handeln mitzuwirken, nicht zwangsläufig realisieren, da sich Objekte in und zu Handlungen immer anders darstellen können. Dinge können dienlich sein und helfen, sie können aber auch irritieren und stören oder gar nicht registriert werden. Diese Haltung verweist auf die Annahmen der

---

10 | An dieser Stelle muss betont werden, dass es sich lediglich um eine Orientierung an der Ethnomethodologie und den *Workplace Studies* handelt, da aus forschungspragmatischen Gründen nur wenig Videomaterial erhoben und empirische Daten schwerpunktmäßig anhand teilnehmender Beobachtungen generiert wurden.

Material Culture Studies, der zufolge die Bedeutung eines Dinges in erster Linie durch die Situation und die darin erfolgenden Interaktionen generiert wird (vgl. ebd.). Hervorgehoben wird hierbei die Relevanz situativer Bedeutungszuschreibung, auf die nicht zuletzt die unterschiedlichen Gebrauchsweisen von Dingen verweisen (vgl. Hahn 2005). Welcher Kategorie ein Objekt zugeordnet wird, für was es steht oder welchen Zweck es zu erfüllen hat, ist somit zutiefst kontextabhängig. Die Mitwirkung und Bedeutung von Dingen entsteht also erst im situativen Vollzug einer Handlung. Es ist eine ›interaktive Arbeit‹ (vgl. Dunkel/Weihrich 2010) vonseiten aller Beteiligter (vor allem der Menschen) vonnöten, die hier vom Objekt ausgehend in den Blick genommen wird.

In der Untersuchung zur Rolle des Toilettenstuhles in der Herstellung sozialer Ordnung in der Pflege wurden entsprechend drei *verschiedene Ebenen materialer Objekte* in den Blick genommen:

4.1.1 Die Stofflichkeit des Toilettenstuhles

Ausgehend von der *Materialität* wurde zum einen gefragt, was für Verweise auf welche soziale Ordnungen und Beziehung prävalent sind. Der Begriff Materialität verweist in erster Linie auf die physisch-stoffliche Beschaffenheit, die Haptik und (potentielle) sensuelle Erfahrungen. Zur Untersuchung der Stofflichkeit werden Überlegungen beispielsweise darüber angestellt, welche Körperhaltung beim Gebrauch eines Toilettenstuhles eingenommen werden kann oder muss und wie sich dies auf die (Selbst-)Wahrnehmung auswirkt; ob man bei der Nutzung allein ist oder nicht (beziehungsweise sein soll); ob der Toilettenstuhl auf kontextuell dominante Themen verweist (beispielsweise auf Sturzgefahr hinweist beziehungsweise Sicherheitsvorkehrungen betont) etc. Diesem Vorgehen liegt die Annahme zugrunde, dass Objekte keinen kontextunabhängigen Aufforderungscharakter haben (vgl. Withagen et al. 2012).[11] Vielmehr müssen Objekte, um in der sozialen Welt angewendet zu werden, situiert werden (vgl. Sacks 1992). Aus dem Angebot an potentiellen Handlungsmöglichkeiten an und mit Dingen muss eine Auswahl getroffen werden. Diese Auswahl begründet sich immer auch durch die jeweilige Situation, in der diese getroffen werden muss.

---

11 | Diese Annahme steht im Gegensatz zu Ansätzen, die die sogenannte *affordance* materialer Objekte betonen (vgl. Gibson 1979). Diesen Aufforderungscharakter von Dingen beschreibt Don Norman als (soziale) Beziehung zwischen Dingen und Menschen: »An affordance is a relationship between the properties of an object and the capabilities of the agent that determine just how the object could possibly be used. A chair affords (›is for‹) support and, therefore, affords sitting. Most chairs can also be carried by a single person (they afford lifting), but some can only be lifted by a strong person or by a team of people. If young or relatively weak people cannot lift a chair, then for these people, the chair does not have that affordance, it does not afford lifting.« (Norman 2013: 11)

4.1.2 Die Situiertheit des Toilettenstuhles

Mit Blick auf die Einsatzsituationen beziehungsweise die *situative Interaktion* zwischen Menschen und Toilettenstuhl (und möglicherweise anderen Dingen) wurde gefragt, ob und wie der Gegenstand von an einer pflegerischen Handlung beteiligten Personen genutzt (oder auch nicht genutzt) wird: beispielsweise ob und wie über oder mit dem Toilettenstuhl kommuniziert wird oder ob die Nutzung eher nonverbal verläuft; ob es Anweisungen oder Erklärungen gibt oder eher routinemäßige Abläufe erfolgen; ob es zu Irritationen oder Konflikten kommt und wie diese gelöst werden; welche Intentionen mit dem Einsatz eines Toilettenstuhles durch die Beteiligten vorgebracht werden etc. Mit diesen Fragen können bereits auf der Ebene konkreter, situierter und beobachtbarer Interaktionen Hinweise auf Ordnungsproduktionen und soziale Beziehungen rekonstruiert werden (vgl. Nevile et al. 2014).

4.1.3 Die soziale Ordnung des Toilettenstuhles

Diesen Hinweisen folgend wurde in einem letzten Schritt die *Herstellung sozialer Ordnung* rekonstruiert. Hier stehen u. a. die Verweise auf die jeweiligen soziokulturellen Kontexte im Vordergrund, in denen der situative Einsatz eines materialen Gegenstandes erfolgt beziehungsweise der durch die Beteiligten (Menschen, aber auch Dinge) in eine Situation hineingetragen werden. Dies beinhaltet kulturelle Vorstellungen von und dominante Diskurse hinsichtlich ›guter‹ und ›professioneller‹ Pflege (auch im Hinblick auf Schmutz, den Umgang mit Intimität, der Wahrung von Privatsphäre etc.). Entsprechend werden neben den konkreten Verweisen darauf, die sich in den Situationen mit Blick auf die Mikroebene ergeben, auch Vorgaben ausgewertet, die eher auf einer Mesoebene anzusiedeln sind. Hier wurde u. a. untersucht, was in einschlägigen Lehrbüchern und Anleitungen vermittelt wird und wie dieses Wissen durch Pflegende im Hinblick auf ihren Arbeitsalltag thematisiert wird – also ob und wie dieses Wissen für sie relevant ist. Hier ist die Annahme leitend, dass das Verhältnis zwischen abstrakten Regeln und der Praxis des Handelns nicht vollends geklärt ist und sich auch nicht abschließend auflösen lässt. Es bleibt ein unvermeidbarer Rest an Situierungsarbeit, also eine Anpassung an eine jeweils gegebene Situation in ihren räumlichen und stofflichen Begebenheiten, die die Akteure leisten müssen.[12]

Der mehrdimensionale Blick auf das Ding schlägt sich auch im methodischen Design und der Analysehaltung nieder: Für die Beforschung der objektbasierten Herstellung sozialer Ordnung in der Pflege wurden gegenwärtige als auch historische Toilettenstühle in den Blick genommen. Mit dem erweiterten zeitlichen Horizont der Betrachtung konnten die Spezifika der jeweils unter-

---

12 | Dieses allgemeine Problem haben Treutner et al. bereits in den 1970er Jahren als »prinzipiellen Zwang zur Situativität« (Treutner et al. 1978: 9) bezeichnet.

suchten Gegenstände durch einen diachronen Vergleich mit historischen Vorläufermodellen abgeglichen werden.

4.2 Empirische Beispiele für die stoffliche Beschaffenheit des Toilettenstuhles in der Pflege[13]

Als Pflegeding betrachtet, ermöglicht die Untersuchung der Rolle des Toilettenstuhles einen historischen Tiefenblick: Bis in die Mitte des 20. Jahrhunderts vor allem als »Nachtstuhl« in der Pflege bekannt, kann der Toilettenstuhl auf eine gewisse Karriere seiner Nutzung in der Pflege zurückblicken.[14] Bereits Anfang des 19. Jahrhunderts war der Toilettenstuhl fester Bestandteil pflegerischer Anleitungen und Lehrbücher und wurde als eines der Utensilien pflegerischer Aktivitäten für die unterstützte Ausscheidung aufgeführt (vgl. Medizinalabteilung des Königlich Preußischen Ministeriums der geistlichen, Unterrichts- und Medizinalangelegenheiten 1909; 1928 und 1951). An dieser Stelle soll die historische Ausgestaltung der Form und Materialität von Toilettenstühlen betrachtet und nicht die historische Trajektorie der Bedeutung des Toilettenstuhles in der Pflege en détail besprochen werden. Zunächst folgt ein bildlicher Vergleich (Abb. 1-3) eines aktuell in der Pflege benutzten Toilettenstuhles (Abb. 1) mit zwei historischen Objekten[15] aus der Krankenpflege.

Auf den ersten Blick erscheinen die beiden Toilettenstühle aus dem 19. Jahrhundert (Abb. 2 und 3) einem ›gewöhnlichen‹ Stuhl deutlich ähnlicher als das abgebildete Modell eines zeitgenössischen Toilettenstuhles. Dabei folgen sie einem jeweils unterschiedlichen Design: Der in der Mitte abgebildete Toilettenstuhl ist eher schlicht gestaltet, der Stuhl in Abbildung 3 weist deutlich mehr Dekorelemente auf. Am stärksten unterscheiden sich die historischen Modelle vom gegenwärtigen jedoch im Hinblick auf die materiale Beschaffenheit: Die historischen Modelle sind aus Holz, das zeitgenössische Modell aus Stahl und PVC. Die Unterschiede in der stofflichen Beschaffenheit lassen sich u. a. durch die sich wandelnden Vorstellungen von beziehungsweise Anforderungen an

---

13 | An dieser Stelle gilt unser Dank Thomas Schnalke und insbesondere Isabel Atzl für die wichtigen Ergänzungen und Hinweise über die historische Genese der Toilettenstühle, den historischen Umgang mit Ausscheidungen in der Pflege sowie für die Bereitstellung von bildlichen Darstellungen und Fotos von historischen Toilettenstühlen.

14 | Dies wurde schwerpunktmäßig anhand unterschiedlicher historischer Lehrbücher ab 1900 in der Pflege rekonstruiert, u. a. anhand verschiedener Ausgaben des Krankenpflegelehrbuches, das im Auftrag der Medizinalabteilung des Königlichen Preußischen Ministeriums der geistlichen, Unterrichts- und Medizinalangelegenheiten herausgegeben wurde.

15 | An dieser Stelle sei auf die Abbildungen historischer Gegenstände in dem Beitrag von Isabel Atzl in diesem Band verwiesen.

Hygiene und Asepsis erklären: Bis ins 19. Jahrhundert waren viele Gegenstände und auch Hilfsmittel in der Pflege aus Holz, Porzellan oder Zinn. Ab dem Ende des 19. Jahrhunderts (mit der sich entwickelnden Mikrobiologie und Hygienelehre) gab es zunehmend die Anforderung, dass die Dinge rein (und keimfrei) gemacht werden konnten.

Abbildungen 1 bis 3: Toilettenstuhl. Aktuell eingesetzt in einem Pflegeheim in Deutschland. Stahl, Kunststoffe | Toilettenstuhl. Vor 1929. Holz. Medizinhistorische Sammlung der Klinikum Chemnitz gGmbH | Darstellung eines Toilettenstuhles. Holz (v.l.n.r.). Fotos (links und Mitte): Thomas Bruns, Berlin | Katalog der Firma Böhme (Hersteller für Krankenpflege) aus dem Jahr 1877 (rechts).

Die Vermutung, dass die meisten heutigen Gegenstände in der Pflege nicht aus Holz (oder Holzimitat) hergestellt werden, bestätigt ein Blick in die Datenbank für Hilfsmittel Rehadat: So zeigen sich mehrheitlich Toilettenstühle, die aus Kunststoffen hergestellt werden anstatt aus Holz.[16] Im Vergleich zu den historischen Toilettenstühlen hat das heutige Modell Rollen. Es gab zwar auch im 19. Jahrhundert die Möglichkeit, einen Toilettenstuhl mithilfe rollbarer Untersetzer zu schieben, und es gibt auch heute Modelle, die nicht mobil sind. Wie jedoch die Datenbank Rehadat ebenfalls verdeutlicht, sind bei heutigen Modellen mehrheitlich Rollen angebracht. Diese sind in der Regel festmontiert und nicht, wie bei einigen historischen Modellen, variabel montierbar. Im Gegensatz zu den beiden historischen Toilettenstühlen konnte für das heutige Modell die Nutzung des Toilettenstuhles beziehungsweise dessen Einbindung in pflegerische Tätigkeiten und Interaktionen beobachtet werden. Neben der besonderen Herausforderung der Rekonstruierbarkeit historischer sozialer Prak-

---

16 | Vergleiche die Auflistung unter http://www.rehadat-hilfsmittel.de/de/versorgung-hygiene/toilettenhilfen/toilettenstuehle-mit-und-ohne-rollen/index.html (Zugriff: 13.12.2016).

tiken (vgl. Atzl in diesem Band) kann aus Platzgründen an dieser Stelle nicht weiter auf die historische Trajektorie des Toilettenstuhleinsatzes in der Pflege bei der unterstützten Ausscheidung eingegangen werden. An dieser Stelle dient der diachrone Vergleich zwischen historischen Modellen und einem zeitgenössischen der Illustration der Veränderung der stofflichen Beschaffenheit und möglicher Implikationen. Aus diesem Grund und da sich daran das Verhältnis zwischen stofflicher Beschaffenheit und (Inter-)Aktionen des Gegenstandes rekonstruieren lässt, wurde dieses Modell in der Analyse eingehender betrachtet. Bei dem oben abgebildeten zeitgenössischen Modell handelt es sich um einen Toilettenstuhl, der zum Zeitpunkt der empirischen Erhebungen in diversen Pflegesettings eingesetzt wurde. In einem in der Studie beforschten Pflegeheim wurde dieses Modell verwendet und wurde auch dort fotografiert.

Von der Form her (Sitz- und Rückenlehne) erinnert das gegenwärtige Modell an einen Stuhl beziehungsweise, aufgrund der Rollen, an einen Rollstuhl. Oberhalb der Rückenlehne ist ein Griff angebracht, der darauf hinweist, dass der Toilettenstuhl von einer zweiten Person geschoben werden kann. Auch die Bremsen scheinen eher von dieser zweiten Person bedient zu werden, da sie ebenfalls hinten (am Rückenteil) angebracht sind. Die Sitzfläche kann heruntergeklappt werden, wodurch die Öffnung für die Ausscheidung abgedeckt wird. Man könnte dann darauf wie auf einem Stuhl sitzen oder unangenehme Gerüche mit der Klappe vermindern. Dieses Merkmal teilt der Toilettenstuhl mit den aufgeführten historischen Modellen. Die beiden Armlehnen können ebenfalls bewegt werden. Nach oben geklappt bieten sie zum einen Sicherheit, dass die auf dem Toilettenstuhl sitzende Person nicht zur Seite fallen kann, und zum anderen Komfort für diese Person, da sie dort ihre Arme ablegen kann. In der unteren Position kann ein leichteres Hinübersetzen in den Toilettenstuhl (beispielsweise von einer Bettkante) ermöglicht werden.

Von seiner stofflichen Beschaffenheit her besteht der Toilettenstuhl vornehmlich aus belastbaren Materialien in den Farben Schwarz, Grau und Weiß: Das Gestell ist aus mattem Stahl, Sitzfläche und Rückenlehne bestehen aus PVC, die Armlehne ist mit Thermoplast überzogen und der Toiletteneimeraufsatz und die Sitzfläche, die ihn umrandet, sind aus synthetischem Polymerstoff. Der Toilettenstuhl besteht also aus Materialien, die als stabil gelten, die leicht abwaschbar, gut zu reinigen und zu desinfizieren sind. Im Vergleich zu den historischen Vorgängermodellen besteht der Toilettenstuhl aus Materialien, die die Möglichkeit eröffnen, ihn im Sinne zeitgemäßer Vorstellungen[17] in einer sicheren und hygienischen Art und Weise benutzen – er ist stabil und ab-

---

17 | Dies zeigt sich zumindest hinsichtlich der Fachpublikationen für die berufliche Pflege (vgl. Kaiser 2008; Voß 2014).

waschbar – und dabei auch diskret vorgehen zu können – durch seine Ähnlichkeit mit einem Sitzmöbel[18].

Es könnten sich also zahlreiche Handlungsmöglichkeiten eröffnen: Eine Person sitzt, scheidet gegebenenfalls dabei aus, und eine andere Person schiebt. Die sitzende Person kann aber auch selbst den Toilettenstuhl bewegen, sofern sie mit ihren Füßen den Boden berühren kann. Dies alles muss nicht gleichzeitig geschehen. Man kann darauf sitzen, ohne sich zu bewegen, man kann schieben, ohne dass jemand darauf sitzt, und man kann sich damit bewegen (dank der Rollen), ohne dass jemand schiebt etc. Bereits auf der materialen Ebene findet sich also eine Vielfalt von Handlungs- und Kombinationsmöglichkeiten. Diese können hier nicht abschließend dargestellt werden, da es sich um *hypothetische Möglichkeiten* handelt, die im Hinblick auf die materiale Beschaffenheit des Toilettenstuhles rekonstruiert wurden. Aus dem Angebot an Möglichkeiten muss eine Auswahl getroffen werden. Diese Auswahl konstituiert die jeweilige Situation, in der diese getroffen werden muss, mit. Aus forschungspragmatischen Gründen wurde diese Situation in der Toilettenstuhlstudie in erster Linie mit Blick auf gegenwärtige Pflegesettings an empirischen Beispielen rekonstruiert.[19]

4.3 Situative Interaktionen: Einsätze des Toilettenstuhles in der Pflege

Nicht nur in seiner Materialität erscheint der Toilettenstuhl als eine Art multifunktionales Objekt: Wie die folgenden Ausführungen verdeutlichen, erhielt der Toilettenstuhl auch und vor allem durch seinen *situativen Einsatz* eine Vielzahl funktionaler Zuschreibungen. Diese spiegeln wiederum gängige Vorstellungen ›guter‹ und ›professioneller‹ Pflege wider. Im Folgenden wird dies anhand von Beispielen aus dem empirischen Material zu gegenwärtigen Pflegepraktiken präsentiert. Hierbei handelt es sich um zwei Situationen, in denen ein Toilettenstuhl, in stark routinisierte Abläufe eingebettet, in einem Pflegeheim eingesetzt wurde.

In dem beforschten Pflegeheim, aus dem die Beispiele entnommen sind, konnten verschiedene Formen des Einsatzes beziehungsweise Gebrauchs von Toilettenstühlen beobachtet werden: zur Beförderung von Bewohnern/-innen für kurze Strecken (zum Beispiel vom Bett ins Badezimmer), als Ablage für

---

18 | Wie weiter oben demonstriert, wiesen die historischen Modelle diese Ähnlichkeit sogar noch stärker auf.

19 | Historischen Einsatzsituationen konnte man sich durch Interviews mit ehemaligen Pflegekräften und durch historische Praxisanleitungen (u. a. Lehrbücher) annähern, weshalb diese hauptsächlich als Kontrastfolie zu den gegenwärtigen Situationen dienen, die im Folgenden skizziert werden.

Handtücher, für die Körperpflege (zum Beispiel Duschen) und nicht zuletzt für Ausscheidungen. Hierzu sollen in diesem Abschnitt entsprechende Auszüge aus den Protokollen der teilnehmenden Beobachtungen in einer der Wohngruppen des Pflegeheimes aufgezeigt werden.

Das erste Beispiel beschreibt eine Situation, in der eine Pflegekraft (Herr Kusic) einen Heimbewohner (Gustav[20]) vermittels eines Toilettenstuhles beim Toilettengang unterstützte:

»Herr Kusic ist auf dem Weg in die Küche und trifft Gustav im Flur, der ihm sagt, dass er auf die Toilette muss. Er bringt die Karaffe in seiner Hand in die Küche und geht dann zu Gustav ins Zimmer, wo er den Rollstuhl, in dem Gustav sitzt, ans Bett schiebt. Gustav greift an das Fußteil der Bettkannte und steht auf. Dabei greift ihm der hinter ihm stehende Pfleger Kusic unter die Arme. Während Gustav steht, schiebt Herr Kusic den Rollstuhl nach hinten und schiebt den Toilettenstuhl hinter den Bewohner. Der Pfleger hilft Gustav die Hose und Unterhose runterzuziehen und der Bewohner setzt sich auf den Toilettenstuhl. Danach legt Herr Kusic eine rote Schnur mit einem Notrufknopf daran auf das Bett vor Gustav und meint, er solle klingeln, wenn er fertig sei. [Aussparung aus dem Protokoll: Während Gustav, der Bewohner, auf dem Toilettenstuhl sitzt, besucht Pfleger Kusic zwei weitere Bewohnerinnen, ist ca. eine Stunde unterwegs.] Während Herr Kusic den Flur in Richtung ›Schwesternzimmer‹ entlanggeht, hört er Gustav aus seinem Zimmer nach ihm rufen. Er geht in das Zimmer, wo Gustav nach wie vor auf dem Toilettenstuhl sitzt. Es riecht leicht nach Urin. Herr Kusic fragt mich, ob ich ihm Handschuhe aus dem Bad holen kann, was ich auch mache. Er zieht die Handschuhe an und hilft Gustav sich am Fußteil festhaltend aufzusetzen und die Hose hochzuziehen. Er schiebt den Toilettenstuhl dann beiseite und den Rollstuhl hinter Gustav, der sich daraufsetzt. Herr Kusic klappt die Fußlehnen des Stuhls nach oben und stellt die Füße des Bewohners darauf. Unterdessen fragt er ihn: ›Warum hast du nicht geklingelt?‹ Gustav sagt etwas leise [für mich schwer hörbar] und Herr Kusic nickt. Kurz darauf schiebt er Gustav aus dessen Zimmer und fragt ihn dabei, ob er was essen will.« (Beobachtungsprotokoll vom 1.10.2014)

Bevor diese Szene im Hinblick auf die übergeordnete Frage, wie mit und durch Objekte (wie einem Toilettenstuhl) soziale Ordnungen hergestellt werden, besprochen wird, soll zunächst ein weiteres Beispiel kontrastiv angeführt werden. Hierbei handelt es sich ebenfalls um eine bewegungseingeschränkte Bewohne-

---

20 | Alle angegebenen Namen sind Anonymisierungen. Der in der Szene dargestellte Bewohner bestand darauf, immer mit Vornamen angesprochen zu werden. Der Pfleger wiederum, der bei der Beobachtung begleitet wurde, blieb gegenüber der Forscherin, Frau Artner, beim ›Sie‹. Deshalb finden sich für den Pfleger ein Pseudonym seines Nachnamens und für den Bewohner eines für seinen Vornamen. In dem nachfolgenden Beispiel siezte der Pfleger, Herr Yildiz, die Bewohnerin, Frau Oswald, weshalb diese mit ihren (anonymisierten) Nachnamen angegeben werden.

rin (Frau Oswald), die im Rollstuhl saß. Im Vergleich zu dem Bewohner Gustav in der obigen Szene war sie laut Aussage des Pflegers (Herrn Yildiz) »kognitiv eingeschränkt«. Dies machte sich u. a. daran bemerkbar, dass sie sich sprachlich ausschließlich über spezifische Laute vermittelte. Trotz der Unterschiede in der kognitiven Verfassung der beiden zu pflegenden Personen lassen sich sehr ähnliche Vorgehensweisen finden: So wurde auch im zweiten Beispiel die Ausscheidung mit einem Toilettenstuhl in dem Zimmer der Bewohnerin (und nicht in ihrem WC) ermöglicht. Im Vergleich zum ersten Beispiel wurde die Bewohnerin hier zunächst mit einem Stehlifter vom Bett in Richtung Toilettenstuhl gehoben.

»Herr Yildiz geht zum Toilettenstuhl und schiebt diesen näher an den Lifter. Dann zieht er die Windelhose von Frau Oswald aus und Frau Oswald, die noch im Lifter ›hängt‹, macht daraufhin wieder ihre Bebä-Laute, nun deutlich stärker. Es klingt wie ein missmutiger Laut. Herr Yildiz meint zu ihr: ›Ja, wir sind gleich fertig‹, und fährt dann den Lifter runter, bis Frau Oswald auf dem Toilettenstuhl zum Sitzen kommt. Er wirft die Windelhose in den Mülleimer, macht den Gurt von den Unterschenkeln los und schiebt den Lifter ein wenig beiseite. Dabei meint er, dass jetzt noch die Decke kommt. Er zieht sich die Handschuhe aus, macht den Brustgurt des Lifters ab und meint, dass Frau Oswald nun ›TV‹ schauen wird und dass er das Bett nun macht. Zuvor holt er die Tagesdecke, wickelt diese um den Oberkörper von Frau Oswald und macht dann den Fernseher an. Frau Oswald schaut auf den Fernseher und beendet ihre Bebä-Laute. [Aussparung aus dem Protokoll: Während Herr Yildiz das Bett herrichtet, sitzt Frau Oswald auf dem Toilettenstuhl und schaut fern. Danach bereitet er eine Schüssel mit Seifenwasser vor und bringt diese ins Zimmer.] Zu Frau Oswald meint Herr Yildiz: ›So jetzt? Fertig?‹, schaltet dabei den Fernseher aus und holt aus dem Schrank eine frische Windelhose. Während er die Windelhose rausholt, klingelt das Telefon wieder sehr lange und er kommentiert dies mir gegenüber: ›Manchmal klingelt es Sturm.‹ Frau Oswald gibt, seitdem der Fernseher aus ist, wieder den Bebä-Laut von sich. Herr Yildiz dreht den Toilettenstuhl, schiebt ihn etwas näher an den Lifter heran und nimmt dann die Decke, die er um Frau Oswald gewickelt hatte, weg und legt sie beiseite. Dabei macht Frau Oswald ihre Bebä-Laute etwas heftiger und lauter. Herr Yildiz, der vor dem Lifter an den Greifhörnchen steht, blickt ihr mit einer Grimasse kurz ins Gesicht, woraufhin Frau Oswald ihren Laut wieder leiser von sich gibt.« (Beobachtungsprotokoll vom 23.03.2015)

Genauso, wie Frau Oswald auf den Toilettenstuhl gesetzt wurde, wurde sie auch wieder mit dem Lifter aus ihm auf- und umgesetzt – nun nicht mehr auf das Bett, sondern auf ihren Rollstuhl. Während des Umsetzens auf den Rollstuhl wurde sie von Herrn Yildiz mit dem Seifenwasser im Genitalbereich gereinigt und abgetrocknet. Bevor sie mit einer Hose bekleidet wurde, zog ihr der Pfleger eine frische Windelhose und frische Unterwäsche an.

4.4 Situative Ordnungsproduktion

Was für Hinweise auf soziale Ordnungen und soziale Beziehungen zeigen sich in den empirischen Beispielen über den Einsatz von Toilettenstühlen bei der unterstützten Ausscheidung? Wie die nachfolgenden Ausführungen demonstrieren, finden sich zahlreiche Bezüge zu gesellschaftlichen und pflegerischen Vorstellungen von ›richtiger‹ Ausscheidungsorganisation und ›guter‹ Pflege.

Die flexible räumliche Einsetzbarkeit des Toilettenstuhles führte dazu, dass das Zimmer des Bewohners und der Bewohnerin in den beschriebenen Szenen durch den Toilettenstuhl als *quasimobile Toilette* zum WC ausgeweitet und auch als solches genutzt wurde: Es entstand eine Art Mischform aus dem zum WC umfunktionierten Zimmer, was entgegen den geläufigen Vorstellungen vom ›stillen Örtchen‹ (als dem Ort der Privatheit schlechthin) steht. Allerdings wurde das Zimmer erst durch den Toilettenstuhl mit einem Menschen darauf zu einem *Toilettenraum auf Zeit*. Die Anwesenheit des Toilettenstuhls allein, der ja schon im Zimmer bereitstand, reichte nicht aus, erst die Komposition aus Dingen und Menschen als auch der Handlungen der Menschen machte aus dem Zimmer ein WC als privaten Ort: Eine Person, die auf einem Toilettenstuhl saß (mit hochgeklapptem Sitz beziehungsweise offener Klobrille inklusive eingehängtem Toiletteneimer), allein mit der Ausscheidung beschäftigt, eventuell vor sich eine Vorrichtung, um zu klingeln, oder eine Decke um sich gewickelt, eine weitere Person, entweder nicht anwesend (Herr Kusic, der aus dem Zimmer ging) oder sich aus der Ausscheidungssituation zurückziehend (Herr Yildiz, der sich demonstrativ mit anderen Dingen [Bettenmachen] beschäftigte). Erst diese *assemblage* (vgl. Hahn 2015) von Dingen und Menschen als auch Räumen beziehungsweise Positionen in Räumen machten zusammen sichtbar, dass hier etwas ›Privates‹ vor sich ging. Interessanterweise wurde dies in beiden Fällen anders gelöst, als es ›normalerweise‹ beim Stuhlgang erfolgt: nämlich im eigenen Bad oder WC, einem separaten, in der Regel abschließbaren Raum. In beiden hier präsentierten Beispielen erfolgte diese räumliche Trennung nicht. Dies fällt umso stärker ins Gewicht, als im ersten Beispiel der Bewohner fast eine Stunde auf dem Toilettenstuhl in seinem Zimmer saß.

An den oben angeführten Beispielen fällt weiterhin auf, dass die Herstellung des Arrangements fast *ohne Worte* auskam. In dem ersten Beispiel konnte der Toilettenstuhl allein durch das Verschieben von Roll- und Toilettenstuhl, dem selbstständigen Hochziehen des Bewohners am Bett, dem sich anschließenden Unterstützen durch den Pfleger (Herunterziehen der Hose etc.) als *Toiletten*stuhl ins Spiel gebracht werden. Es bedurfte keiner weiteren Erklärung seines Einsatzes, es wurde auch nichts moniert oder hinterfragt. Es lief scheinbar reibungslos ab. Auch bei dem zweiten Beispiel handelte es sich um einen sich in dieser Form regelmäßig, wenn nicht sogar täglich, abspielenden Vorgang: Auch hier kam der Toilettenstuhl ganz nebenbei zum Einsatz.

Wenn es zu verbaler Kommunikation kam, bezog sie sich in beiden Sequenzen auf andere Dinge: Im zweiten Beispiel erfolgte im Verlauf des Ausziehens der Windelhose, während die Bewohnerin im beziehungsweise am Lifter hing, ein kurzer Wortwechsel. Frau Oswald tat ihre Missbilligung kund und der Pfleger gab ihr zu verstehen, dass diese zwar eine Berechtigung habe, er aber trotzdem machen müsse, was er gerade tat (die Windelhose ausziehen und somit ihren Genitalbereich freilegen), denn er sei ja »gleich fertig«. Auch im ersten Beispiel gab es eine verbale Erläuterung des Pflegers in Bezug darauf, wie etwas beendet wird, in diesem Fall in Bezug auf den Einsatz der Notrufklingel.

Das im ersten Beispiel erfolgte ca. einstündige Sitzen des Bewohners Gustav auf dem Toilettenstuhl ohne Betätigung der Notrufklingel verweist zunächst darauf, dass die Sequenz noch nicht beendet war. So lange der Bewohner auf dem Toilettenstuhl saß und nicht geklingelt hatte, war er nicht fertig – auch wenn er sich vielleicht schon erleichtert hatte. Sofern er ›konnte‹, lag der reine Ausscheidungsvorgang beim Bewohner (genauso wie im zweiten Beispiel). Der Pfleger, Herr Kusic, richtete sich danach aus, dass der Bewohner Gustav tatsächlich klingelte (worauf er sich zu verlassen schien, so impliziert es seine Frage nach dem Nichtklingeln). Gustav wiederum war von Herrn Kusic abhängig. Er musste warten, dass dieser (auch ohne Rufklingel) kam und ihm aus dem Toilettenstuhl half, aus dem er trotz des für ihn greifbar nahen Bettrahmens nicht selbstständig aufstehen, sich anziehen und zurück auf den Rollstuhl umsetzen konnte. Dass der Pfleger erst nach einer Stunde nach dem Bewohner schaute, verweist auf zweckrationale Arbeitsprozesse in der Organisation (institutioneller) Pflege, im Sinne einer zunehmend engeren Taktung zeitlicher Arbeitsverläufe: Während er Gustav allein sein Geschäft verrichten ließ, ging Herr Kusic zeitgleich anderen Tätigkeiten bei weiteren Bewohnerinnen nach und sparte damit Arbeitszeit und -kraft. Dies zeigt sich auch darin, dass der Pfleger den Toilettenstuhl nicht in das Badezimmer des Bewohners (beispielsweise über die Toilette) geschoben hat – also an den Ort, wo man ›normalerweise‹ das Ausscheiden von Exkrementen erwarten würde. Dies könnte als ein Hinweis darauf verstanden werden, dass sich der Pfleger zusätzliche Wege und Zeit sparen wollte.

Allerdings sollte man zunächst wahrnehmen, mit welcher Selbstverständlichkeit hier der Toilettengang als ein ›Problem‹ des Bewohners arrangiert wurde: Der Bewohner sagte, wann er auf Toilette muss, und sollte läuten, wenn er fertig sein würde. So stellt sich jedenfalls die vom Pfleger angenommene Normalverlaufsform dieser Ausscheidungssequenz dar. So wie sie hier etabliert wurde, konnte sie nicht von außen – durch andere Personen –, sondern nur durch die ausscheidende Person selbst beendet werden. So lange der Bewohner auf dem Stuhl saß und die Klingel nicht betätigte, dauerte sie an. Zwar hätte der Pfleger oder eine andere Person (beispielsweise des Reinigungsteams) auch ohne Betätigung der Rufklingel in das Zimmer des Bewohners gehen können.

Er tat es aber nicht, sondern erwartete, dass der Bewohner klingelt. Darauf verweist auch seine Frage »Warum hast du nicht geklingelt?«. Der Pfleger fragte zum Beispiel nicht danach, ob die Klingel vielleicht defekt sei und der Bewohner deshalb nicht geklingelt haben könnte. Diese Option schien es hier nicht zu geben. Insgesamt wurde dem Bewohner zugetraut, selbst beurteilen zu können, wie viel Zeit er benötigt. Die Dinge wurden so arrangiert, dass er in und mit ihnen handeln konnte, der Pfleger überließ es dem Bewohner.

Im zweiten Beispiel ist dies gänzlich anders gelagert: Hier blieb der Pfleger im Zimmer, auch wenn er sich durch das Bettenmachen der Interaktion mit der Bewohnerin und somit ›ihrer‹ Ausscheidungssituation entzogen hat. Der Pfleger fragte die Bewohnerin zwar, ob sie fertig sei. Es ist jedoch anzunehmen, dass dies keine Frage im eigentlichen Sinn war, denn der Pfleger wusste, dass sie diese aufgrund ihrer kognitiven Einschränkungen nicht beantworten konnte (zum Beispiel mit einem artikulierten Ja oder Nein). Vielmehr kündigte er mit seinem Ausruf an, dass die Ausscheidungssequenz nun (von ihm) beendet werden würde. Kurz darauf begann er mit den Handgriffen, die zusammen dazu führten, dass die Bewohnerin ihren Toilettengang beendete. Hier bestimmte der Pfleger mehr oder weniger über die Zeit, die die Bewohnerin für ihren Stuhlgang in Anspruch nehmen konnte.

Die beiden oben beschriebenen Beispiele des Toilettenstuhleinsatzes verweisen auf den zunehmenden Zeitdruck in der Pflegearbeit (vgl. Schilliger 2009), durch die auch gesellschaftliche Vorstellungen vom ›stillen Örtchen‹ in der Pflege eine gewisse Umdeutung erfahren können: In beiden Beispielen zeigt sich dies zum Beispiel in parallel verlaufenden Tätigkeiten (die Behandlung anderer Bewohner/-innen oder das Verrichten anderer Dinge). In den beschriebenen Situationen wurden diese möglichen Hintergrundbedingungen gegenwärtiger Pflegearbeit indes nicht offen thematisiert. Vielmehr strukturierten sie den Ablauf des Vorgangs ›ganz nebenbei‹ mit.

Eine Strukturierung des Ablaufes als eine ›gewöhnliche‹, alltäglich so ablaufende Form des Ausscheidens auf dem Toilettenstuhl wurde über die Einhaltung bestimmter Konventionen ermöglicht (beispielsweise, indem die Rufklingel auch betätigt wird). Diese sind im ersten Beispiel durch den Bewohner offensichtlich nicht erfüllt worden. Der Bewohner blieb auf dem Toilettenstuhl sitzen und schien ihn wohl nach der Verrichtung seines ›Geschäftes‹ weiterhin zum Sitzen zu nutzen. Der Toilettenstuhl erschien damit auch wie eine Art *Sitzmobiliar* genutzt zu werden.[21] Hier zeigt sich eine Parallele zum zweiten Beispiel als strukturell ähnlich gelagerter Situation: Hier schied die Bewohne-

---

21 | Wenngleich dies vermutlich eher bedingt freiwillig geschah. Es ist zu vermuten, dass der Bewohner im ersten Beispiel während der Ausscheidung beziehungsweise, während er auf dem Toilettenstuhl saß, eingeschlafen sein könnte. An anderen Tagen der teilnehmenden Beobachtungen wurde festgestellt, dass dieser Bewohner in seinem Roll-

rin auf dem Toilettenstuhl sitzend aus, während sie in ihrem Zimmer auf den vom Pfleger angeschalteten Fernseher sah. In diesem Fall fungierte der Toilettenstuhl en passant als Fernsehsessel.

In beiden Fällen stellt sich die Frage, wie ›freiwillig‹ dieses Arrangement vonseiten der Gepflegten hergestellt wurde. Im zweiten Beispiel erfolgte das Fernsehen während der Ausscheidungen auf Wunsch des Angehörigen der Bewohnerin, wie der Pfleger erklärte. Ob das tatsächlich ihrem Wunsch entsprach, kann nicht endgültig geklärt werden, weil sie selbst nicht (mehr) sprechen konnte. Nichtsdestotrotz zeigt sich (zumindest im zweiten Beispiel), dass ein weiteres strukturierendes Moment pflegerischen Handelns der Einfluss beziehungsweise die *Vorstellungen von Angehörigen* sein kann. Der laufende Fernseher führte wohl schließlich auch dazu, mögliche unangenehme Geräusche zu überdecken oder auch (zumindest die Bewohnerin) von der eventuell als unangenehm empfundenen Situation abzulenken.

Weitere strukturierende Momente zeigen sich in Vorstellungen ›guter‹ professioneller Pflege: Im ersten Beispiel konnte der Bewohner mithilfe der Bettkante, an der er sich hochziehen und stützen konnte, und des Pflegers, der ihm unter die Arme griff, weitestgehend selbstständig aufstehen. Diese Vorgehensweise wurde von einer anderen Pflegerin des Heimes als »Mobilisierung«, als eine *aktivierende Maßnahme* erklärt. Die oben im ersten Beispiel beschriebene unterstützte Ausscheidung diente gleichzeitig dazu, eine gewisse Selbstständigkeit des Bewohners zu erhalten beziehungsweise zu trainieren. So wurden nicht nur die Ausscheidungsvorgänge des Bewohners unterstützt, sondern gleichzeitig eine relevante Komponente der zeitgemäßen Vorstellungen aktivierender Pflege realisiert. Das Aktivierungsparadigma der Pflege[22] wurde also auch auf den Toilettengang umgelegt. Denn auch im zweiten Beispiel wurde die Bewohnerin für das Ausscheiden aus dem Bett geholt und aufgesetzt, ihr Kreislauf gleichzeitig mit in Schwung gebracht.

Eine genauere Betrachtung der hier vorgestellten Situationen zeigt, dass auch aktivierbare Dinge gebraucht wurden, um Bewohner/-innen zu aktivieren: Dinge in einem erreichbaren Umfeld (und weitere Akteure), mit denen etwas getan, die selbst ›aktiviert‹ werden konnten. Hier kam vor allem die Rollfunktion des Toilettenstuhls ins Spiel: Sie wurde in den betreffenden Situ-

---

stuhl sitzend an verschiedenen Orten im Pflegeheim einnickt (Flur, Wohnküche oder im Empfangsbereich des Heimes).

22 | Dieses bezieht sich auf den von Monika Krohwinkel (vgl. 2007) eingeführte Idee der aktivierenden Pflege, der zufolge an der Selbstständigkeit und den dazu erforderlichen Ressourcen von Menschen mit Pflegebedarf gearbeitet werden sollte. Dieses Konzept hängt zusammen mit dem von ihr in den 1980er Jahren entwickelten konzeptionellen Modells der Aktivitäten und existentiellen Erfahrungen des Lebens, das (wenn auch in abgewandelter Form) heute noch weit in der Pflegepraxis verbreitet ist.

ationen dringend benötigt, um einen fliegenden Wechsel der Stühle (vom Toilettenstuhl zum Rollstuhl) zu bewältigen. Die Mobilitätsfunktion seiner Rollen vereinfachten es, den Toilettenstuhl an verschiedenen Orten einzusetzen, er wurde so zu einer ›mobilen Toilette‹. Diese Spezifität des (gegenwärtigen) Toilettenstuhles ermöglichte die simultane Bezugnahme des erwähnten pflegerischen Konzeptes der Mobilisierung.

Im ersten Beispiel wurde unter Zuhilfenahme der Notrufklingel eine weitere Vorstellung zeitgemäßer Pflege aufgegriffen: Mit dem Bereitlegen der Notrufklingel wurde die Erreichbarkeit des Pflegers (der den Bewohner allein ließ) und damit die in der Pflege betonte *Sicherheit* eröffnet – auch wenn diese in der oben beschriebenen Szene letzten Endes nicht von dem Bewohner benutzt wurde.

In beiden Beispielen wurden gleichzeitig kulturell bedingte, vorherrschende Vorstellungen von Ausscheidungen realisiert – wenn auch auf andere Art und Weise und unter Einsatz verschiedener Dinge: Im ersten Beispiel erfolgte der eigentliche Akt der Ausscheidung ›allein und einsam‹, wenn auch nicht in einer Toilette, sondern im Zimmer des Bewohners. Diese Option eröffnete indirekt die Notrufklingel, denn sie ›erlaubte‹ es dem Pfleger, den Bewohner allein zu lassen und trotzdem für seine Sicherheit beziehungsweise ein Gefühl von Sicherheit zu sorgen. Im zweiten Beispiel war es die Decke, welche der Pfleger der Bewohnerin um die Hüfte wickelte, die ihr ein wenig Privatsphäre beziehungsweise Schutz vor despektierlichen Blicken auf ihr Gesäß ermöglichten. In beiden Fällen erfolgte somit eine Bezugnahme auf gesellschaftliche und in der Pflege dominante Vorstellungen von *Diskretion und Privatsphäre*. Diese normativen Vorstellungen von ›ordnungsgemäßer‹ Ausscheidung als diskrete Angelegenheit wurden zwar mitrealisiert, jedoch auch im Hinblick auf den Umgang mit den intimen Körperregionen ebenfalls anders als ›gewöhnlich‹: Im ersten Beispiel war es der bereits erwähnte Bettrahmen und im zweiten der Lifter, durch den eine dinglich beziehungsweise technisch vermittelte körperliche Distanz zwischen Bewohner/-in und Pfleger hergestellt werden konnte: Hier musste der Pfleger dem Bewohner ›nur noch‹ unter die Arme greifen, um ihn beim Aufstehen zu unterstützen, und im zweiten Beispiel war es vor allem ein technisches Gerät, welches dieses übernahm. In beiden Fällen kam man sich nicht zu nahe. Dafür sorgten in beiden Beispielen nicht zuletzt die benutzten Handschuhe, die körperliche Nähe minimierten, indem die Bewohnerin und der Bewohner im Intimbereich nicht mit bloßen Händen berührt werden mussten. Darüber hinaus wurden pflegerische Hygienevorschriften eingehalten. Die sich insgesamt in den beiden Fällen zeigende *›Kunst‹ der gleichzeitigen Wahrung der Privatsphäre (Distanz) und dem Versprechen auf Sicherheit (Erreichbarkeit)* korrelierte nicht zuletzt mit der materialen Beschaffenheit des Toilettenstuhles, seiner dezenten und stabilen Gestalt.

Das somit dinglich und räumlich gelöste Nichtzusehen bei der Nutzung des Toilettenstuhles scheint in beiden Beispielen Teil eines ›impliziten Protokolls‹ gewesen zu sein, das ›intime‹ Moment bei der Ausscheidung zu wahren. Wie die empirischen Beispiele in Bezug auf die Materialität des Toilettenstuhles und Situationen seines Einsatzes bisher verdeutlichen, eröffnete er als ein Ding der Pflege die Option, verschiedene Abläufe anders zu organisieren, als es ›normalerweise‹ der Fall ist. Dies beträfe nicht nur den Fall, wie Ausscheidung außerhalb einer pflegerischen Situation, in der es der Unterstützung durch eine zweite (Pflege-)Person bedarf, organisiert wird. Vielmehr bezieht sich dies durchaus auch auf den Bereich der Pflege selbst: So zeigten sich starke Parallelen zu strukturell ähnlich gelagerten, pflegerischen Situationen unterstützter Ausscheidung, in denen sich Bewohner/-innen mit Unterstützung der Pflegekräfte auf die Toilette im WC beziehungsweise Bad setzten. Diese Fälle ähnelten den in westlichen Gesellschaften seit der eingangs erwähnten Transformation der bürgerlichen Moderne sich etablierenden Konventionen, denen zufolge der Toilettengang allein, im stillen Örtchen und hinter verschlossenen Türen zu erfolgen habe. Es wurde zwar der Gang hin zur Toilette gemeinsam beziehungsweise mit Unterstützung gemeistert, jedoch erfolgte die Ausscheidung dann am kulturell ›angemessenen‹ Ort (Toilette/Bad) in einer ›angemessenen‹ Art und Weise (allein). Auch in diesen Fällen wurde durch Raumwechsel ›ausreichend‹ Distanz und Diskretion geschaffen, die Intimsphäre gewahrt.

Was bedeutet dies alles nun für die unterstützte Ausscheidung in der Pflege? Wie die empirischen Beispiele bislang verdeutlichen konnten, gibt es auch in der Pflege ein ›implizites Protokoll‹, demzufolge das intime, schambehaftete Moment bei der Ausscheidung zu wahren und mit Sensibilität und Rückzug der zweiten (Pflege-)Person aus der Situation zu begegnen sei. Dies entspricht dem, was sich in aktuellen (Alten-)Pflegelehrbüchern finden lässt und verweist auf den weiteren Kontext der Pflege. So heißt es beispielweise in einem der einschlägigen Lehrbücher, in »Thiemes Altenpflege« (vgl. Köther 2007), eingangs zu der Thematik:

»Die Ausscheidungen werden hinsichtlich Geruch, Aussehen und Beschaffenheit als unangenehm bis ekelerregend empfunden. Die Ausscheidungsorgane liegen in einem Bereich des Körpers, der den Blicken verborgen ist. Sich nackt zu zeigen, ob für die tägliche Intimpflege oder zur Untersuchung durch den Arzt, fällt den meisten Menschen schwer. Das Schamgefühl des zu Versorgenden darf trotz der von uns gelernten Überwindung nicht verletzt oder außer Acht gelassen werden. Auch oder gerade hier zeigt sich unsere Achtung vor der menschlichen Würde.« (Ebd.: 297 f.)

Andere Lehrbücher, u.a. »Pflege heute« (vgl. Menche 2007) oder »Thiemes Pflege« (vgl. Schewior-Popp et al. 2009), empfehlen die Bevorzugung von Toilettenstühlen gegenüber Steckbecken und begründen dies neben der Mobilisationsförderung mit der Berücksichtigung von Schamgefühlen. Auch wird entsprechend betont, Pflegebedürftige während des Vorgangs der Ausscheidung nach Möglichkeit allein zu lassen, und es finden sich Hinweise auf Themen wie Diskretion und Achtung der Privatsphäre, Aktivierung als auch sicherem Vorgehen beziehungsweise Sicherheit.

Insgesamt lässt sich festhalten, dass in den situativen Einsatz des Toilettenstuhles verschiedene Interessen und normative Vorstellungen hineinwirken beziehungsweise am Toilettenstuhl festgemacht werden. Der Toilettenstuhl diente über den Einsatz bei der unterstützten Ausscheidung hinaus: Es wirkten mehrere unterschiedliche Vorstellungen (Normen, Interessen, Erwartungen etc.) in die Situationen seines Einsatzes hinein. Wie sich diese Vielseitigkeit des Pflegedinges Toilettenstuhl theoretisch begreifen lässt, soll im Folgenden diskutiert werden.

5. Veralltäglichung ›grenzwertiger Arbeit‹ durch Pflegedinge

Was lässt sich nun im Hinblick darauf sagen, wie mit dem Toilettenstuhl in der Pflege angesichts der Bearbeitung gesellschaftlicher Grenzfälle wie der unterstützten Ausscheidung ein Gefühl von einem ›normalen‹, gewöhnlichen Pflegealltag hergestellt wird? Die hier dargestellten empirischen Untersuchungen geben Grund zu der Annahme, dass diese Veralltäglichung auch durch die *multifunktionalen Zuschreibungen des Toilettenstuhles* ermöglicht wurde: Er war nicht nur ein Hilfsmittel für die unterstützte Ausscheidung, sondern auch ein Stuhl zum Duschen, er diente dem Transportieren und dem Mobilisieren von Personen mit Pflegebedarf, es wurde darauf gesessen und gewartet oder ferngesehen. Der Toilettenstuhl wurde dadurch nur begrenzt determiniert beziehungsweise auf eine einzige Sache festgelegt beziehungsweise symbolisch nicht ausschließlich mit Fäkalien behaftet. Ganz im Gegenteil: Durch die Bandbreite an verschiedenen Zuschreibungen wurde eine engführende Assoziationsmöglichkeit auf Ausscheidungen inklusive der gesellschaftlichen Konventionen, die damit in Verbindung stehen können, abgeschwächt. Zudem wurde der Toilettenstuhl (wie andere Dinge auch) mit bestimmten Vorstellungen ›aufgeladen‹: Wie die empirischen Beispiele gezeigt haben, diente er auch und vor allem dazu, ›gute‹ Pflege zu machen. Trotz der Gefährdung der Intimsphäre wurde nicht zuletzt mithilfe weiterer Dinge eine gewisse Diskretion und Gesichtswahrung betont. Dennoch blieb und bleibt der Toilettenstuhl wohl immer noch ein *Toiletten*stuhl beziehungsweise ein Stuhl, auf dem – ob zur Ausscheidung oder zur Körperpflege (wenn zum Duschen genutzt) – der Intimbereich entblößt werden kann und zuweilen (beim Ausscheiden) Exkremente zutage treten können.

In dieser symbolischen funktionalen Vielgestaltigkeit des Toilettenstuhles zeigen sich Analogien zu dem *fluidity*-Konzept von Annemarie Mol und John Law (vgl. 1994), welches auch Ähnlichkeiten zum Konzept des *boundary object* (vgl. Star/Griesemer 1989) aufweist: ein Objekt, dessen Grenzen unscharf, unklar und beweglich beziehungsweise nichtfixierbar sind. Ein fluides Objekt kann verschiedene Identitäten gleichzeitig annehmen (vgl. De Laet/Mol 2000). Jede Identitätsform eines fluiden Objektes beinhaltet auch eine Variante seiner Umwelt (als Projektion) beziehungsweise spiegelt bis zu einem gewissen Grad die Umwelt wider, in der es eingesetzt wird. Diese Anpassung hat jedoch eindeutige Grenzen, die sich nicht zuletzt an den materialen Begebenheiten eines Objektes festmachen lassen und was auch anhand des Toilettenstuhles und seines kontextuell und kulturell eingebetteten situativen Einsatzes aufgezeigt werden kann: Auch wenn er mehr sein und ermöglichen kann, als ›nur‹ bei der (unterstützten) Ausscheidung dienlich zu sein, so kann er – zumindest in der Pflege – auch etwas anderes, aber wohl schwerlich etwas gänzlich anderes sein.

Die Ausgangsfrage dieses Beitrages bezog sich darauf, wie Alltäglichkeit beziehungsweise der geordnete Ablauf ›gewöhnlicher‹ Verrichtungen in der Pflege hergestellt wird angesichts des gesellschaftlichen ›Grenzfalles‹ unterstützter Ausscheidung. Im Fall der unterstützten Ausscheidung muss ein anderer Umgang mit sozialen Konventionen, denen zufolge der Gang zur Toilette ›normalerweise‹ eine solitäre Angelegenheit ist, gefunden werden. In der Pflege, vor allem der Altenpflege, erfolgt dies auf tagtäglicher Basis. Vor dem Hintergrund der theoretischen Annahme, dass materiale Objekte – Pflegedinge – dabei zentral sind, wurde an Beispielen analysiert, wie der Toilettenstuhl den Grenzfall in geordneter Art und Weise bearbeitbar macht. Dabei wurde der Toilettenstuhl als Bestandteil pflegerischer Ordnungen auf drei Ebenen untersucht.

Zusammenfassend lässt sich festhalten, dass die soziale Ordnung von Pflege, die mit dem Toilettenstuhl hergestellt wird, auf normative Vorstellungen von ›zivilisiertem‹ Ausscheiden rekurriert. Dort, wo dies nicht adäquat erfüllt werden kann, wird Pflege sichtbar gemacht: in der unterstützten Ausscheidung, in der durch das ›richtige‹ Equipment (Toilettenstuhl) ›gute‹ beziehungsweise ›professionelle‹ Pflege realisiert wird. Am Beispiel des Grenzfalles der unterstützten Ausscheidung zeigt sich, dass der Toilettenstuhl diesen in der Pflege zu normalisieren verhilft, gerade weil er mehr ist als ›nur‹ Toilettenstuhl: Wie die empirischen Beispiele demonstrieren, kann er als eine Art fluides Objekt fungieren, ein Grenzobjekt, das zwischen verschiedenen funktionalen Zuschreibungen changieren kann.

Die vorliegende Studie über den Toilettenstuhl hat nicht zuletzt gezeigt, dass der Blick auf die Dinge eine differenzierte Rekonstruktion der Herstellung sozialer Ordnung unterstützter Ausscheidung in der Pflege ermöglicht. Wie mit den Ausführungen deutlich wurde, ist der Blick auf Dinge in ihrer situativen Interaktion mit Menschen (und anderen Dingen) besonders hilfreich.

Denn nur so kann die ›Arbeit‹, die notwendig ist, um ein Objekt in eine Situation zu integrieren und umgekehrt die Situation durch die Verschiebung der Rolle, die das Objekt darin einnimmt, zu modulieren, sichtbar gemacht werden, was eine deutlich differenzierte Sicht auf den kulturellen Stellenwert von Schmutz und der *dirty work* der Pflege eröffnet. Nicht zuletzt werden in der Herstellung der sozialen Ordnung der Ausscheidung auch materiale Gegenstände wie ein Toilettenstuhl benötigt.

LITERATUR

Aguiar, Luis L. M./Herod, Andrew (Hg.): The Dirty Work of Neoliberalism: Cleaners in the Global Economy. Malden/Oxford, 2006.

Amrhein, Ludwig: Stationäre Altenpflege im Fokus von Machtbeziehungen und sozialen Konflikten. In: Schroeter, Klaus R./Rosenthal, Thomas (Hg.): Soziologie der Pflege: Grundlagen, Wissensbestände und Perspektiven. Weinheim/München, 2005, S. 405-426.

Anderson, Bridget: Doing the Dirty Work? The Global Politics of Domestic Labour. London/New York, 2000.

Artner, Lucia/Atzl, Isabel: Pot and Power: The Role of the Nonhuman in a Very Human Business. In: On_Culture: The Open Journal for the Study of Culture (2016/2), o. S. Online verfügbar unter: http://geb.uni-giessen.de/geb/volltexte/2016/12355/(Zugriff: 30.1.2017).

Artner, Lucia/Schröer, Wolfgang: Care, Commons, Citizenship – How Social Work is Affected. In: Transnational Social Review. A Social Work Journal (2013/3), S. 141-154.

Ashforth, Blake E./Kreiner, Glen E.: Normalizing Emotion in Organizations: Making the Extraordinary Seem Ordinary. In: Human Resource Management Review (2002/12), S. 215-235. Doi: https://doi.org/10.1016/S1053-4822(02)00047-5

Bergstrom, Linda/Roberts, Joyce/Skillman, Leslie/Seidl, John: ›You'll Feel Me Touching You, Sweetie‹: Vaginal Examinations During the Second Stage of Labor. In: Birth (1992 19/1), S. 10-18.

Böhringer, Daniela/Wolff, Stephan: Der PC als Partner im institutionellen Gespräch. In: Zeitschrift für Soziologie (2010/39), S. 233-251.

Bourke, John Gregory: Das Buch des Unrats. Frankfurt a. M., 1992 [1913].

De Laet, Marianne/Mol Annemarie: The Zimbabwe Bush Pump: Mechanics of a Fluid Technology. In: Social Studies of Science (2000/30), S. 225-263.

Dongen, Els van: ›It Isn't Something to Yodel About, but it Exists!‹ Faeces, Nurses, Social Relations and Status within a Mental Hospital. In: Aging & Mental Health (2001/5), S. 205-215.

Douglas, Mary: Purity and Danger: an Analysis of Concepts of Pollution and Taboo. London , 2002 [1966].
Dreßke, Stefan: Identität und Körper am Lebensende: die Versorgung Sterbender im Krankenhaus und im Hospiz. In: Psychologie und Gesellschaftskritik (2008/32-3), S. 109-129.
Dunkel, Wolfgang/Weihrich, Margit: Arbeit als Interaktion. In: Böhle, Fritz/Voß, Günther G./Wachtler, Günther (Hg.): Handbuch Arbeitssoziologie. Wiesbaden, 2010, S. 177-202. Doi: https://doi.org/10.1007/978-3-531-92247-8_6
Emerson, Joan P.: Behavior in Private Places: Sustaining Definitions of Reality in Gynecological Examination. In: Recent Sociology (1970/2), S. 74-97.
Elias, Norbert: Über den Prozeß der Zivilisation: Soziogenetische und psychogenetische Untersuchungen. Frankfurt a. M., 1976.
Faber, René: Von Donnerbalken, Nachtvasen und Kunstfurzern: Eine vergnügliche Kulturgeschichte. Frankfurt a. M., 1994.
Friesacher, Heiner: ›Vom Interesse an vernünftigen Zuständen ...‹ – Bedeutung und konstitutive Elemente einer kritischen Theorie der Pflegewissenschaft. In: Pflege (2011/64), S. 373-388.
Garfinkel, Harold: Studies in Ethnomethodology. Englewood Cliffs, 1967.
Garfinkel, Harold (Hg.): Ethnomethodological Studies of Work. London, 1986.
Geest, Sjaak van der: Not Knowing about Defecation. In: Littlewood, Roland (Hg.): On Knowing & Not Knowing in the Anthropology of Medicine. Oxford, 2007a, S. 75-86.
Geest, Sjak van der: The Social Life of Faeces: System in the Dirt. In: Ginkel, Rob van/Strating, Alex (Hg.): Wildness and Sensation: An Anthropology of Sinister and Sensuous Realms. Amsterdam, 2007b, S. 381-397.
Gehlen, Arnold: Philosophische Anthropologie und Handlungslehre (Aufsatzsammlung). Gesamtausgabe. 4. Band. Mit einem Anhang u. einem Nachwort hg. v. Karl-Siegbert Rehberg. Frankfurt a. M., 1983.
Gibson, James J.: The Ecological Approach to Visual Perception. Boston, 1979.
Goffman, Erving: Asyle. Über die soziale Situation psychiatrischer Patienten und anderer Insassen. Frankfurt a. M., 1973.
Goffman, Erving. Stigma. Frankfurt a. M., 1975.
Green, Catherine: Philosophic Reflections of the Meaning of Touch in Nurse-patient Interactions. In: Nursing Philosophy (2013/14), S. 242-253. Doi: https://doi.org/10.1111/nup.12006
Hahn, Hans Peter: Dinge des Alltags – Umgang und Bedeutungen. Eine ethnologische Perspektive. In: König, Gudrun (Hg.): Alltagsdinge. Erkundungen der materiellen Kultur. Tübingen, 2005, S. 63-79.
Hahn, Hans Peter (Hg.): Vom Eigensinn der Dinge. Für eine neue Perspektive auf die Welt des Materiellen. Berlin, 2015.

Hangl, Alexandra: Ekel in der Krankenpflege: Orte, Praktiken und Funktionen. In: Heimerdinger, Timo (Hg.): Igitt. Ekel als Kultur (= Bricolage 8). Innsbruck, 2015, S. 83-104.

Heath, Christian/Knoblauch, Hubertus/Luff, Paul: Technology and Social Interaction: the Emergence of ›Workplace Studies‹. In: British Journal of Sociology (2000/51), S. 299-320.

Hochschild, Arlie: The Managed Heart: Commercialization of Human Feeling. Berkeley, 1983.

Kaiser, Hubert: Hygiene, Infektionslehre, Mikrobiologie und Pflege bei Infektionskrankheiten: Ein Arbeitsbuch für Pflege- und Sozialberufe. Wien, 2008 (6. Aufl.).

Koch-Straube, Ursula: Fremde Welt Pflegeheim. Eine ethnologische Studie. Bern u. a., 2003 (2., korr. Aufl.).

Köther, Ilka (Hg.): Thiemes Altenpflege – Altenpflege professionell. Stuttgart, 2007 (2. Aufl.).

Krey, Hiltrud: Ekel ist okay. Ein Lern- und Lehrbuch zum Umgang mit Emotionen in Pflegeausbildung und Pflegealltag. Hannover, 2003.

Krohwinkel, Monika: Rehabilitierende Prozesspflege am Beispiel von Apoplexiekranken. Fördernde Prozesspflege als System. Bern, 2007 (3., durchges. Aufl.).

Lawler, Jocalyn: Behind the Screens: Nursing, Somology, and the Problem of the Body. Sydney, 1991.

Lea, Rachel V.: The Performance of Control and the Control of Performance: Towards a Social Anthropology of Defecation (zugleich Dissertation Brunei University). London, 2001.

McMurray, Robert: Embracing Dirt in Nursing Matters. In: Simpson, Ruth/Slutskaya, Natasha/Lewis, Patricia/Höpfl, Heather (Hg.): Dirty Work: Concepts and Identities. Basingstoke, 2012, S. 126-142. Doi: https://doi.org/10.1057/9780230393530_8

Medizinalabteilung des Königlich Preußischen Ministeriums der geistlichen, Unterrichts- und Medizinalangelegenheiten (Hg.): Krankenpflege-Lehrbuch. Berlin, 1909.

Medizinalabteilung des Königlich Preußischen Ministeriums der geistlichen, Unterrichts- und Medizinalangelegenheiten (Hg.): Krankenpflege-Lehrbuch. Hg. im Auftrage des Preußischen Ministeriums für Volkswohlfahrt v. Dr. Ostermann. Berlin 1928 (10., vollst. neugefasste Aufl.).

Medizinalabteilung des Königlich Preußischen Ministeriums der geistlichen, Unterrichts- und Medizinalangelegenheiten (Hg.): Krankenpflege-Lehrbuch. Neu bearbeitet von Ministerialrat Dr. W. Hagen (Bonn), Professor A. Hübner (Berlin), Professor Dr. H. Frh. v. Kress (Berlin) und Dr. R. Neubert (Dresden). Berlin/Göttingen/Heidelberg, 1951 (18. Aufl.).

Menche, Nicole (Hg.): Pflege heute. München, 2007.

Möllring, Bettina: Toiletten und Urinale für Frauen und Männer – die Gestaltung von Sanitärobjekten und ihre Verwendung in öffentlichen und privaten Bereichen (zugleich Dissertation Universität der Künste in Berlin, 2003). Online verfügbar unter: d-nb.info/971090645/34 (Zugriff: 8.12.2016).

Mol, Annemarie/Law, John: Regions, Networks and Fluids: Social Topology. In: Social Studies of Science (1994/24), S. 641-671.

Nevile, Maurice/Haddington, Pentti/Heinemann, Trine/Rauniomaa, Mirka: On the International Ecology of Objects. In: Nevile, Maurice/Haddington, Pentti/Heinemann, Trine/Rauniomaa, Mirka (Hg.): Interacting with Objects. Language, Materiality, and Social Activity. Amsterdam/Philadelphia, 2014, S. 3-26.

Norman, Don: The Design of Everyday Things. New York, 2013.

Pernlochner-Kügler, Christine: Umgang mit Schamgefühlen in der Pflege. In: Kinderkrankenschwester (2004/23), S. 5-4.

Randers, Ingrid/Matthiasson, Anne-Cathrine: The Experience of Elderly People in Geriatric Care With Special Reference to Integrity. In: Nursing Ethics (2000/7), S. 503-519. Doi: https://doi.org/10.1177/096973300000700606

Reckwitz, Andreas: Grundelemente einer Theorie sozialer Praktiken. Eine sozialtheoretische Perspektive. In: Zeitschrift für Soziologie (2003/32), S. 282-301.

Ringel, Dorothee: Ekel in der Pflege. Frankfurt a. M., 2014 (4. Aufl.).

Rouncefield Mark/Tolmie, Peter: Preface and Overview: Garfinkel's Bastards...? In: Rouncefield Mark/Tolmie, Peter (Hg.): Ethnomethodology at Work. Farnham und Burlington, 2011, S. xvii-xxv.

Sacks, Harvey: On Doing Being Ordinary. In: Atkinson, J. Maxwell/Heritage, John (Hg.): Structures of Social Action: Studies in Conversation Analysis. Cambridge, 1984, S. 413-429.

Sacks, Harvey: Lectures on Conversation. 2 Bände. Oxford, 1992.

Sandvoll, Anne Marie/Karine Grov, Ellen/Kristoffersen, Kjell/Hauge, Solveig: When Care Situations Evoke Difficult Emotions in Nursing Staff Members: an Ethnographic Study in Two Norwegian Nursing Homes. In: BMC Nursing (2015/40), S. 1-6.

Scheiwe, Kirsten/Krawietz, Johanna (Hg.): (K)Eine Arbeit wie jede andere? Die Regulierung von Arbeit im Privathaushalt. Berlin, 2014.

Schewior-Popp, Susanne/Sitzmann, Franz/Ullrich, Lothar: Thiemes Pflege: Das Lehrbuch für Pflegende in Ausbildung. Stuttgart, 2009.

Schilliger, Sarah: Who cares? Care-Arbeit im neoliberalen Geschlechterregime. In: Widerspruch (2009/56), S. 93-106.

Simpson, Ruth/Slutskaya, Natasha/Lewis, Patricia/Höpfl, Heather: Dirty Work: Concepts and Identities. Basingstoke, 2012.

Star, Susan L./Griesemer, James R.: Institutional Ecology, ›Translations‹ and Boundary Objects: Amateurs and Professionals in Berkley's Museum of Vertebrate Zoology, 1907-1939. In: Social Studies of Science (1989/19), S. 387-420.

Stewart, Mary: ›I'm Just Going to Wash You Down‹: Sanitizing the Vaginal Examination. In: Journal of Advanced Nursing (2005/51), S. 587-594.

Toerien, Meran/Kitzinger, Celia: Emotional Labour in Action: Navigating Multiple Involvements in the Beauty Salon. In: Sociology (2007/41), S. 645-662.

Treutner, Erhard/Wolff, Stephan/Bonß, Wolfgang: Rechtsstaat und situative Verwaltung. Zu einer sozialwissenschaftlichen Theorie administrativer Organisationen. Frankfurt a. M./New York, 1978.

Twigg, Julia: Bathing – the Body and Community Care. London/New York, 2000.

Voß, Stephan (Hg.): Körperpflege (Pflegewissen). München, 2014.

Werner, Florian: Dunkle Materie. Die Geschichte der Scheiße. München, 2011.

Williams, Raymond: »Culture is Ordinary«. In: Gable, Robin (Hg.): Resources of Hope. Culture, Democracy, Socialism. New York, 1989 [1958], S. 3-18.

Withagen, Rob/Poel, Harjo der/Araújo, Duarte/Pepping, Gert-Jan: Affordances Can Invite Behavior: Reconsidering the Relationship Between Affordances and Agency. In: New Ideas in Psychology (2012/30), S. 250-258.

Wolff, Stephan: Wie passt die Konversationsanalyse zur Organisationspädagogik? Vortrag auf der Jahrestagung Kommission Organisationspädagogik zu Organisation und Methode an der Universität zu Köln, 2015.

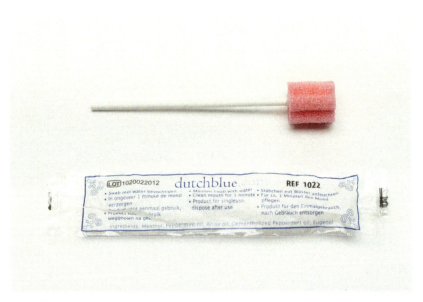

Mundbefeuchtungsstäbchen mit Minzgeschmack, ›Anna-Haus‹. 2016. Verschiedene Kunststoffe. Foto: Thomas Bruns, Berlin.

Objektfeature Mundbefeuchtungsstäbchen
Minze oder Kirsche, Plastik oder Holz?

Pflegedinge zur Befeuchtung, Pflege und Reinigung des Mundes finden in der Palliativpflege sowie bei Menschen Einsatz, die an einer weit fortgeschrittenen Demenz leiden. Sie unterscheiden sich in Form und Materialität: Es gibt beispielsweise Mundbefeuchtungsstäbchen aus Schaumstoff und Plastik oder aus Watte und Holz. Sie werden trocken oder bereits angefeuchtet verpackt, mit unterschiedlichen Geschmacksnoten wie Minze oder Kirsche versehen oder sind zunächst geschmacksneutral. Aber auch Pinzetten, Pflaumentupfer und Tee werden mit derselben Intention zusammen eingesetzt. Durch sie wird eine sensible Stelle im Mund gesäubert und gepflegt, aber auch stimuliert, zum Beispiel zum Kauen oder Saugen. Jede Ausführung hat aufgrund der je eigenen Materialität spezielle Eigenschaften, die bedacht werden müssen: Holz kann splittern, wenn darauf gebissen wird; Geschmacksrichtungen, die bereits in das weiche Material eingearbeitet sind, können als unangenehm empfunden werden; Tupfer, die individuell getränkt werden, müssen mit einer Pinzette in den Mundraum eingeführt und dürfen nicht losgelassen werden.

In großer Zahl lagern diese Pflegedinge griffbereit auf dem Pflegewagen oder in den Schubladen der Beistellschränke am Pflegebett. Sie werden mehrmals täglich hervorgeholt, ihr Einsatz dauert wenige Minuten, danach werden sie entsorgt. Sie sind somit selbstverständliche und ephemere Dinge der Pflege, die den Gepflegten jedoch sehr nahe kommen, einen großen Einfluss auf ihr Leibempfinden haben können und bei denen daher die Wahl der je passenden Ausführung eine wichtige Rolle spielt.

Anamaria Depner

Kaffeetasse für Pflegende, ›Anna-Haus‹. 2016. Porzellan, Kaffee.
Foto: Thomas Bruns, Berlin.

Objektfeature Kaffeetasse
Die Pflege der Pflegenden:
Zum Ende der Nachtschicht eine Tasse Kaffee

»Die Nachtschicht in der stationären Altenpflege geht bis in die Morgenstunden. Nach einer durchwachten, dieses Mal ruhigen Nacht, gilt es, den Kollegen/-innen, die für die Frühschicht eingeteilt sind, die Arbeit zu erleichtern. Gegen halb fünf Uhr morgens, nachdem viel ›Schreibarbeit‹ (Dokumentation) über Nacht erledigt wurde, wird in der kleinen Personalküche starker Kaffee gekocht. Die Pfleger/-innen trinken ihn aus großen Tassen, die nur sie nutzen. Danach werden die Einlagen von ca. 15 Bewohnern/-innen gewechselt, die meisten hatten über Nacht Stuhlgang.
Das warme Gefühl im Magen nach einer schlaflosen Nacht, die Wirkung des Getränks und die Gerüche bei der frühmorgendlichen Arbeit hinterlassen zusammen einen eingängigen Eindruck davon, wie Pflegearbeit auch in die leibliche Sphäre der Pflegenden eindringt.« (Zusammenfassung aus dem Beobachtungsprotokoll vom 28./29.7.2015)

Warmer Kaffee ist in der Regel dem Pflegepersonal in Heimen stets zugänglich. Häufig unterscheiden sich deren Tassen in Form, Dekor oder Größe von den in der Einrichtung von den Bewohnern/-innen benutzten Kaffeetassen. Pflegekräfte entwickeln nicht selten beobachtbare persönliche und kollektive Muster im Umgang mit den Tassen und den Situationen, in denen sie Kaffee daraus trinken. Die Kaffeetasse und ihr üblicher Inhalt gehören zu jenen materialen Objekten, die aus anderen Kontexten als der professionellen Pflege stammen und durch deren Einsatz Pflege ermöglicht, erleichtert oder erweitert wird.

Anamaria Depner

Diskrete Dinge

Unscheinbare, selbstverständliche und übersehene Objekte in der stationären Pflege demenziell erkrankter Menschen[1]

Anamaria Depner

1. DIE (UN-)SICHTBARKEIT VON PFLEGE(-DINGEN)

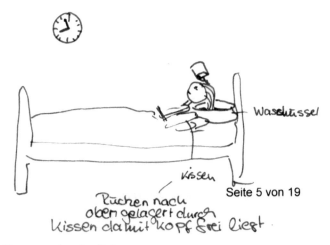

Abbildung 1: Haare waschen im Bett.
Quelle: Skizze gezeichnet von einer Pflegehelferin. Scan.

Im Sommer 2015, nach über eineinhalb Jahren empirischer Forschung im Projekt »Pflegedinge«, war ich zur teilnehmenden Beobachtung in einer Pflege-

---

[1] | Bei allen Gepflegten, Pflegenden und Pflegeexperten/-innen aus unterschiedlichen Bereichen, die mir bei der Durchführung dieser Studie Einblicke in ihr (Berufs-)Leben ermöglicht haben, möchte ich mich herzlich bedanken; ebenso bei meinen Kollegen/-innen für den wertvollen (interdisziplinären) Austausch.

einrichtung, in der auch viele an Demenz erkrankte Menschen wohnten und gepflegt wurden. Zu diesem Zeitpunkt war bereits klar, dass in meiner Studie gerade jene ›Pflegedinge‹ genauer beleuchtet werden sollten, die sich vielleicht erst auf den zweiten Blick als solche erweisen.[2] So suchte ich in der vollstationären Langzeitpflege gezielt nach Dingen, die möglicherweise gar nicht speziell für die Pflege hergestellt worden waren. In diesem Zusammenhang sprach ich auch mit einer Pflegehelferin, die erwähnt hatte, dass es mehrere Möglichkeiten gäbe, Bewohnern/-innen im Bett die Haare zu waschen. Eine davon sei, mit einem speziell dafür geformten, kleinen Becken zu arbeiten. Eine andere sei es aber, mithilfe von Kissen für die Lagerung der Person, einer gewöhnlichen runden Waschschüssel aus Kunststoff sowie einem kleineren Behälter zum Gießen des Wassers die Haare zu säubern. Zum besseren Verständnis fertigte sie die oben abgebildete detaillierte Skizze an, auf der sich neben der gepflegten Person und den benötigten Gegenständen auch verschriftlichte Erklärungen finden. Über dem Bett ist eine Uhr zu sehen. Die Zeit, so sagte die Pflegehelferin, als ich augenzwinkernd nach der Notwendigkeit der Uhr für die Skizze fragte, spiele in der Pflege eben eine große Rolle. »Und wo ist die pflegende Person?«, fragte ich. »Die ist unsichtbar«, lautete die prompte Antwort gefolgt von einem kurzen Lachen.

Oft werden Pflege, Pflegearbeit, ja die Pflegenden selbst als unsichtbar bezeichnet. Zumindest für die professionelle Pflege scheint das laut einer österreichischen Studie aus dem Jahr 2009 nicht ganz der Fall zu sein. Vielmehr seien Unklarheit und Unschärfe in der Wahrnehmung des Berufsbildes zu konstatieren, und zwar sowohl auf der Seite Außenstehender als auch auf der Seite der in Pflegeberufen tätigen Personen. Entsprechend spiegle sich diese Wahrnehmung dann auch in der Ausführung und Darstellung der Arbeiten Pflegender wider. Pflege ist also durchaus sichtbar, nicht aber, was sie tatsächlich leistet, leisten kann und soll (vgl. Dorfmeister 2010). Demnach wäre eher von einer Fehlsicht auf die Pflege zu sprechen, die sich aber in der Pflegepraxis manifestiert und damit zur Realität wird.

Eine Fehlsicht, die Auswirkungen auf die (re-)produzierte Wirklichkeitsbeschreibung hat, konstatiert auch Hans Peter Hahn (vgl. 2015a; 2015b), allerdings mit Blick auf die Dinge. Die in den letzten Dekaden zu Recht erstarkende wissenschaftliche Auseinandersetzung mit den Dingen hätte zwar dazu geführt, dass deren Bedeutungen und Rollen in den Blick genommen werden. Doch er macht einen »Schwachpunkt vieler Theorien« betreffend der »alltäglichen Objekte, die häufig nur wenig Wertschätzung erfahren, sondern vielmehr in Kon-

---

2 | Zur projektinternen Arbeitsdefinition von ›Pflegedinge‹ siehe auch den einleitenden Artikel in diesem Band: »Pflegedinge sind materiale Gegenstände, die sowohl historisch als auch gegenwärtig in sozialen Konstellationen und Konstruktionen von Pflege und Care vorkommen.«

texten der Beiläufigkeit auftreten«, aus. Diese »geringen Dinge«, »die im Alltag nur beiläufig genutzt werden«, fänden in den meisten »neueren Theorien materieller Kultur«, die in der Regel »eine implizite Tendenz zur Aufwertung der Dinge haben«, keinen Platz. (Hahn 2015b: 31)

Im Folgenden soll zunächst zusammenfassend dargelegt werden, wie ein methodisches Vorgehen aussehen kann, bei dem diese, mit Hahn, »geringen« Objekte mit erfasst werden (Abschnitt 2). Daran anschließend soll es um unscheinbare, selbstverständliche und übersehene Objekte in der stationären Pflege demenziell erkrankter Menschen, die ich als ›diskrete Dinge‹ bezeichne, gehen (Abschnitt 3). Hier werden u. a. auch die beiden von mir beforschten Einrichtungen vorgestellt sowie Beispiele für ›diskrete Dinge‹ besprochen. Dabei liegt ein Schwerpunkt auf jenen Objekten, die ›persönliche Normalität‹ vermitteln können. Eine theoretische Betrachtung zur physischen Relevanz der Dinge (Abschnitt 4) und ein Ausblick, in dem Anknüpfungspunkte sowohl für die weitere Forschung als auch für die pflegerische Praxis an die hier präsentierte Studie aufgezeigt werden (Abschnitt 5), schließen den Beitrag ab.

2. Studiendesign einer objektzentrierten Untersuchung

Dinge sprengen durch ihre Existenz disziplinäre Grenzen. Auch methodologisch ist es eine Herausforderung, sich ihnen zu nähern, besonders wenn man sie zusammengenommen als ontisches Faktum verstehen möchte. Es gilt, nicht nur das Sprechen über Dinge, sondern auch ihre unmittelbare Wahrnehmung und Wirkung zu erfassen. Zudem sind Objekte auch unabhängig davon, ob wir sie beachten, existent. Gerade jene Dinge, die verfügbar und selbstverständlich in alltäglichen Kontexten zu finden sind, wie zum Beispiel ein konventionelles Wasserglas, scheinen nicht relevant für eine (wissenschaftliche) Auseinandersetzung. Eben solche Objekte sind paradoxerweise omnipräsent und zugleich unsichtbar, ihre Wirkung bleibt aufgrund ihrer häufigen Nutzung verborgen. Selbst wenn sich nun der Blick einer wissenschaftlichen Untersuchung auf solche Dinge richtet, ist es methodisch besonders schwierig, dies zu tun, ohne diese Dinge durch ihre genaue Betrachtung aus dem Status ihrer Nichtbeachtung im Alltag herauszulösen. Diese Unaufdringlichkeit legt die Begrifflichkeit des ›Diskreten‹ nahe.

Im Folgenden sollen zunächst die aktuell zur Verfügung stehenden methodischen Zugangsweisen zu Dingen dargelegt werden, um anschließend den für diese Studie verfolgten Zugang vorzustellen. Diese Überlegungen und Vorgehensweisen waren ursächlich für das Auffinden jener Objekte, die hier als Pflegedinge vorgestellt werden und die bisher noch nicht ausreichend in ihrer Relevanz für Pflegekontexte und für die Gepflegten selbst bedacht werden. Die Ergebnisse der hier präsentierten Forschung liegen auf zwei unterschiedlichen

Ebenen, erstens: die ›Entdeckung‹ einer in der Pflege bisher wenig beachteten Gruppe von Dingen und deren Rolle als Pflegedinge im Sinne der projektinternen Definition; und Zweitens: die Anwendung eines spezifischen methodischen Zugangs zu alltäglichen Dingen.

2.1 Kritische Betrachtung des etablierten Methodenrepertoires

Die intensive und interdisziplinäre Auseinandersetzung mit Objekten hat in den letzten Jahrzehnten zu einer Annäherung und einem starken Austausch zwischen unterschiedlichen Disziplinen geführt, die alle die Rolle der Dinge in der menschlichen Lebens- und Erfahrungswelt neu zu durchdenken suchen. Dadurch entwickelte sich ein großes Bouquet unterschiedlicher Methoden zur Sammlung und Auswertung von Daten, aus dem Objektforscher/-innen jene wählen können, die zum jeweiligen Forschungsvorhaben passen. Denn: Die vielen unterschiedlichen Disziplinen, die sich bei der Betrachtung von Objekten treffen, bringen folgerichtig auch unterschiedliche methodologische Konzepte mit, die dann, dem pluralistischen Anspruch der *Material Culture Studies* entsprechend, Forschenden aus anderen Disziplinen zur Verfügung gestellt werden.

Die unterschiedlichen bereits in den sozial- und kulturwissenschaftlichen Disziplinen etablierten Zugänge (so zum Beispiel die »dichte Beschreibung« nach Geertz [1983], ethnomethodologische Konversationsanalyse nach Sacks, Schegloff und Jefferson [vgl. Eberle 1997], qualitative Inhaltsanalyse [vgl. Mayring 2015], *Grounded Theory Method* [GTM] nach Glaser und Strauss [vgl. 1979] beziehungsweise Corbin und Strauss [vgl. 1996]) stellen methodische Ansätze zur Verfügung, wie beispielsweise teilnehmende Beobachtung, diverse Interview- und Textanalyseformen und Verfahren der datenbasierten Theoriebildung. Diese Methoden sind inzwischen auch als probate Mittel der Materialsammlung und -interpretation in der kulturwissenschaftlich ausgerichteten Objektforschung zu bezeichnen. Allerdings sind sie in den wenigsten Fällen dezidiert darauf abgestimmt, Objekte, und schon gar nicht die Materialität der Objekte, als datengenerierende Faktoren zu betrachten. Gängige Ansätze zur textbasierten Datenauswertung (wie oben aufgezählt) haben einen starken Fokus auf der Interpretation von Bedeutungszuweisungen in einem semiotischen Sinn: Sie sehen kulturelle Äußerungen wie Handlungen, Aussagen und Dinge als Symbole und Kommunikationsmöglichkeiten an. Zweifelsohne ist das eine Sichtweise, die zu Recht an die Dinge herangetragen werden kann. Dinge sind aber viel mehr als nur potentielle Bedeutungsträger und funktionieren grundsätzlich anders als Sprache (vgl. Hahn 2005: 122 ff.). Außerdem kann die Analyse von Texten über Dinge – gleichgültig welcher Provenienz – immer nur Aussagen bezüglich des Sprechens über Dinge generieren, nicht aber über die Dinge selbst. Ergänzend dazu gilt es, diese auch anders zu betrachten: den

Umgang mit ihnen, ihre Wirkungsweise, ihre bloße Präsenz, aber auch in ihrer Alltäglichkeit und gegebenenfalls ihrer Bedeutungslosigkeit (vgl. Hahn 2015b).

»Sensibilität für die Bedeutung der Dinge zu wecken, muss methodisch in einer Art und Weise gestaltet werden, dass die geringe Rolle der Alltagsdinge dabei bewahrt bleibt«, fordert Hahn (2015a: 15). Seiner Kritik kann nicht nur mit Blick auf aktuelle Objekttheorien (wie eingangs angesprochen), sondern auch in methodischer Hinsicht zugestimmt werden: Neben der hohen theoretischen Aufmerksamkeit, die man Dingen entgegenbringt, führt auch das Methodenrepertoire, mit dem sie untersucht werden, dazu, dass diese in ihrer semiotischen Bedeutung überbewertet werden und der Umgang mit ihnen beziehungsweise die Folgen ihrer faktischen Präsenz ebenso wie ihre Beiläufigkeit unterbeleuchtet bleiben. Das Unterfangen, das Übersehene und Nichtbeachtete adäquat zu erfassen, ist für die Forschenden mit der Akzeptanz der potentiellen Belanglosigkeit und Vielgestaltigkeit des Forschungsgegenstandes verbunden. So können die Dinge, abseits von ihrem postulierten und oftmals überschätzten Symbolwert, auch bezüglich ihrer potentiellen, doch auf den ersten Blick verborgenen Eigenschaften beschrieben werden.

2.2 Methodisches Vorgehen

Von Anfang an war es ein Anliegen des gesamten Projekts »Pflegedinge«, durch einen explorativen und induktiven Zugang den Blick für die Rolle von Dingen bei der Herstellung von Pflege sowie für die Bedeutung(-en) dieser Gegenstände für Pflegende, Gepflegte und ihr soziales Umfeld zu weiten.[3] Ausgangspunkt meiner Studie innerhalb des Forschungsverbundes »Pflegedinge« war es, das Augenmerk auf ältere Menschen und deren Pflege in professionellen, institutionalisierten Kontexten zu richten. Ziel dabei sollte es sein, nicht nur jene Dinge im Einsatz zu betrachten, die bereits dem Bereich der Pflege zugeordnet werden konnten, sondern alle Objekte, die im Forschungssetting zu finden sind, zu beachten. Die Prämisse war demnach, dass Dinge erst durch ihre Nutzung in einer genuin pflegerischen Situation zu Pflegedingen werden. Das Vorgehen zur unbefangenen Orientierung und offenen Materialsammlung im Feld gleicht entsprechend im ersten Zugriff mehr einer Entdeckung, denn einer Beobachtung von Pflegedingen.

Orientierung im Feld, explorative Erhebung und empirische Phase

Um das Feld der Pflege in seiner Weite kennen und einschätzen zu lernen, habe ich zunächst objektnahe Orientierungserhebungen durchgeführt. So besuchte ich zum Beispiel Pflegemessen und Weiterbildungsveranstaltungen für professionell Pflegende, in denen der Umgang mit Dingen am Gepflegten im Zent-

---

3 | Siehe dazu auch den Prolog und den einleitenden Artikel in diesem Band.

rum standen. Außerdem wurde das Informations- und Werbematerial diverser Objektanbieter systematisch gesichtet. Ein weiterer Zugang bestand in der intensiven Auseinandersetzung mit den Inhalten aktuell verwendeter (zum Beispiel »Pflegetheorie und -praxis«, Menker/Waterboer 2006) und früherer Pflegelehrbücher (zum Beispiel: »Das neue Lehrbuch der Krankenpflege«, o. A. 1979), mit Pflegetheorien und deren Genese (vgl. zum Beispiel Meleis 1999) sowie mit aktuellen pflegebezogenen Diskursen. Unter Letztgenannten sind politische und politiknahe, öffentliche und gesamtgesellschaftliche Diskurse ebenso zu rechnen wie die aushandelnden und wissensbildenden Kommunikationsakte Gepflegter und Pflegender. So habe ich beispielsweise u. a. einschlägige Internetforen verfolgt, in denen sich professionelle Pflegekräfte über ihre tägliche Arbeit austauschen. Auch habe ich aktuelle Ausgaben von Fachzeitschriften wie »Die Schwester. Der Pfleger«, ein offizielles Organ des Deutschen Berufsverbandes für Pflegeberufe, das sich an Praktiker/-innen wendet, nach für meine spezielle Fragestellung relevanten Artikeln durchsucht. Ziel war dabei nicht die lückenlose Dokumentation unterschiedlicher diskursiver Stränge, sondern ein schärferes und umfassenderes Bild des Objektbezugs in der Pflege, denn die Rollen der Dinge sind in erster Linie, aber nicht nur, über jene selbst erfassbar. Es liegt nahe, davon auszugehen, dass auch in der Pflege Objekte in ihrer Nutzung in engem Zusammenhang mit allgemeinen gesellschaftlichen Vorstellungen von Körperlichkeit, Alter, Krankheit/Gesundheit, Gender etc. stehen. Um dies besser einschätzen zu können, wurden freie und leitfadengestützte Gespräche mit professionell Pflegenden in unterschiedlichen Settings der Altenpflege, mit Leitungspersonal von Pflegeheimen und Rehabilitationseinrichtungen, Lehrpersonal von Pflegeschulen sowie anderen Fort- und Weiterbildungsdozenten/-innen, Pflegewissenschaftlern/-innen und weiteren Experten/-innen auf dem Gebiet der Pflege (zum Beispiel hinsichtlich Versicherungsleistungen, Hilfsmittel, Rechtsfragen etc.) geführt.

Die Orientierung im Feld wurde ergänzt durch explorative Erhebungen, die es erlaubten, die Situationen, die Pflegedinge überhaupt erst zu diesen machen, besser zu verstehen. Neben einschlägigen Pflegeeinrichtungen wurden auch Einrichtungen zur Rehabilitation Pflegebedürftiger kontaktiert, wobei letztgenannte einen Schwerpunkt für alte Menschen aufwiesen. Da nur in wenigen Fällen die Bereitschaft bestand, sich an der mit ethnografischen Methoden operierenden und dadurch zeitaufwändigen Studie zu beteiligen, konnte für den ersten Feldzugang in einem Pflegeheim mit gerontopsychiatrischer Ausrichtung und einer einschlägigen Rehaeinrichtung explorativ teilnehmend beobachtet werden. In beiden Fällen war ich je zwei Tage vor Ort.

Gerade das Rehabilitationszentrum als Grenzbereich zwischen einer Pflegebedürftigkeit, die als Krise wahrgenommen wird, und den Maßnahmen, die wieder zur Teilhabe an einem möglichst eigenständig gelebten und als normal erlebten Alltag befähigen sollten, lenkte den Blick auf Objekte des täglichen Gebrauchs (wie beispielsweise Löffel) und des persönlichen Bedarfs (wie beispielsweise Strümpfe), die in dieser Übergangsphase auftauchten, verschwanden, wieder eingeführt wurden, neue (oder wieder alte) Formen und Funktionen einnahmen und dabei Teil des pflegerischen Handelns wurden. Pflegende, so wurde sichtbar, hantierten selbstverständlich in pflegerischer Absicht mit einer Vielzahl von »geringen Dingen«, von denen viele aus dem Alltag der Gepflegten stammen und dezidiert nicht für die Pflege hergestellt worden waren, mitunter auf den ersten Blick überhaupt nicht in den Pflegebereich zu gehören schienen.

Die empirischen Erhebungen, die diesem Artikel zugrunde liegen, fanden schließlich in zwei Pflegeheimen für demenziell erkrankte Menschen statt. Der Nukleus der Erhebung bildete bei beiden Heimen die Beobachtung und Erfassung des Lebens und Arbeitens in der Einrichtung über ein Zeitfenster von 24 Stunden (erhoben an unterschiedlichen Tagen). Im Unterkapitel 3.1 werden die beiden Einrichtungen sowie die jeweiligen Umstände der durchgeführten Erhebungen ausführlich vorgestellt.

Methodentriangulation bei der Datensammlung
Auf der Suche nach als ›Pflegedinge‹ zu bezeichnenden Objekten verfolgte ich sowohl bei den explorativen Erhebungen als auch in der empirischen Forschung selbst vor allem drei methodische Pfade. Zwei davon sind für kulturanthropologische Fragestellungen klassische empirischen Methoden: teilnehmende Beobachtung beziehungsweise beobachtende Teilnahme (vgl. Honer 1993) und qualitative Interviewmethoden, beispielsweise in Form freier und/oder leitfadengestützter Expertengespräche. Gerade die Präzisierungsgespräche, die im Anschluss an die teilnehmenden Beobachtungen der Haupterhebungsphase stattfanden, sind nach dem Modell der problemzentrierten Interviews nach Witzel und Reiter (vgl. 2012) geführt worden. Das Ziel war es, mit ihnen noch offene Fragen zu den Hintergründen und Intentionen des Einsatzes sowie der Einsatzweise einzelner Objekte zu beantworten. Die dritte datengenerierende Methode waren sogenannte Fotonotizen, mit deren Hilfe das Gesehene zusätzlich punktuell dokumentiert wurde. Dieses Verfahren konnte ich bereits im Zusammenhang mit der Erforschung alltäglicher Dinge und ihrer Rollen für ältere Menschen für eine größere Studie erfolgreich testen (vgl. Depner 2015). Fotonotizen sind einerseits als visuelle Gedächtnisstütze für die Erstellung dichter Beschreibungen dienlich, andererseits als Grundlage für spätere Analysen hilfreich, die zum tieferen Verständnis der Situation und der Dinge selbst führen. So waren die aus dem Feld mitgenommenen Daten

1. Texte über Dinge aus der Perspektive der Forscherin,
2. Texte über Dinge aus der Perspektive der Befragten (von der Forscherin rekonstruiert beziehungsweise im Interview aufgezeichnet) und

3. fotografische Abbildungen von Dingen, wiederum von der Forscherin erfasst.

Weniger systematisch elaboriert, aber mindestens ebenso hilfreich war zum einen das Erleben der Dinge im Einsatz und am eigenen Leib, das Hantieren mit ihnen sowie der Blick in die Lagerräume und Versorgungsbereiche der unterschiedlichen Institutionen. Zum anderen speiste die weiter oben beschriebene Auseinandersetzung mit den unterschiedlichen diskursiven Ebenen wie Fachzeitschriften, Internetforen und Lehrbüchern, welche auch über die breitangelegte Orientierungsphase hinausging, die Datenerhebung.

Auswertungsverfahren
Entsprechend der GTM nach Corbin/Strauss (vgl. 1996) alternierte ich zwischen Erhebungen, Theoriebildung und Phasen der Auseinandersetzung mit einschlägigen wissenschaftlichen Publikationen. Die GTM ist in ihrem Aufbau ein durchaus als sinnvoll zu bezeichnender Ansatz für objektbezogene Forschung, doch die mehrstufigen Codierungsverfahren der Auswertung sind bei Interviewtranskripten deutlich zielführender als bei von dem/-r Forscher/-in verfassten Beobachtungsprotokollen oder dichten Beschreibungen der beforschten Situationen. Im zweiten Fall werden nämlich die In-vivo-Codes in der Regel aus den Formulierungen des Forschenden generiert und haben damit mehr Aussagekraft über ihr/sein Erleben der Situation und der Wirkungsweise von Dingen als über das der handelnden Personen. Zudem kann Datenmaterial, das beispielsweise in Form von Bildern vorliegt, mit der GTM nicht zur Gänze erfasst und ausgewertet werden, auch wenn die vorgesehenen Memos sich hierfür als nützlich erweisen. Mithilfe von sogenannten *situations maps* in Anlehnung an Adele Clarke (vgl. 2003; 2005) konnten diese besser verarbeitet werden. Clarke stellt mit ihrer Situationsanalyse eine Auswertungsmethode zur Verfügung, die aufgrund der Darstellungsformen der Zusammenhänge *(situations maps)* disparates Datenmaterial zusammenführen und ordnen kann. Sie soll es ermöglichen, sowohl nach der GTM zu arbeiten als auch die Rolle von Objekte in die Auswertung mit einzubeziehen. Dazu werden in relativ frei erstellbaren Übersichtsplänen menschliche, nichtmenschliche, diskursive sowie handlungsbezogene Elemente zusammengetragen und so die Beziehungen zwischen ihnen sichtbar gemacht. Zwar zielt Clarkes Situationsanalyse auf die Ebene der Organisation ab, das heißt auf die Mesoebene. Doch da der Fokus auf dem Handeln in Situationen, auf Praktiken sowie auf Gegenständen liegt, konnten damit die vielseitigen Verknüpfungen und Bezüge im Datenmaterial besser veranschaulicht werden, als dies mit der ›klassischen‹ GTM möglich ist.

3. Diskrete Dinge: Betrachtungen und Beschreibungen von alltäglichen Pflegedingen

›Alltag‹ ist ein schwer zu fassender Begriff. Gerade in den Kulturwissenschaften wurde und wird er häufig im Zusammenhang mit Dingen verwendet. Ein frühes prominentes Beispiel wäre Barthes' Werk zu den »Mythen des Alltags« (vgl. Barthes 1964). Eine weniger semiotisch ausgerichtete Betrachtung findet sich beispielsweise in den verschiedenen Beiträgen in Gudrun M. Königs Sammelband zu den Alltagsdingen (vgl. König 2005). Doch eine systematische Definition des Alltäglichen bleibt aus, so als sei es selbstverständlich, was damit gemeint ist. Und obschon praxistheoretisch vorgehende Vertreter der Soziologie wie beispielsweise Bourdieu (vgl. 1997), Reckwitz (vgl. 2003) oder Rammert (vgl. 2006, hier in Bezug auf technische Objekte im Alltag) die Bedeutung des Alltäglichen in ihren Arbeiten würdigen, entzieht sich der Alltag einer klaren Lokalisierung (vgl. Lefebvre 1972: besonders 164). Auch im vorliegenden Band wird der Alltagsbegriff ganz unterschiedlich verwendet. So betrachtet Carolin Kollewe die Einflüsse von *Ambient-Assisted-Living*-Technologien auf den Alltag im eigenen Zuhause. Diese Technologien greifen dabei selbst auf ein Bild des ›normalen Alltags‹ der Bewohner/-innen zu und reagieren auf Abweichungen von diesem. In Lucia Artners und Daniela Böhringers Beitrag dagegen wird der Alltag in einer Pflegeeinrichtung untersucht. Sie zeigen, dass hier einerseits die Herstellung und andererseits die Bewältigung des ›Nichtnormalen‹ alltäglich ist. Alltag, so wird dabei deutlich, ist auch eine perspektivenabhängige Kategorie. Was für wen ›alltäglich‹ ist, muss situativ erfragt werden: Ein schwieriges Unterfangen, denn Alltagssituationen zeichnen sich gerade durch ihre Unaufdringlichkeit aus; als alltäglich geltende Handlungen mit als alltäglich geltenden Dingen sind und bleiben in der Regel unreflektiert – von den Protagonisten/-innen und lange Zeit auch von wissenschaftlichen Untersuchungen.

Zum entweder außerhalb des Heimes (Alltag 1) oder in der Pflegeeinrichtung (Alltag 2) lokalisierbaren Alltag kommt noch eine dritte Ebene des Alltäglichen dazu, die jedoch für im Pflegeheimen lebende Menschen mit einer Demenzerkrankung keine Verortung finden kann: der vor dem Einzug in die Einrichtung gelebte, persönliche und individuelle Alltag (Alltag 3) dieser Personen mit seinem biografiebezogenen Objektinventar. Die Pflegeeinrichtung weist zwar einen eigenen Alltag auf, dieser steht aber in Kontrast zum davor geführten Alltag, denn im Pflegeheim gelten andere Regeln und finden sich andere Objektbestände. Im Folgenden werden besonders jene ›diskreten Dinge‹ genauer beleuchtet, die im direkten Zusammenhang mit dem vergangenen Alltag der Gepflegten stehen und in den Heimen Teil von Pflegehandlungen sind. Diese Objekte werden hier als Dinge der ›persönlichen Normalität‹ bezeichnet. Ihre Zugehörigkeit zu einer Lebensphase, die als beendet angesehen wird, die zugleich aber gemeinhin als der ›normale Alltag‹ im Sinne des tagtäglichen Lebens eines erwachsenen Menschen, der für sich selbst sorgen kann, gilt, verstärkt die Tendenz, die Relevanz dieser Objekte im Pflegekontext zu übersehen.

3.1 Pflegeleitbilder und Materialität

Die erste Pflegeeinrichtung, die bereit war, mir eine intensive und umfassende teilnehmende Beobachtung zu ermöglichen, wird im Folgenden ›Anna-Haus‹ genannt. Hier habe ich mich über ein Jahr lang wiederholt zu Forschungszwecken eingefunden. Die private Pflegeeinrichtung mit gerontopsychiatrischer Ausrichtung bietet in einer deutschen Großstadt zentrumsnah bereits seit über 15 Jahren etwas mehr als 30 Plätze an. Sie ist in einem alten Gebäude untergebracht, das vormals Sitz eines gewerblichen Betriebs war. Über ein Jahr lang konnte ich hier bei mehreren Aufenthalten alle drei Schichten, in denen das Pflegepersonal dort arbeitete (Früh-, Spät- und Nachtschicht), mindestens einmal teilnehmend beobachten und so einen gesamten Tagesablauf miterleben. Aber auch besondere Situationen, wie beispielsweise den Ablauf des Sommerfestes, das gemeinsam mit den Angehörigen gefeiert wurde, waren Teil der Erhebung.

Das Haus zeichnete sich nach den Aussagen der Heimleitung durch besondere »Alltagsnähe«, »Selbstbestimmtheit« und »Selbstständigkeit« mit Blick auf die Bewohnenden aus. Zum Konzept gehöre es auch, dass das Essen in der hauseigenen Küche aus »frischen Zutaten« zubereitet und entsprechend der individuellen Vorlieben der Bewohnenden ausgegeben wurde. Entsprechend des deklarierten Anspruchs der Alltagsnähe war das Besteck und Geschirr, das für die Mahlzeiten aufgedeckt wurde, in der Regel nicht aus Kunststoff und hatte auch keine besondere Form (zum Beispiel gebogener, hoher Rand), sondern war wie in üblichen Haushalten gestaltet. »Weil, es schmeckt einfach alles anders [aus Plastikbechern]. Und, das sind erwachsene Leute und keine kleinen Kinder« (Interview 004 vom 12.08.2015, Anna-Haus, sprachlich geglättet), erklärte die Heimleiterin des Anna-Hauses einmal mehr in einem Interview kurz vor Ende der Erhebungen. Die bekannten und gewohnten Dinge würden viel eher als die speziell gefertigten, deren Gestalt und Material davon abweichen, die Bewohner/-innen dazu anregen, selbstständig mit ihnen zu hantieren.

Ein Leben zu ermöglichen, das sich ganz nah an der eigenen Biografie orientiert, sei das oberste Credo im Anna-Haus, so wurde es dort immer wieder betont. Dazu gehöre auch, Objekte der Bewohner/-innen nach deren Einzug in die Einrichtung möglichst nicht durch andersartige zu ersetzen und eigene Gewohnheiten weiter zu ermöglichen. *Biographiearbeit* ist ein übliches Verfahren der aktuell vertretenen *aktivierenden Pflege*. Beides ist zurückzuführen auf die alltagsorientierten Ansätze von Liliane Juchli (vgl. 1973) und, darauf aufbauend, Monika Krohwinkel (zuerst veröffentlicht in: vgl. Kuratorium Deutsche Altershilfe 1998). Das Vorgehen soll helfen, die/den Gepflegten besser in ihrer/seiner Individualität zu erfassen, zu verstehen und auf die Person einzugehen, was ebenfalls als eine wichtige Komponente des Pflegeleitbildes im Anna-Haus benannt wurde: Wo möglich, sollten Dinge, Tätigkeiten und Gewohnheiten aus dem ›normalen Leben‹, also dem Leben vor der Zeit in der Einrichtung, erfasst und integriert werden. Dabei würden die persönlichen Vorlieben und Gewohnheiten der Bewohner/-innen, soweit bekannt, berücksichtigt. So berichtete mir die Pflegedienstleitung, sie selber würde regelmäßig die Haare einer der Bewohnerinnen im selben Ton färben, in dem diese sie auch früher getragen hatte.

Abbildung 2: *Gewöhnliches Wasserglas.*
Aktuell eingesetzt im Anna-Haus.
Foto: Thomas Bruns, Berlin.

Die Verantwortlichen im Anna-Haus legten auch dar, immer wieder handelsübliche oder selbst erdachte Alternativen zu Objekten, die beispielsweise auf Messen speziell für Pflegeheime angeboten werden, zu suchen und zu finden. Viele dieser speziell für die Pflege entwickelten Objekte bezeichneten sie als »Show«, »unnötig« oder »nicht sinnvoll«. Häufig genannte Kritikpunkte waren die als alltagsfern empfundene Materialwahl (zum Beispiel Plastik anstelle von Glas oder Keramik) und Form, aber auch die hohen Anschaffungskosten. Eines der Beispiele, die mir gezeigt wurden, waren die sogenannten Essschürzen, die bei Menschen, die an Demenz erkrankt sind, zuweilen bei der Essensaufnahme beziehungsweise Essensgabe zum Einsatz kommen. Sie dienen dazu, die Kleidung vor Flecken zu schützen. Die meisten im Handel angebotenen Modelle sind mit Klettverschluss oder durch Bindebänder im Nacken verschließbar, bestehen aus beschichteter Baumwolle beziehungsweise mit wasserundurchlässigem Material unterlegtem Frotteestoff und können mehrmals benutzt werden. Die im Anna-Haus zum Kleidungsschutz verwendeten Objekte hingegen stellte die Schneiderin der Pflegeeinrichtung aus Handtüchern her. Dafür wird ein kreisrundes Loch in den Handtuchstoff geschnitten und eingesäumt. Der Kopfausschnitt wurde dabei zunächst überweit gemacht und so das Schrumpfen der Baumwolle im Kochwaschgang berücksichtigt. Dieser Kleiderschutz sei, so die Heimleiterin, bezüglich des Tragekomforts des Materials (atmungsaktiv, weiches Textil, nicht Kunststoff am Körper) und des Schnitts (Bänder können drücken oder aufgehen) angenehmer. Aber auch die hygienischen Aspekte (sie müssten nach jeder Nutzung gewaschen werden), die Reinigung (waschbar bei hohen Temperaturen zusammen mit anderer Kochwäsche) sowie die Kosten (günstig in der Anschaffung, lange Lebensdauer) sprächen dafür, die selbstgestaltete Variante der im Pflegebedarf erhältlichen, beschichteten vorzuziehen.

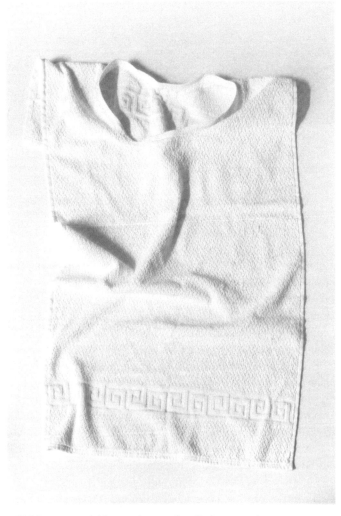

Abbildung 3:   Kleidungsschutz. Aktuell eingesetzt im Anna-Haus. In der Einrichtung aus einem Handtuch gefertigt.
Foto: Thomas Bruns, Berlin.

Eine zweite Einrichtung zum Vergleich und als Kontrast zur ersten Institution war schwer zu finden. Erst gegen Ende der empirischen Phase gelang mir der Kontakt zu einem Pflegeheim, in dem ich ähnlich intensiv forschen konnte. Das ›Haus im Thal‹ unterschied sich strukturell stark vom Anna-Haus. Die noch junge Einrichtung wurde eigens als Pflegeheim erbaut und liegt im äußeren, eher ländlich wirkenden Bereich einer Großstadt. Sie wird von einem überregionalen Träger betrieben und bezieht das Essen von einer Großküche. Im Haus gibt es zwei Langzeitpflegebereiche mit jeweils etwas mehr als 20 Plätzen, einer davon ist als Bereich für schwer demente Personen ausgelegt (»beschützende Station« genannt). Hier hielt ich mich zur empirischen Forschung auf. Daneben finden sich im Haus noch eine Tagespflege, Einheiten für betreutes Wohnen und ein Seniorencafé. Es ist damit sowohl hinsichtlich der Gebäudegröße als auch der Belegzahlen um ein Vielfaches größer als das Anna-Haus. Im Haus im Thal konnte ich drei Tage lang intensiv teilnehmend beobachten. Ich war dafür vor Ort untergebracht, habe an den Mahlzeiten teilgenommen, die Arbeitskleidung der Pflegenden getragen und in einem Pflegebett geschlafen. Wie im Anna-Haus konnte ich in dieser Zeit einen Einblick in den gesamten Tagesablauf der Pflege der dort lebenden, an Demenz erkrankten Personen gewinnen.

Das Haus im Thal unterschied sich auch hinsichtlich der Ausführung der angetroffenen Objekte gerade im Kontext der Nahrungsaufnahme, allerdings nicht hinsichtlich der Relevanz, die Schlagworte wie Biografie(-arbeit) und Selbstständigkeit der Bewohner/-innen bei der Begründung der Objektauswahl hatten. So erklärte die Heimleiterin (im Folgenden Frau Wagner genannt) in einem Interview:

Frau Wagner: »Ja, das sind im Prinzip farbige Becher. Das heißt, man weiß, ein alter Mensch hat ja Probleme mit, äh, detailliert Sehen, mhne?! Und wir sind jetzt auf farbige Becher in dem Wohnbereich umgestiegen und die haben quasi nochmal einen Innenbecher und der läuft konisch zu. Das heißt, es muss diese überstreckte Bewegung vom Halswirbelbereich gar nicht mehr gemacht werden, um diesen Rest von Flüssigkeit aufzunehmen, sondern der läuft dann automatisch quasi auch in dieser Stellung in den Mund. [...] Und was bei diesen Tassen zum Beispiel auch gut ist: Die haben sehr große Henkel. Ich kann also nicht ..., mit der Feinmotorik brauche ich da jetzt keine komplizierte Feinmotorik, sondern ich kann im Prinzip die Hand als Grobmotorik einsetzen und habe trotzdem noch den Effekt, dass dann viele demente Menschen noch selbstständig trinken können.«
AD: »Mhm. Aus welchem Material sind die?«
Frau Wagner: »Ähm, die sind im Prinzip aus Plastik wie diese Schnabelbecher auch, aber sie haben natürlich ganz tolle Farben. Und als ich die damals eingeführt habe, hat man auch so einen Teil noch Biografisches mitgekriegt, weil wir haben die in die Mitte gestellt und die Bewohner haben sich selbstständig die Farbe gezogen. *Automatisch!* Und

dann hat man geguckt: ›Okay, der steht eher auf weinrot, der steht eher auf helle Farben‹, also das ist dann, ähm, auch so ein (sag mal) super Nebeneffekt, wenn Sie sehen: ›Okay, sie reagieren noch auf Farben.‹ Und da hat man ja oft mit einer bestimmten Farbe auch Assoziationen. Genau.«
AD: »Wo haben Sie die her?« Frau Wagner: »Ähm, ich gehe regelmäßig auf Messen und guck mir gerade solche Sachen an, ja ähm, auch jetzt, ähm, spezielles Besteck, das gekrümmt ist, ähm, ein erhöhter Tellerrand, mit dem einfach [...]demente Menschen, die auch noch Einschränkungen in der Feinmotorik haben, so lange wie möglich selbstständig sind. Damit sie da auch ..., Mahlzeiten sind ja das Highlight am Tag und das ist wichtig, ja? Und das man da einfach noch eine große Selbstständigkeit erhalten kann, egal wie.« (Interview 009 vom 28.8.2015, Haus im Thal, sprachlich geglättet)

Abbildung 4: Speziell für die Pflege gefertigter Trinkbecher aus Kunststoff. Aktuell eingesetzt im Haus im Thal.   Foto: Thomas Bruns, Berlin.

Neben der Entstehung von Konzepten, die mit den Schlagworten *Selbstbestimmung* und *Selbstständigkeit* verbundene sind, ist *Biografie* in den jüngeren theoretischen Ansätzen der Pflege zu einem zentralen Anknüpfungspunkt geworden (vgl. Remmers 2006). In der Pflegepraxis wird die biografische Dimension immer wieder mit materialen Objekten verknüpft und diese Verknüpfungen werden argumentativ dargelegt. Das findet sich in pflegetheoretischen Ausführungen so jedoch nicht wieder. Während der gesamten Erhebung wiederholte sich, besonders in Bezug auf demenziell erkrankte Menschen, die Aussage, dass es aus pflegerischer Sicht zentral sei, ihr früheres Leben aufzugreifen. Dieses frühere Leben aber wurde dabei immer wieder zugleich als vergangen, nicht mehr aktuell, fast schon ungültig und von der momentanen Situation aufgehoben gerahmt. Damit entsteht auch eine Unschärfe in Bezug auf die Auswahl der für diesen Zugriff geeigneten Objekte sowie deren Rollen in der Pflege.

In der Regel wird davon ausgegangen, dass die diskursive oder konzeptuelle Ebene eine Auswirkung auf die Ausgestaltung von Dingen hat. So kann man zeigen, dass beispielsweise Vorstellungen von *guter* oder *richtiger* Pflege in den Objekten, die dabei Verwendung finden, materialisiert werden, dass die Dinge also entsprechend angepasst oder hergestellt werden (vgl. zum Beispiel Sandelowski 2000). Die hier angeführten Beispiele zeigen, dass dies andersherum auch der Fall sein kann: Objekte, die aus unterschiedlichen Erwägungen beschafft oder hergestellt wurden, erhalten eine argumentative Einbettung in die Pflegeleitbilder der jeweiligen Einrichtung und werden in der Folge als mit der Biografie der Gepflegten verbunden dargestellt. Doch Farbe eines für Pflegeeinrichtungen hergestellten Plastikbechers hat nicht zwingend etwas mit der Biografie des/der Gepflegten zu tun. So ist Frau Wagners Aussage, da »hat man auch so einen Teil noch Biografisches mitgekriegt«, in Bezug auf die Farbwahl, und dann weiter: »›Okay, der steht eher auf weinrot, der steht eher auf helle Farben‹, also das ist dann, ähm, auch so ein (sag mal) super Nebeneffekt, wenn Sie sehen: ›Okay, sie reagieren noch auf Farben.‹« vielmehr ein pflegediagnostischer Zugang zu der Beobachtung bezüglich der Farbwahl. Ebenso ist das Umlegen eines Kleiderschutzes, ganz gleich ob aus Handtuchstoff oder aus Kunststoff, keine alltägliche Selbsterfahrung erwachsener Menschen. Wohl kann aber ein gut bekanntes und üblicherweise körpernah eingesetztes Textil förderlich für die Akzeptanz eines bisher ungewohnten Objektes sein.

Die beiden hier vorgestellten Beispiele sind zur exemplarischen Illustration herausgegriffen, um zu zeigen, wie hoch die Relevanz, eine biografische Anbindung an den früheren lebensweltlichen Alltag der Gepflegten zu greifen zu bekommen, in den von mir beforschten Einrichtungen eingeschätzt wurde. Mögliche Rudimente, wie gegebenenfalls von Farbvorlieben, wurden in beiden Heimen im Kontext von Biografiearbeit gestellt. Immer wieder konnte ich während meiner Forschung auf Seiten des Heimpersonals den Wunsch ausmachen, die gepflegten Menschen näher an ihren individuellen Vorlieben und Bedürfnissen pflegen zu können. Beispiele, bei denen dies mithilfe von zuweilen auch überraschend pflegefernen Objekten gelingt, werden im Abschnitt 3.3 gegeben. Zunächst möchte ich aber exkurshaft auf ein Objekt fokussieren, das mir in nahezu jedem beforschten Kontext (von den Pflegelehrbüchern über die explorativ beobachteten Fortbildungen bis hin zu den Forschungsaufenthalten in den diversen Einrichtungen) und nahezu jedem Gespräch begegnet ist und welches auch außerhalb von Pflegehandlungen in mannigfaltige Abläufe eingebunden ist.

3.2 Exkurs: Pflegedinge außerhalb von Pflegehandlungen

Für eine präzise Beschreibung der Dinge und der Kontexte, in denen sie zu finden sind, ist die Auseinandersetzung mit ihrer Materialität und die sich daraus ergebenden, das Umfeld dieser Objekte gestaltenden Folgen zentral. In diesem als Exkurs zu verstehenden Abschnitt über den Verbleib von Pflegedingen außerhalb von Pflegehandlungen wird es um die Latenz von Pflegedingen, im Sinne einer verborgenen Existenz abseits von Pflegehandlungen, gehen: Am Beispiel eines alltäglichen und unscheinbar wirkenden Pflegedings, das nicht speziell für die professionalisierte Pflege hergestellt wurde, dem Frotteewaschhandschuh, wird das Itinerar nachgezeichnet, welches das Objekt durchläuft, um in Pflegehandlungen eingesetzt zu werden.

Geeignete Instrumente, um dies zu erfassen, sind unterschiedliche Beschreibungsformen und -arten (dichte Beschreibungen, die bei den Objekten ansetzen, situative (Foto-)Notizen, Objektbetrachtungen in denen ihr ›Itinerar‹ beziehungsweise ihre sogenannte Biografie nachgezeichnet wird). Außerdem eignen sich die der Kunstgeschichte entliehene Beschreibungsart der Ekphrasis, die eine sprachliche Visualisierungsmethode darstellt, sowie *maps* und Schaubilder, in deren Zentrum die Dinge stehen, die aber niemals isoliert werden. Die Betrachtung anderer Dinge oder Menschen, die physisch damit in Berührung kommen oder in einer anderen Form durch die faktische Existenz der Objekte beeinflusst werden, ermöglicht es, ein heuristisches System aufzubauen, das dem Perspektivenreichtum und der Polyvalenz der Dinge Rechnung trägt. So können Dinge, ganz im Sinne der *Material Culture Studies*, nicht (nur) als Helfer bei oder als symbolartige Sedimentbecken von kulturellen Praktiken und gesellschaftlichen Diskursen verstanden werden, sondern auch als alltägliche und wenig beachtete Begleiter mit unbedachten Eigenlogiken.

Für ein immer wieder in der Pflegepraxis auftretendes und diskutiertes Objekt, dem Frotteewaschhandschuh, wird im Folgenden exemplarisch sein Itinerar in der Einrichtung – vom Einsatz über die Wiederaufbereitung bis hin zum nächsten Einsatz – beschrieben und dabei auch und besonders auf die Phasen der Latenz fokussiert. Grundsätzlich sensibilisiert auf das Objekt wurde ich bei der teilnehmenden Beobachtung einer Fortbildung zur kinästhetischen Pflege. Mit der Zeit stellte ich fest, dass dieses durchaus *diskret* wirkende Ding sowohl in historischen und aktuellen Pflegelehrbüchern als auch vom Personal der beforschten Einrichtungen wiederholt als relevant erachtet wird. Das hier geschilderte Itinerar eines solchen Handschuhs konnte zuerst aus Fotonotizen rekonstruiert werden, die alle zur Erfassung von Objektensembles in Räumen gemacht wurden, aber keines mit der Absicht, speziell einen Waschhandschuh abzubilden. Bei der Auswertung des Fotomaterials hat sich der ›verborgene Weg‹ des Waschhandschuhs zu dem kurzen Moment seines Einsatzes abgezeichnet. Weitere Beobachtungen und Gespräche in der Einrichtung konnten den Zyklus ergänzen.

Im Anna-Haus wurden Waschhandschuhe in den Badezimmern und den Bewohnerzimmern, also an beiden Orten, an denen sie Verwendung finden, in der Regel in Schränken, aber auch offen gelagert. Außerdem befanden sie sich ständig auf dem Pflegewagen, der zum Zweck der Grundpflege von einem Zimmer zum nächsten und immer wieder in das auf jedem Geschoss befindliche große Pflegebad zum Entsorgen des anfallenden Abfalls und der Schmutzwäsche geschoben wurde. Die Waschhandschuhe wurden nach dem Einsatz bei der Körperpflege sofort in die Wäsche gegeben und in derselben Nacht im Hauswirtschaftsbereich im Keller gewaschen, getrocknet und eingelagert, so dass die Badezimmer und Bewohnerzimmer am nächsten Tag wieder damit ausgestattet werden konnten. Die mobilen Pflegewagen, die von Zimmer zu Zimmer gerollt wurden, bestückt das Pflegepersonal sowohl direkt während der Nachtschicht aus dem Frischwäschekorb als auch, im Laufe des Tages, aus den Badschränken.

Verfolgt man den zyklischen Weg der Waschhandschuhe nach dem Gebrauch bis zu dem Moment ihres erneuten Einsatzes, können fünf Stationen unterschiedlicher Latenzdichte ausgemacht werden. Zwar haben verschiedene Akteure mit den Objekten Umgang, doch der Einsatz durch Pflegende in einschlägigen Pflegehandlungen ist von vergleichsweise kurzer Dauer. Die längste Zeit seiner Existenz im Pflegeheim liegt das Objekt bereit für den Einsatz in Pflegehandlungen oder wird für diesen aufbereitet und ist nicht Teil einer Pflegehandlung. Da die Pflegehandlung den Waschhandschuh jedoch erst zum Pflegeding macht, bleibt sein Potential als solches die meiste Zeit im Verborgenen (= Latenz).

Folgende Phasen der Latenz durchläuft der Waschhandschuh nach seinem Einsatz bei der Körperpflege:

1. Lagerung und Transport im gebrauchten Zustand: Der Waschhandschuh wurde nach der Nutzung vom Heimpersonal in den Schmutzwäschebehälter am Pflegewagen hineingeworfen, mit dem Behälter in den Waschkeller gebracht und dort wieder herausgenommen – Latenz: sehr hoch.
2. Reinigung/Wiederherstellung der Einsatzfähigkeit: Fand im Keller der Einrichtung durch Waschmaschine, Trockner und Heimpersonal, die die Geräte befüllten, bedienten und den Waschhandschuh wieder herausnahmen, statt – Latenz: maximal.
3. Lagerung im Keller: Nach dem Reinigen wurden die Waschhandschuhe in einem Wäschekorb zusammen mit anderen Textilien gelagert und wurden damit zum Hinauftragen durch das Heimpersonal bereitgestellt. Das Personal verteilte die frische Wäsche innerhalb des Pflege- und Wohnbereichs an verschiedenen Stellen – Latenz: sehr hoch.

4. Lagerung im Pflege- und Wohnbereich: Die Waschhandschuhe wurden vom Heimpersonal abgelegt:
   a) im Badezimmerschrank, bereit für den Bedarf vor Ort; Zugang hatten das Pflegepersonal und, wenn auch praktisch unwahrscheinlich, die Bewohner/-innen – Latenz: hoch;
   b) offen auf dem Pflegewagen, wo sie bei Bedarf rasch und mobil verfügbar waren; Zugang hatten das Pflegepersonal und unter Umständen die Bewohner/-innen – Latenz: mittel bis hoch;
   c) offen oder in Aufbewahrungsmöbeln in den Bewohnerzimmer, wo sie für Heimpersonal und Bewohner/-innen in der Regel und im Rahmen der Möglichkeiten direkt verfügbar waren – Latenz: niedrig bis hoch (je nach Lagerungsort).
5. Bereitstellung: Kurz vor dem Einsatz bei der Körperreinigung wurden die Waschhandschuhe vom Pflegepersonal zur Benutzung von ihnen selbst und/oder den Bewohnern/-innen bereitgelegt – Latenz: minimal.
6. Nutzung: In dieser Phase wird der Waschhandschuh wieder gänzlich sowohl für Pflegende als auch für Gepflegte sicht- und fühlbar, er ist Teil einer pflegerischen Handlung – Latenz: nicht vorhanden.

Der Waschhandschuh ist ein sehr bezeichnendes Beispiel dafür, mit welchem Aufwand die Verwendung eines Objekts in der hier forschungsrelevanten Situation verbunden ist. Nicht nur sein Einsatz in der Pflege, sondern auch die Möglichkeit zu seiner Wiederaufbereitung wie beschrieben, liegt in seiner Materialität begründet. Dennoch ist das betrachtete Objekt ein unscheinbares und alltägliches ›diskretes Ding‹. Wie wichtig es in den Augen des Pflegepersonals ist, wird im nächsten Abschnitt dargelegt. Hier dient der Waschhandschuh dazu zu illustrieren, dass objektzentrierte Forschung, die den Gegenstand als Ganzen in den Blick nimmt, Zusammenhänge und Implikationen, die weit über die Analyse von Handlungen oder Praktiken reichen, aufzeigen kann: Um die Dinge selbst in einer Forschung in den Mittelpunkt zu rücken und sie auch außerhalb der Handlungen, in denen sie sich im Einsatz zeigen und als bedeutend erscheinen, zu betrachten, müssen auch die Momente, in denen die Dinge gleichsam verborgen sind, erfasst werden. Dinge in Situationen zu beschreiben, in denen sie für sich stehen oder auch ruhen, hilft dabei, wenig bedachte Interdependenzen ans Licht zu bringen. Hierfür muss der oder die Forschende eine perspektivenreiche Vertrautheit mit dem Feld herstellen, sich in diesem möglichst frei bewegen, Objekte nicht nur in den Situationen ihrer Nutzung erfassen können oder selbst körperliche Erfahrungen im Umgang und Austausch mit den beforschten Dingen sammeln. Wann und warum werden sie in Handlungen als relevant erachtet, wann und warum nicht? Wann und wie werden sie im Gespräch thematisiert und wann nicht? Wann und warum werden bestimmte Dinge benutzt und wann nicht? Und: Wo sind die Dinge, wenn ich nicht hinsehe? Wie ist ihre verborgene, im Hintergrund der Pflegehandlungen situierte Existenz ausgestaltet?

3.3 Dinge der persönlichen Normalität: Diskussion einiger Beispiele aus der empirischen Forschung

Die hier als ›diskrete Dinge‹ bezeichneten Objekte können zu jeder der drei in der Einleitung zu diesem Sammelband vorgestellten Arten von Pflegedingen gehören: sie können

1. intentional (auch informell) für die Pflege hergestellt worden sein, sie können
2. handlungsbezogen zu Pflegedinge werden, indem sie von einer pflegenden Person gehandhabt werden, oder sie können
3. aus anderen Situationen und Kontexten in die Pflege gelangen und hier relevant werden, also *situative* Pflegedinge sein.[4]

Biografische Objekte des persönlichen Alltags oder aus dem persönlichen Besitz der Gepflegten, hier als Dinge der ›persönlichen Normalität‹ bezeichnet, gehören häufig zu den ›situativen Pflegedingen‹, können aber auch quer liegen zu den drei aufgrund der kontextuellen Provenienz unterscheidbaren Pflegedingarten: Bei den Dingen der ›persönlichen Normalität‹ überschneiden sich beispielsweise Objekte der Selbstpflege mit Dingen, die zunächst nichts mit Pflege zu tun zu haben scheinen.

Die Dinge, die mit dazu beitragen, ›persönlichen Normalität‹ herzustellen, lassen sich folgendermaßen unterscheiden: in kulturell-biografische Objekte im Sinne von Gegenständen aus der Lebenswelt der Gepflegten, die intentional oder unbewusst aus einem oder in Anlehnung an einen zuvor geführten Alltag in die Einrichtungen gelangen, und persönlich-biografische Objekte im Sinne von konkreten Gegenständen oder deren gleichwertigen Doubletten, die aus dem individuellen Besitz der Person stammen.

Kulturell-biografische Objekte

Beispiel 1:

»Dann wendet sich die Pflegerin wieder der Bewohnerin zu, tauscht mit ihr ein paar Worte, während diese sich, mit Hilfestellung, obenherum freimacht. Die Pflegerin wäscht dann der Seniorin den Rücken. Die beiden unterhalten sich über ein Ereignis aus dem Leben der Bewohnerin vor deren Aufenthalt in der Einrichtung, doch die Bewohnerin ver-

---

4 | Vergleiche hierzu auch die Einleitung in diesem Band.

liert schon nach wenigen Sätzen den Faden und dann das Thema aus den Augen. Das Gespräch dreht sich in der Folge um ihre Körperpflegegewohnheiten. Dabei wird deutlich, dass der Bewohnerin das eigene Aussehen sehr wichtig ist und sie genaue Vorstellungen diesbezüglich hat. Durch haptische Reize regt die Pflegerin währenddessen die Bewohnerin an, sich Gesicht und Brust selber zu waschen, indem sie ihr den Waschlappen über die Hand stülpt und diese dann andeutungsweise in Richtung des Gesichts schiebt. Dabei sagt sie: ›Wischi-waschi‹. Die Bewohnerin reagiert sofort auf die Aufforderung und säubert sich mit dem Waschlappen selbst. Pflegerin und Bewohnerin unterhalten sich angeregt und wirken vertraut.« (Beobachtungsprotokoll vom 10.6.2014, Frühschicht, Anna-Haus)

Abbildung 5: Waschhandschuhe aus Frottee. Aktuell eingesetzt im Anna-Haus. Foto: Thomas Bruns, Berlin.

Die Heim- und Pflegedienstleiterin des Anna-Hauses, hier Frau Dengler genannt, beschrieb in Gesprächen immer wieder, wie wichtig es ist, zur Körperpflege jene Dinge zu benutzen, die die Bewohner/-innen auch vor ihrem Einzug in die Einrichtung benutzt hatten. Sie führte aus, die Körperreinigung mit Waschhandschuhen aus Frottee und Wasserschüsseln sei für viele alltäglicher als Duschen. Das gewohnte Gefühl auf der Haut sei dabei zentral. Einmalwaschlappen aus Zellulose, wie sie häufig aus hygienischen und praktischen Gründen in der Pflege Anwendung finden, lehnte sie genauso ab wie in jüngster Zeit für die Pflege entwickelte Produkte, die das Waschen ohne Wasser ermöglichen.

Beispiel 2:

Frau Wagner (Haus im Thal): »Dann, wie gesagt, von den Waschhandschuhen [schluckt], bewusst, da dafür entschieden, weil wir eben auch das Konzept der kinästhetischen Anleitung machen; ich hab ja also auch diesen Trainer zur Kinästhetik. Und Kinästhetik heißt ja nicht nur Eigenbewegung ausführen, sondern auch Anleitung durch einen Unterstützer zur natürlichen Eigenbewegung. Das heißt, wenn ich einen dementen Menschen habe, das kann sein, der ein halbes Jahr ..., wenn ich dem den Waschlappen in die Hand gebe oder den Waschhandschuh, dann sagt / weiß er genau, was er damit zu tun hat, ne? Wenn die Demenz zunimmt, kann es sein, ich muss kinästhetisch anleiten, das heißt, ich führe meine Hand mit in den Waschhandschuh ein und mache diese erste Bewegung zum Gesicht mit dem Bewohner zusammen. Und sobald, bei vielen, sobald sie dann diese erste Bewegung haben, fangen die automatisch an sich zu waschen. Hm? Es kann aber auch sein, dass diese eine Bewegung nicht ausreicht. Sind lauter kleine Teilschritte. Das heißt, dann muss ich die erste große Bewegung mitmachen und dann gucken: Macht er es jetzt allein, macht er es nicht. Damit stärkt man die Ressource, die Eigenbewegung, Kontraktionsprophylaxe, ganz wichtig, ja? Und es gibt dem Bewohner einfach das Gefühl: ›Ich kann das noch selbstständig‹. [...] Und deswegen dieses *Spüren*, dieses haptische Spüren, dieses Eigenerleben vom Körper ist Basisarbeit in der Demenzarbeit. Wenn Sie so einen Einmalhandschuh nehmen, so einen Waschlappen, der ist, wenn er nass ist, ist der im Prinzip wie ein Film auf der Haut, wird aber nicht mehr als das erkannt, zu was er eigentlich dient. Also kontraproduktiv. Wenn ich die Selbstständigkeit erhalten will, dann muss ich auf Sachen zurückgreifen, wo ich weiß aus der Biografie, dieses Haptische, okay, da gehört jetzt ein Frotteewaschhandschuh hin. Auch nicht ein Vlies oder was weiß ich, das ist ein Frottee.«
AD: »Sie haben gesagt, Sie haben sich sogar extra für diese Handschuhform und nicht für Frotteeflecken, sag ich jetzt mal, entschieden.«
Frau Wagner: »Genau. Genau. Das heißt in diese, das ist halt das, was die alten Menschen früher gekannt haben. Die haben Waschhandschuhe gekannt und keine einzelnen ... Lappen, na?, sondern Waschhandschuhe. Und für uns ist es leichter, weil wir eben mit dieser Unterstützung der Eigenbewegung unsere Hand mit gezielt einführen können und diese kinästhetische Anleitung machen können. Und wenn man das bei gewissen Demenzgraden regelmäßig macht, dann hat man auch wirklich ganz oft dieses Aha-Erlebnis, wenn ich dann, sag ich mal, nach 14 Tagen dem diesen Waschhandschuh anziehe, und dann fängt der automatisch an. Diese Rituale, Bewegungen kann man wieder eintrainieren, aber dazu muss alles stimmen. Ich könnte das nicht mit einem Vlieshandschuh. Funktioniert nicht. Das wird nie als das erkannt, zu was es dient.« (Interview A02 vom 28.8.2015, Haus im Thal, sprachlich geglättet)

Sowohl Frau Dengler, Heimleiterin im Anna-Haus, als auch Frau Wagner, Heimleiterin im Haus im Thal, argumentierten zum einen über die biografische Ebene. Sie beschrieben, dass das Waschen mit Frotteewaschhandschuhen für viele Senioren/-innen ›persönlichen Normalität‹ darstellt. Zum anderen führten beide die materiale, haptische Ebene des Frotteewaschhandschuhs an. Beides wurde dann miteinander in Zusammenhang gebracht, so beispielsweise von Frau Wagner: »Wenn ich die Selbstständigkeit erhalten will, dann muss ich auf Sachen zurückgreifen, wo ich weiß aus der Biografie, dieses Haptische, okay, da gehört jetzt ein Frotteewaschhandschuh hin. Auch nicht ein Vlies oder was weiß ich, das ist ein Frottee.«

Frau Wagner berichtete auch von einer »Einzelaktivierung«, die sie speziell für das »demente Klientel« eineinhalb Jahre zuvor eingeführt hatte. Im sogenannten Therapieraum der Einrichtung, der vor allem zur Lagerung unterschiedlicher Utensilien diente, die nach Verwendungszweck sortiert waren (Bastelmaterial, Gottesdienst, Brettspiele), stand zwischen drei Gymnastikbällen, die übereinander in einer Ecke gelagert waren, und dem Regal mit den zur Sturzprävention eingesetzten Materialien eine Spiegelkommode, wie sie wohl in den 1960er Jahren in vielen Haushalten anzutreffen war. Darauf war ein weißes Tuch gebreitet, einige wenige dekorative Gegenstände wie beispielsweise ein Bild mit Tulpen aufgestellt und an der Wand dahinter hing eine handelsübliche Packung Wattepads. Die vier Schubladen der Kommode waren mit Etiketten beklebt, die darauf schließen ließen, dass sich darin keine Kosmetikprodukte befanden, sondern weiteres Material wie Mal- und Zeichenbedarf. Frau Wagner beschrieb, wie hier regelmäßig Bewohnern/-innen, je Person sei es eine Viertelstunde, die Nägel lackiert und die Haare toupiert werden, wie sie eine Bartrasur oder eine Gesichtsmaske erhalten und worauf es aus pflegerischer Perspektive dabei ankomme: »Und so dement wie manche Menschen sind, erkennen sie doch, wenn sie da vor dem Spiegel stehen: ›Ah, da klickt irgendwas. Das habe ich schon mal erlebt‹.« (Beobachtungsnotizen vom 27.-29.8.2015 und Interview A02 vom 28.8.2015, Haus im Thal, sprachlich geglättet)

Individuell-biografische Objekte
Wie das körperliche Empfinden bekannter Gegenstände, die auf den ersten Blick sogar noch weniger mit professioneller Altenpflege demenzkranker Menschen zu tun haben als Waschhandschuhe oder Nagellack, wurde bereits in dem Aufsatz »Hightech und Handtasche« (vgl. Depner/Kollewe 2017), der ebenfalls im Kontext der Forschung zu dem Projekt »Pflegedinge« entstanden ist, diskutiert. An dieser Stelle werden die Beispiele deswegen nur relativ kurz dargestellt. Die folgende Vorstellung eines biografischen Kleidungsstücks, eines Haushaltsgerätes und eines Accessoires und ihrer Rolle in der Pflege ihrer Besitzerinnen wird dann anschließend in die postdeskriptive Theoriebildung einbezogen. Die genannten Gegenstände wurden alle bei der empirischen Erhebung im Anna-Haus teilnehmend beobachtet.

Beispiel 1:

»Im Hof der Einrichtung fegte während der gesamten Dauer meines Interviews mit der Heimleiterin, Frau Dengler, eine hochbetagte Frau mit fortgeschrittener Demenz mit einem Strohbesen das Pflaster. Den Besen, so die Heimleiterin, habe sie eigens für diese Bewohnerin besorgt. Sie habe beobachtet, dass die betreffende Frau immer wieder die Bürstenbesen der Hauswirtschaftskräfte zum Fegen verwendete und dabei recht ungeschickt mit diesen hantierte. Nun würden die Bewegungen zum Besen passen und die Bewohnerin sei glücklich. In Bezug auf die Kittelschürze, die die Bewohnerin trug, berichtete die Heimleiterin weiter, sie habe diese bei den Angehörigen wiederholt anfragen müssen. Dem Personal sei aufgefallen, dass die Seniorin diese gesucht habe, sie immer wieder davon gesprochen habe, eine solche zu besitzen, und dass ihr das Kleidungsstück wichtig sei.« (Beobachtungsprotokoll vom 26.8.2015, Nacherhebung, Anna-Haus)

Beispiel 2:

»Beim Transfer einer stark dementen Bewohnerin von einem Gehstuhl *(walker)* auf eine Gartenliege wurde ihre Handtasche, die über der Lehne des Stuhls hing, vom Pflegepersonal mittransferiert. Als die alte Dame positioniert und gelagert war, legte man die leere Handtasche auf den Oberkörper der Seniorin. Nachdem sie danach gegriffen hatte, wurde eine Decke darüber gebreitet. Frau Dengler erklärte mir auf meine Nachfrage hin, dass man ›von Anfang an‹ beobachtet habe, dass die namentliche Bewohnerin Wert darauf

Abbildung 6:   Handtasche. Aktuell eingesetzt im Anna-Haus.
Foto: Thomas Bruns, Berlin.

gelegt habe, ihre Handtasche ›immer und überall‹ bei sich zu haben. Sie habe danach getastet oder sie im Arm gehalten. Im Laufe der Zeit sei immer weniger Inhalt darin gewesen, bis die Tasche ganz leer war. Inzwischen sei es auch nicht mehr die ›Originalhandtasche‹, die sei verloren gegangen, sondern eine, die die Heimleiterin mitgebracht habe. Man würde von pflegerischer Seite her darauf achten, dass die Handtasche immer in greifbarer Nähe der Bewohnerin sei, denn sie fühle sich dann wohler, sie sei ruhiger, und das würde sich nicht zuletzt auch bei der Medikation äußern. Ist der Gegenstand nicht verfügbar, so stellt sich, laut Pflegepersonal, ein Zustand von Unruhe ein, den man als Verunsicherung deuten kann. Die Seniorin, die anderen Bewohner/-innen und die Abläufe in der Pflege seien davon beeinträchtigt; der übliche Umgang damit wäre die Gabe von beruhigenden Medikamenten.« (Protokoll der explorativen Erhebung vom 20.5.2014, Anna-Haus)

Frau Dengler bekräftigte immer wieder, dass die Bereitstellung von Dingen wie Handtaschen, Strohbesen und Kittelschürzen für die Biografiearbeit, das Wohlbefinden der Bewohner/-innen sowie ihren seelisch-psychischen Zustand, und damit für die pflegerische Arbeit, zentral sei. In beiden Heimen wurden Dinge der ›persönlichen Normalität‹ als Pflegedinge eingesetzt. Die Pflegearbeit würde, wenn man die richtigen biografischen Objekte ausmacht, durch diese auf vielfältige Weise erleichtert, so die wiederholte Aussage der Pflegenden und Heimleiterinnen. Das äußere sich nicht zuletzt darin, dass der/die betreffende Bewohner/-in hinsichtlich des pflegerischen Aufmerksamkeitsbedarfs weniger betreuungsintensiv sei und zugleich die Medikation reduziert werden könne. Doch die Rolle dieser Dinge werde häufig übersehen oder nicht ernst genommen, gerade von Seiten der Angehörigen, die eine wichtige Funktion übernehmen bei der Identifizierung und Bereitstellung solcher Objekte. So sagte Frau Dengler über die Kittelschürze: »Die [Angehörigen] denken, das braucht sie [die Bewohnerin] jetzt nicht mehr – sie soll etwas Gutes anziehen. Aber das ist falsch. Die Kittelschürze ... das hat sie ihr Leben lang angehabt, es geht nicht ohne, ohne fehlt etwas. Das ist Biografiearbeit.« (Heimleiterin, Protokoll vom 26.8.2015, Anna-Haus, sprachlich geglättet)

Auch durch Pflegende und Heimleitungen ist der Einsatz dieser ›diskreten Dinge‹ noch selten, wenig konzeptualisiert und hat in der Regel mehr mit individueller, menschlicher Empathie und Beobachtungsgabe als mit allgemeinen pflegerischen Konzepten und Theorien zu tun, wie noch abschließend dargelegt werden wird. Zunächst aber möchte ich der Frage nachgehen, warum und wie Dinge, die aus einem nicht mehr aktuell zu sein scheinenden Alltag in das personenbezogene Pflegedingrepertoire aufgenommen werden, ›persönlichen Normalität‹ mitgenerieren können.

4. Postdeskriptive Theoriebildung: zur physischen Relevanz der Dinge

Lange Zeit hat die objektorientierte Forschung nach der Bedeutungs- und Symbolfunktion der Dinge gesucht und hierin das Potential gesehen, um zu erklären, warum Dinge für Menschen wichtig, ja gar identitätsstiftend sein können. So veröffentlichte der Psychologe Tillmann Habermas 1999 ein Buch mit dem Titel »Geliebte Objekte. Symbole und Instrumente der Identitätsfindung« und der Kulturanthropologe Daniel Miller spricht ca. zehn Jahre später vom »Trost der Dinge« (vgl. Miller 2010). Dinge werden hier als verfügbar und mit eindeutig zugewiesenen Rollen versehen dargestellt und haben keine materiale Eigenlogik.

Dagegen stehen die Ansätze postphänomenologischer Autoren, wie die des Technikphilosophen Peter-Paul Verbeek (vgl. 2005) oder des Archäologen Bjørnar Olsen:

»The commonplace assumption that the meaning or social significance of things primarily derives from outside has two problematic consequences. First, it denies things any constitutive role in generating meaning; and, second, it reduces them to loyal messengers transmitting meanings and phenomena that exist more or less independently of them.« (Olsen 2010: 145)

Olsen schlägt vor, Dingen mehr eine vermittelnde Rolle als eine dienende zuzusprechen und sie keinesfalls im wissenschaftlichen Kontext nur als materialisierte Metaphern oder Materie gewordenen Ausdruck von etwas zu interpretieren. Ähnlich wie bei Verbeek speist er seine Argumente aus den Theoremen der Phänomenologie und der Lebensphilosophie des beginnenden 20. Jahrhunderts, insbesondere Bergson und Heidegger spielen für ihn eine große Rolle. Verbeek beruft sich vornehmlich auf Merleu-Ponty, wenn er ebenfalls von einer Mediatorenrolle der Dinge spricht. In seinem Buch »What Things Do« (Verbeek 2005) geht er von einer zwischen Mensch und Dingen etablierten Beziehung aus und beschreibt diese wie folgt: »Readiness-to-hand and presence-at-hand [...] can be conceived as two modes of human-artifact relations, but rather as the termini of a continuum on which this relation unfolds.« (Ebd.: 194)

Sowohl Olsen als auch Verbeek weisen also auf die Vermittlerleistung der Dinge zwischen dem wahrnehmenden Menschen und der Realität der Welt, in der er sich wiederfindet, hin: Dinge vermitteln dem Menschen, dass sowohl jene als auch dieser selbst Teil der wahrgenommenen Realität sind. Die physische Wahrnehmbarkeit der Objekte, welche wir mittels unserer haptisch taktilen Fähigkeiten begreifen, führt dazu, dass wir, just in jenem Moment der Wahrnehmung, auch uns selbst als physisch Anwesende erfassen. Es kommt also zu einem gleichzeitigen, symmetrischen, nicht hierarchischen Austausch zwischen Menschen und Dingen.

Im Falle des Waschlappens, des Besens oder der Handtasche ist die materiale Anwesenheit der Objekte konstitutiv für ihre Wirkung auf die Personen, die sie haptisch wahrnehmen. Die Objekte sprechen auf der mnemotischen Ebene etwas an, das als »Leibgedächtnis« (vgl. Fuchs 2010) oder »habit memory« (vgl. Olsen 2010) bezeichnet werden kann. Diese objektbezogene Erinnerungsform folgt nicht etwa der Logik einer Angel, mit der man aus der Gegenwart in die Vergangenheit ›fischt‹, vielmehr bietet sich das Bild eines Ankers an. Hier wird in der Vergangenheit Gelerntes und Praktiziertes, also ›Verankertes‹, in einer gegenwärtigen Situation manifest, beispielsweise durch den Ablauf einer wohlbekannten Handlung. Diese Handlung wiederum wird durch die taktile Wahrnehmung eines Objektes (und damit gleichzeitig der Wahrnehmung der eigenen Körperlichkeit) initiiert, sie liegt also im leibkörperlichen Austausch mit den Dingen begründet.

Die Handhabung der Dinge, ihre Haptik, ihre Eigenlogik, das Gefühl, das sie vermitteln, wenn man sie berührt, prägt sich im Verlauf eines Menschenlebens ein – ähnlich wie eine oft gehörte Melodie, die noch da ist, auch wenn das Lied schon längst verklungen ist. Ob schließlich die an den Digen ausgeführten Handlungen in einem normativen Sinn erfolgreich oder nützlich sind, spielt, zumindest für die Beziehung der Menschen mit Demenz zu den Dingen, keine Rolle. Die leibliche Auseinandersetzung mit Objekten, zu denen sich ein im höchsten Maße routinierter Umgang eingestellt hat, veranlasst demenziell Erkrankte, diese Routinen zu vollführen. Dies auch in rudimentärer Form umsetzen zu können, vermittelt offenbar ein Gefühl von Sicherheit. Im physischen Umgang mit den Objekten werden gleichzeitig das eigene Körperempfinden und damit das eigene Ich angesprochen. Zur vielbesprochenen identitätsstiftenden Funktion der Dinge, die über abrufbare Erinnerung und Bedeutungszuschreibungen zu erklären ist, kommt also eine ich-bestätigende und selbst-aktualisierende Funktion des Dingeanfassens hinzu und bleibt mit schwindender Erinnerung erhalten.

Nichterkrankte Beobachter/-innen zeigen sich oft irritiert, wenn der übliche Umgang mit alltäglichen und bekannten Dingen abgeändert wird oder ›missglückt‹, die Objekte ›zweckentfremdet‹ werden. Hier entsteht der Wunsch, die handelnden Personen zu unterstützen, oder Gegenstände, mit denen eine zu betreuenden Person vermeintlich »nichts mehr anfangen kann«, aus ihrem Umfeld zu entfernen. Dieses normative Denken ist ein Versuch, die Dinge und die Möglichkeiten ihres Gebrauchs auf das Rationale und Nützliche zu beschränken. Die Rolle der Dinge entspricht aber weniger der von Dienern, sondern vielmehr der von Vermittlern: Vermittlern zwischen dem Menschen und der wahrgenommenen Welt, dessen Teil er ist – ein Zirkel also, der den Menschen auf sich selbst zurückwirft und identitätsbestätigend wirkt.

Für das ich-bestätigende und selbst-aktualisierende Potential der Dinge ist nicht nur die Erinnerung an ihre Bedeutung, sondern das Wiedererkennen der haptischen Wahrnehmung ausschlaggebend. Die Möglichkeit zu dieser Wahrnehmung bleibt über den teilweisen Verlust der Erinnerung hinaus bestehen. Werden Gegenstände zur Verfügung gestellt, auf die Gepflegte in einer für sie sinnstiftenden Form leibkörperlich Bezug nehmen können, kann das, wie die Handtasche oder der Besen es zeigen, zu einer Fokussierung auf und Beschäftigung mit sich selbst führen. Durch solche Objekte wird aber nicht nur die Beziehung der Gepflegten zu sich selbst gleichsam *gepflegt*, es werden auch die Beziehungen zwischen Pflegenden und Gepflegten mitgestaltet: Auf Seiten der Pflegenden ist eine intensive Beschäftigung mit den Gepflegten (und gegebenenfalls deren Angehörigen) notwendig, um jene Gegenstände identifizieren zu können, die je für die Herstellung ›persönlicher Normalität‹ behilflich sein können. Eine individuelle biografische Dimension der Bewohner/-innen kann hierbei berührt und in der Pflege mitbedacht werden. Eine solche Art spezifischer Zuwendung kann für die Gepflegten wiederum eine Umgebung der Vertrautheit, Normalität und des Wohlbefindens generieren – Schlüsselfaktoren bei der Pflege von an Demenz erkrankten Menschen (vgl. Kruse 2010). Damit, so meine These, kann das Pflegeheim auch stärker als Lebensort und für die Bewohner/-innen wirken, zu dem das Personal mit dazu gehört. Objekte der ›persönlichen Normalität‹ haben auch eine integrative Funktion. Leib- und materialitätsbezogene Erfahrungen des internalisierten Alltags können in Situationen Sinn und Sicherheit stiften, in denen eben dieser Alltag im krisenhaften Verschwinden begriffen ist.

5. Posttheoretische Verwertung: Anknüpfungspunkte für Forschung und Praxis in pflegebezogenen Settings

Mit den hier skizzierten Beobachtungen und theoretischen Anknüpfungen an phänomenologisch orientierten Ansätzen der *Material Culture Studies* kann man argumentieren, dass die Ermöglichung des leibkörperlichen Zugangs zu biografischen Objekten zugleich ein Mehr an Selbstbestimmung und Selbstständigkeit zulässt, weil sie ›persönlichen Normalität‹ vermitteln. Solche Dinge können identitätsaktualisierende Anker sein und damit eine Mediatorenfunktion hinsichtlich der sogenannten »Inseln des Selbst« (Kruse 2013: 3f) einnehmen.

In den etablierten Pflegetheorien werden biografische Objekte aber nicht als pflegerelevante Faktoren betrachtet: Keine der behandelten Pflegetheorien und -modelle in den gängigen Überblickswerken (vgl. zum Beispiel Chinn/Kramer 1996; Fawcett 1996; Meleis 1999) nimmt Bezug auf die Gegenstände der

Bewohner/-innen. Zwar ist im psychobiografischen Pflegemodell von Erwin Böhm (vgl. 2009) implizit von biografischen Dingen die Rede, indem er darauf verweist, dass Kleidungsgewohnheiten oder allgemein das Milieu eines alten Menschen für diese/-n auch bei fortschreitender Demenzerkrankung bedeutend sind. Allerdings greifen die in der Einrichtung gestaltenden Akteure/-innen der Lebenswelt der Bewohner/-innen häufig auf ein verschobenes und normatives Bild vom Alltag in der Pflegeeinrichtung einerseits, dem früheren Alltag sowie den Alltagsdingen der Bewohner/-innen andererseits zurück. Die Wohnräume in den Pflegeeinrichtungen werden hauptsächlich nach Kriterien wie Sicherheit oder Zeitersparnis und Praktikabilität hinsichtlich der pflegerischen Tätigkeiten eingerichtet, und zwar zuungunsten von Privatsphäre oder ›persönlichen Normalität‹ (vgl. Atzl/Depner). Alltag und Alltagsdinge wiederum finden sich häufig nur als Dekorgegenstände wieder, so zum Beispiel die immer wieder anzutreffende fußbetriebene Nähmaschine, die inzwischen selbst für die Generation, die in Pflegeheimen lebt, museal erscheint, oder das Radio aus den 1950er Jahren, das aber nicht genutzt wird. Neben diesen Dekorationsobjekten sind auch Gegenstände anzutreffen, die als ›Erinnerungsangeln‹ eingesetzt werden: zum Beispiel indem versucht wird, Vergangenes und Vergessenes wieder hervorzuholen, weil man zum einen solche Objekte fälschlicherweise als Erinnerungsspeicher konzipiert. Zum anderen wird dabei von einem wenig differenzierten Alter(n)sbild ausgegangen, so dass diese Versuche ins Leere greifen, wie das folgende Beispiel zeigt:

»Es ist Nachmittag, im Aufenthaltsraum des Anna-Hauses sitzen, verteilt auf mehrere Tische, Pflegekräfte und Bewohner/-innen zusammen, eine Schlager-CD läuft relativ laut im Hintergrund. Manche der Bewohner/-innen dösen, andere starren in die Luft oder greifen unbestimmt nach den Playmobilbausteinen, die auf einem der Tische ausgebreitet sind, um sie sodann wieder hinzulegen. Die Stimmung ist geprägt von Lustlosigkeit, wirkt fast bedrückt. Eine der Pflegekräfte nimmt ein Fotoalbum aus dem Regal und setzt sich zu einer Bewohnerin, die an einem der Tische sitzt und ausdruckslos durch das große Fenster starrt. Sie beginnt darin zu blättern, fordert die alte Dame auf, sich die Fotos anzusehen, sagt mir, über alte Sachen könne man demenziell erkrankte Menschen immer noch ganz gut erreichen. Es sind Schwarz-Weiß-Abbildungen von Menschen in Innenräumen oder vor einzeln stehenden Häusern. Die Umgebung wirkt dörflich. ›Schau mal, Schatzi‹, sagt die Pflegerin, ›das ist doch deine Zeit.‹ Und dann erklärend an mich gerichtet: ›Das kennen sie ja so von früher.‹ Aber auch nach wiederholter Aufforderung lässt sich die Aufmerksamkeit der Bewohnerin nicht auf das Album lenken. Die Pflegekraft muss den unternommenen Aktivierungsversuch als gescheitert betrachten und abbrechen. Sie wirkt frustriert, die Bewohnerin gereizt. Später erfahre ich, dass das Album einer längst nicht mehr dort lebenden Bewohnerin mit dörflichem Hintergrund gehörte, und zudem die Bewohnerin, die es sich ansehen soll, fast ihr gesamtes Leben in einem städtischen Milieu verbracht hat. Der Pflegekraft allerdings war diese Information bekannt.« (Beobachtungsprotokoll vom 25.8.2014, Spätschicht 1, Anna-Haus)

FAZIT UND AUSBLICK

Während der Forschungsaufenthalte in zwei Pflegeeinrichtungen, in denen überwiegend an Demenz erkrankte Menschen leben und gepflegt werden, habe ich eine Vielzahl verschiedener Objekte ausgemacht, die entweder selbst oder deren Rollen als Pflegedinge aus diversen Gründen leicht übersehen werden können und die Teil der Unaufdringlichkeit des Alltäglichen geworden waren. Auf dieser im Alltäglichen begründeten Unaufdringlichkeit beruht die Begriffswahl ›diskrete Dinge‹.

›Diskrete Dinge‹ in diesem Sinne können dahingehend alltägliche Objekte sein, dass sie nicht dezidiert für die Pflege hergestellt wurden und ebenso in einem Alltag außerhalb des Pflegeheimes anzutreffen sind (Alltag 1, siehe auch Objektfeature zur Kaffeetasse). Das Pflegeheim stellt dabei eine parallel existierende Gegenwelt zu dieser Alltagsebene dar (vgl. Foucault 2005). Oder bestimmte Dinge wirken alltäglich im Kontext der Einrichtung, also gerade weil sie speziell im Pflegealltag in vielfältiger Form oder großer Masse auftauchen, dabei aber beispielsweise durch die geringe Einsatzdauer während der Pflegehandlungen nur kurz anwesend sind (Alltag 2, siehe auch Objektfeature zum Mundbefeuchtungsstäbchen: Diese werden zwar häufig in der Pflege eingesetzt, das einzelne Objekt wird aber nach einer sehr kurzen Nutzungsdauer entsorgt). Eine besondere Form der ›diskreten Dinge‹ stellen jene Objekte dar, die ›persönliche Normalität‹ mit konstituieren können und auf den biografischen Alltag einzelner Bewohner/-innen vor dem Einzug in die Einrichtung (Alltag 3) rekurrieren. Der Umgang mit diesen Gegenständen muss dabei nicht mit demselben Zweck, Ziel oder Erfolg wie zuvor verbunden sein, wichtig ist lediglich die Verfügbarkeit dieser Dinge und die Ermöglichung des sinnlichen Austauschs mit ihnen. In Ermangelung objektbezogener Grundlagenforschung und praxisbezogener Konzepte hierzu ›schleichen‹ sich diese Objekte, wie sie in diesem Artikel präsentiert wurden, geradezu beiläufig und mitunter unreflektiert in die Pflege ein.

Die Untersuchung der Rolle ihrer Materialität und ihres Potentials hinsichtlich der praktischen Umsetzung von Konzepten wie das des Leibgedächtnisses ist ein Desiderat. Kulturwissenschaftlich ausgelegte, empirische Forschungen können diese Objektgruppe und ihre Relevanz für die Pflege nicht nur besser sichtbar werden lassen, sondern auch systematisch darlegen, denn die Auseinandersetzung mit der Verflechtung von Menschen und ihren Dingen hat hier eine lange Tradition (vgl. zum Beispiel Bringéus 1986; Hugger 1991; Hoskins 1998; König 2000; Miller 2010; Depner 2015; Hahn 2015a; 2015b). In Psychologie und Soziologie beheimatete Untersuchungen, die persönliche, kognitive und soziale Faktoren in den Vordergrund stellen, ergänzt um einen objektbezogenen kulturwissenschaftlichen und (kultur-)anthropologischen Zugang, der in qualitativer empirischer Arbeit die Grundlagen der Mensch-Ding-Beziehung in den Blick nimmt, können die beidseitig konstatierte Relevanz biografischer Objekte besser greif- und begreifbar machen. Die Mitgestaltung der Pflege und von Beziehungen zwischen Pflegenden und Gepflegten durch diese Gegenstände kann so konzeptuell erfasst und praxisanleitend dargelegt werden und damit folgerichtig diese übersehenen Objekte zu etablierten Pflegedingen werden lassen.

Auch über die Rolle von Gestaltungs-, Auswahl- und Bewertungskriterien für unscheinbare, selbstverständliche und übersehene Pflegedinge, die nicht zu den biografischen Objekten zählen, sondern speziell für die professionelle Pflege hergestellt wurden, können mithilfe kulturwissenschaftlich orientierter Objektforschung Aussagen getroffen werden. Wie dieser Artikel gezeigt hat, ist es ein lohnendes Unterfangen, Kriterien für die Ordnung und die anwendungsbezogene Diskussion der mannigfaltigen Möglichkeiten hinsichtlich Ausgestaltung von Gegenständen wie Essschürzen, Tassen oder Besteck zu etablieren, die über jene konkurrierender Anbieter oder Pflegekonzepte hinausgehen und auf lebensweltlichen und selbstaktualisierenden Kriterien basieren und damit auch Pflege näher an den gepflegten Menschen ermöglichen.

LITERATUR

Atzl, Isabel/Depner, Anamaria: Home Care Home. Reflections on the Differentiation of Space in Living and Care Settings. In: Sally Chivers/Ulla Kriebernegg (Hg.): Care Home Stories. Aging, Disability, and Long-Term Residential Care. Bielefeld (im Erscheinen).

Barthes, Roland: Mythen des Alltags. Frankfurt a. M., 1964 [1957].

Bourdieu, Pierre: Das Elend der Welt. Zeugnisse und Diagnosen alltäglichen Leidens an der Gesellschaft. Konstanz, 1997 [1993].

Böhm, Erwin: Psychobiographisches Pflegemodell nach Böhm. Band I: Grundlagen. Wien, 2009.

Bringéus, Nils-Arvid: Perspektiven des Studiums materieller Kultur. Gastvortrag 5. Juni 1984. In: Jahrbuch für Volkskunde und Kulturgeschichte (1986/29), S. 159-174.

Chinn, Peggy L./Kramer, Maeona K.: Pflegetheorie. Konzepte, Kontexte, Kritik. Berlin/Wiesbaden, 1996.

Clarke, Adele E.: Situational Analyses: Grounded Theory Mapping after the Postmodern Turn. In: Symbolic Interaction (2003/26), S. 553-576.

Clarke, Adele E.: Situational Analysis: Grounded Theory after the Postmodern Turn. Thousand Oaks, California u.a., 2005. Doi: https://doi.org/10.4135/9781412985833

Corbin, Juliet M./Strauss, Anselm L.: Grounded theory. Grundlagen qualitativer Sozialforschung. Weinheim, 1996.

Depner, Anamaria: Dinge in Bewegung. Zum Rollenwandel materieller Objekte. Eine ethnographische Studie über den Umzug ins Altenheim. Bielefeld, 2015.

Depner, Anamaria/Kollewe, Carolin: High-Tech und Handtaschen. Gegenstände und ihre Rolle in der Pflege und der Unterstützung älterer und alter Menschen. In: Endter, Cordula/Kienitz, Sabine (Hg.): Alter(n) als soziale und kulturelle Praxis. Ordnungen – Beziehungen – Materialitäten. Bielefeld, 2017, S. 301-356. Doi: https://doi.org/10.14361/9783839434116-015

Dorfmeister, Michaela: Invisible Care – ist Pflege unsichtbar? 2010. Online verfügbar unter: http://www.wienkav.at/kav/ausbildung/allgemein/smzo/Texte_anzeigen.asp?id=36022 (Zugriff: 19.4.2017).

Eberle, Thomas S.: Ethnomethodologische Konversationsanalyse. In: Hitzler, Ronald/Honer, Anne (Hg.): Sozialwissenschaftliche Hermeneutik. Eine Einführung. Opladen, 1997, S. 245-279. Doi: https://doi.org/10.1007/978-3-663-11431-4_10

Fawcett, Jacqueline: Pflegemodelle im Überblick. Bern u.a., 1996.

Foucault, Michel: Die Heterotopien. In: o.A.: Michel Foucault. Die Heterotopien. Der utopische Körper. Zwei Radiobeiträge. Frankfurt a.M., 2005 [1966], S. 7-36.

Fuchs, Thomas: Das Leibgedächtnis bei Demenz. In: Kruse, Andreas (Hg.): Lebensqualität bei Demenz? Zum gesellschaftlichen und individuellen Umgang mit einer Grenzsituation im Alter. Heidelberg, 2010, S. 231-242.

Fuchs, Thomas: Körper haben oder Leib sein. In: Gesprächspsychotherapie und Personzentrierte Beratung (2015/3), S. 147-153.

Geertz, Clifford: Dichte Beschreibung. Bemerkungen zu einer deutenden Theorie der Kultur. In: Geertz, Clifford (Hg.): Dichte Beschreibung. Beiträge zum Verstehen kultureller Systeme. Frankfurt a.M., 1983, S. 7-43.

Glaser, Barney G./Strauss, Anselm L.: Die Entdeckung gegenstandsbezogener Theorie. Eine Grundstrategie qualitativer Sozialforschung. In: Hopf, Christel/Weingarten, Elmar (Hg.): Qualitative Sozialforschung. Stuttgart 1979, S. 91-111.

Habermas, Tilmann: Geliebte Objekte. Symbole und Instrumente der Identitätsfindung. Frankfurt a.M., 1999.

Hahn, Hans Peter: Materielle Kultur. Eine Einführung. Berlin, 2005.

Hahn, Hans Peter: Der Eigensinn der der Dinge – Einleitung. In: Hahn, Hans Peter (Hg.): Vom Eigensinn der Dinge. Für eine neue Perspektive auf die Welt des Materiellen. Berlin, 2015a, S. 9-56.

Hahn, Hans Peter: Die geringen Dinge des Alltags. Kritische Anmerkungen zu einigen aktuellen Trends der material culture studies. In: Braun, Karl/Dieterich, Claus-Marco/Treiber, Angela (Hg.): Materialisierung von Kultur. Diskurse, Dinge, Praktiken. Würzburg, 2015b, S. 28-42.

Hugger, Paul: Die Bedeutung der Photographie als Dokument des privaten Erinnerns. In: Brednich, Rolf Wilhelm/Bönisch-Brednich, Brigitte/Gerndt, Helge (Hg.): Erinnern und Vergessen. Vorträge des 27. Deutschen Volkskundekongresses Göttingen 1989. Göttingen, 1991, S. 235- 242.

Honer, Anne: Lebensweltliche Ethnographie. Ein explorativinterpretativer Forschungsansatz am Beispiel von Heimwerker-Wissen. Wiesbaden, 1993. Doi: https://doi.org/10.1007/978-3-663-14594-3

Hoskins, Janet: Biographical Objects. How Things Tell the Stories of People's Lives. London, 1998.

Juchli, Liliane: Allgemeine und spezielle Krankenpflege: ein Lehr- und Lernbuch. Stuttgart, 1973.

Kruse, Andreas (Hg.): Lebensqualität bei Demenz? Zum gesellschaftlichen und individuellen Umgang mit einer Grenzsituation im Alter. Heidelberg, 2010.

Kruse, Andreas: Altern in Balance?! Psychische Gesundheit im Alter – Chancen und Herausforderungen. 2013. Online verfügbar unter: http://www.gesundheitsinfo-niedersachsen.de/CMS/images/stories/PDFs/Kruse_Lebensqualitaet-Demenz.pdf (Zugriff: 24.4.2017).

König, Gudrun M.: Zum Lebenslauf der Dinge. Autobiographisches Erinnern und materielle Kultur. In: Hermann Heidrich (Hg.): SachKulturForschung. Gesammelte Beiträge der Tagung der Arbeitsgruppe Sachkulturforschung und Museum in der Deutschen Gesellschaft für Volkskunde vom 15. bis 19. September 1998 in Bad Windsheim. Bad Windsheim, 2000, S. 72-85.

König, Gudrun M. (Hg.): Alltagsdinge. Erkundungen der materiellen Kultur. Tübingen, 2005.

Kuratorium Deutsche Altershilfe/Wilhelmine-Lübke-Stiftung e. V. (Hg.): Qualitätshandbuch Wohnen im Heim. Wege zu einem selbstbestimmten und selbstständigen Leben. Ein Handbuch zur internen Qualitätsentwicklung in den AEDL-Bereichen. Köln, 1998.

Lefebvre, Henri: Das Alltagslebens in der modernen Welt, Frankfurt a. M., 1972.

Mayring, Philipp: Qualitative Inhaltsanalyse. Grundlagen und Techniken. Weinheim/Basel, 2015.

Meleis, Afaf I.: Pflegetheorie. Gegenstand, Entwicklung und Perspektiven des theoretischen Denkens in der Pflege. Bern u. a., 1999.

Menker, Kerstin/Waterboer, Christina (Hg.): Pflegetheorie und Praxis. München, 2006.

Miller, Daniel: Der Trost der Dinge. Fünfzehn Porträts aus dem London von heute. Berlin, 2010.

Olsen, Bjørnar: In Defense of Things. Archaeology and the Ontology of Objects. Plymouth, 2010.

O. A.: Das neue Lehrbuch der Krankenpflege. Stuttgart, 1979.

Rammert, Werner: Technik, Handeln und Sozialstruktur. Eine Einführung in die Soziologie der Technik. Technical University Technology Studies Working Papers, 3. 2006. Online verfügbar unter: https://www.ts.tu-berlin.de/fileadmin/fg226/TUTS/TUTS_WP_3_2006.pdf (Zugriff: 19.4.2017).

Reckwitz, Andreas: Grundelemente einer Theorie sozialer Praktiken. Eine sozialtheoretische Perspektive. In: Zeitschrift für Soziologie (2003/32), S. 282-301.

Remmers, Hartmut (2006): Zur Bedeutung biographischer Ansätze in der Pflegewissenschaft. In: Zeitschrift für Gerontologie und Geriatrie (2006/39), S. 183-191. Doi: https://doi.org/10.1007/s00391-006-0386-2

Sandelowski, Margaret: Devices and Desires: Gender, Technology and American Nursing. Chapel Hill, 2000.

Verbeek, Peter-Paul: What Things Do. Philosophical Reflections on Technology, Agency, and Design. Pennsylvania, 2005.

Witzel, Andreas / Reiter, Herwig: The Problem-centred Interview. London / New Delhi / Thousand Oaks, 2012. Doi: https://doi.org/10.4135/9781446288030

*It won't always grow back #7. Performance von BBB Johannes Deimling. 2017.
Foto: Matthias Pick.*

Pflege – Kunst

Im Rahmenprogramm der Konferenz »Dumme Dinge – schlaue Sachen? Die materiale Seite von Pflege und Care« vom 18. bis 20. Januar 2017 fand im Haus Buhl der Universität Heidelberg eine Performance des Künstlers BBB Johannes Deimling statt.

Die knapp halbstündige Kunstaktion kreierte ganz eigene Bilder, die viele Aspekte der Tagung aufgriffen und die weitere Diskussion durch den assoziativen Zugang zum Themenfeld Pflege inspirierend bereicherten.

Verzeichnis der Autoren / -innen

Lucia Artner (M.A.) ist Kulturanthropologin und Historikerin. Seit 2011 forscht und arbeitet sie am Institut für Sozial- und Organisationspädagogik an der Universität Hildesheim u.a. über die Organisation und materiale Seite von Care- und Pflegearbeit. Weitere Schwerpunkte sind feministische Careforschung, ethnografische Organisations- und Policyforschung, *Anthropology of Development* und *Transnational Studies*.

Isabel Atzl (M.A.) ist Historikerin und Krankenschwester und arbeitet seit 2005 freiberuflich als Ausstellungskuratorin und Wissenschaftlerin überwiegend im Umfeld medizinhistorischer Sammlungen und Museen. Ihre Forschungsschwerpunkte sind medizin- und pflegehistorische Objektforschung, medizinhistorische Sammlungs- und Museumsarbeit, medizin- und pflegegeschichtliche Ausstellungen.

Daniela Böhringer (Dr. rer. soc. oec.) ist Soziologin und Mitarbeitern am Institut für Sozialwissenschaften der Universität Osnabrück. Ihre Forschungsschwerpunkte sind Objekte und Geräte in der Interaktion sowie soziale Dienstleistungsorganisationen.

Anamaria Depner (Dr. phil.) ist Ethnologin und wissenschaftliche Mitarbeiterin am Institut für Gerontologie der Universität Heidelberg. Hier forscht sie in den Bereichen »Materielle Kultur – Alltag – Alter(n)« sowie »Alter(n) – Technik – Ethik«. Darüber hinaus gilt ihr wissenschaftliches Augenmerk der Artefakt-, Raum- und Kulturtheorie sowie kulturwissenschaftlichen Zugängen zu Alter(n) und Demenz.

André Heitmann-Möller (M.A.) ist Pflegewissenschaftler, Krankenpfleger und hat im Rahmen des Projekts »Pflegedinge« zum Thema »Die Agency der Dinge« in der Pflege geforscht. Diese Thematik bildet den Gegenstand seiner gegenwärtigen pflegewissenschaftlichen Promotionsarbeit.

Carolin Kollewe (Dr. phil.) ist Ethnologin und forscht zum Thema Alter – Pflege – Technik u. a. im Rahmen des Projekts »Pflegedinge« am Institut für Gerontologie der Universität Heidelberg (von 2014 bis 2017). Weitere Schwerpunkte ihrer Forschungstätigkeit sind: Alter(n) – Migration – Pflege, Alter(n) im interkulturellen Vergleich, Museum und Objekte, Identitäten und soziale Bewegungen in Mexiko.

Hartmut Remmers (Dr. phil.) leitet als Professor an der Universität Osnabrück die Abteilung Pflegewissenschaft. Forschungsschwerpunkte sind u. a.: Alter und Technik (in zahlreichen Forschungsverbünden), Krankheitsbelastung und Krankheitsbewältigung vor allem onkologischer Patienten/-innen und ihrer Angehörigen, *Palliative Care*, Ethik im Gesundheitswesen, berufswissenschaftliche Bildungs- und Qualifikationsforschung.

Kulturwissenschaft

María do Mar Castro Varela, Paul Mecheril (Hg.)
Die Dämonisierung der Anderen
Rassismuskritik der Gegenwart

2016, 208 S., kart.
17,99 € (DE), 978-3-8376-3638-3
E-Book:
PDF: 15,99 € (DE), ISBN 978-3-8394-3638-7
EPUB: 15,99 € (DE), ISBN EPUB:978-3-7328-3638-3

Fatima El-Tayeb
Undeutsch
Die Konstruktion des Anderen
in der postmigrantischen Gesellschaft

2016, 256 S., kart.
19,99 € (DE), 978-3-8376-3074-9
E-Book:
PDF: 17,99 € (DE), ISBN 978-3-8394-3074-3

Arianna Ferrari, Klaus Petrus (Hg.)
Lexikon der Mensch-Tier-Beziehungen

2015, 482 S., kart.
29,99 € (DE), 978-3-8376-2232-4
E-Book:
PDF: 26,99 € (DE), ISBN 978-3-8394-2232-8

**Leseproben, weitere Informationen und Bestellmöglichkeiten
finden Sie unter www.transcript-verlag.de**

Kulturwissenschaft

Andreas Langenohl, Ralph J. Poole, Manfred Weinberg (Hg.)
Transkulturalität
Klassische Texte

2015, 328 S., kart.
24,99 € (DE), 978-3-8376-1709-2

Thomas Hecken, Moritz Baßler, Robin Curtis, Heinz Drügh, Mascha Jacobs, Nicolas Pethes, Katja Sabisch (Hg.)
POP
Kultur & Kritik (Jg. 6, 1/2017)

März 2017, 180 S., kart., zahlr. Abb.
16,80 € (DE), 978-3-8376-3806-6
E-Book:
PDF: 16,80 € (DE), ISBN 978-3-8394-3806-0

Dorothee Kimmich, Schamma Schahadat (Hg.)
Diskriminierungen
Zeitschrift für Kulturwissenschaften, Heft 2/2016

2016, 160 S., kart.
14,99 € (DE), 978-3-8376-3578-2
E-Book:
PDF: 14,99 € (DE), ISBN 978-3-8394-3578-6

**Leseproben, weitere Informationen und Bestellmöglichkeiten
finden Sie unter www.transcript-verlag.de**